CYKLOS

Dänemark per Rad

Ein CYKLOS-Fahrrad-Reiseführer

Verlag Wolfgang Kettler

Dänemark per Rad

Ein CYKLOS-Fahrrad-Reiseführer

Verlag Wolfgang Kettler

Verfasser: Wolfgang Kettler
Mit einem Textbeitrag von Thomas-P. Henningsen.

Die Deutsche Bibliothek - CIP-Einheitsaufnahme

Kettler, Wolfgang:
Dänemark per Rad / [Verf.: Wolfgang Kettler. Mit einem Textbeitr. von Thomas-P. Henningsen].- 4. Aufl., (bearb. und erw.).
- Neuenhagen : Kettler, 1995
(Ein CYKLOS-Fahrrad-Reiseführer)
ISBN 3-921939-89-5
NE: HST

Das Frontispiz zeigt ein Gehöft im Freilichtmuseum Hjerl Hede.

4. Auflage (bearb. und erw.) August 1995

ISBN 3-921939-89-5

Druck: Gallus Druckerei KG, Berlin

Inhalt

Eine Etappen-Übersichtskarte (ausklappbar) befindet sich am Schluß des Buches.

Mit dem Fahrrad auf Reisen: Dänemark

Dänemark ist ein ausgesprochenes Fahrradland. Diesen Umstand auf die Topographie zurückzuführen wäre hingegen ein Kurzschluß: unser nördliches Nachbarland verfügt über recht große hügelige Gebiete, das vorgeblich so fahrradfreundliche Flachland ist in der norddeutschen Tiefebene viel umfangreicher. Dennoch spielt das Fahrrad als Verkehrsmittel in Dänemark eine deutlich größere Rolle als in deutschen Landen.

Jeder zweite Däne besitzt statistisch gesehen ein Fahrrad; die »Fahrraddekkung« ist damit etwa doppelt so groß wie in Deutschland. Und ein augenfälliger Unterschied besteht darin, daß die Dänen ihre Drahtesel als Nahverkehrsmittel auch tatsächlich einsetzen. In Großstädten wie Kopenhagen kann es durchaus vorkommen, daß der Radler-Rückstau an einer Ampel länger als die Autoschlange ist.

Solche Phänomene lassen den Vergleich mit den Niederlanden als naheliegend erscheinen. Während die Holländer für den Fahrradverkehr eine weitgehend eigene Infrastruktur mit umfangreichem Radwegenetz geschaffen haben, beschränken sich in Dänemark Radwege auf innerörtliche und einige Hauptfernstraßen sowie wenige touristische Radrouten. Die Domäne der Fahrräder sind hingegen die fast 50000 km kleiner und kleinster Nebenstraßen fast ohne Autoverkehr, die den Radfahrer nicht so stark von seiner Umgebung absondern wie spezielle Fahrradrouten, auf denen das Fahrradfahren aber genauso genußreich ist.

Zu der für Radfahrer erfreulichen Infrastruktur gesellt sich in Dänemark ein Umstand, der das Land zu einem besonderen Fahrradreise-Paradies werden läßt: die beträchtliche landschaftliche Vielfalt. Schon die dünn besiedelte Halbinsel Jütland, als einziger Landesteil mit dem europäischen Festland verbunden, macht dies deutlich. Während die westlichen Landesteile mit ihrer Marsch-, Geest- und Dünenlandschaft dem Klischee eines angeblich fahrradfreundlichen Flachlandes recht nahe kommen, wird es um so hügeliger, je weiter man nach Osten gelangt. Im Bereich der kleinen Seenplatte um Skanderborg und nahe der Ostküste fordern teils recht beträchtliche Steigungen vom Radtouristen durchaus physische Leistungsfähigkeit.
Auf engerem Raum findet sich solche Unterschiedlichkeit auf den Inseln Dänemarks wieder. Vor allem der Süden Fünens und Teile von Seeland und Møn sind recht hügelig; nahezu alle dänischen Landschaftsformen sind auf der südlich von Schweden gelegenen Insel Bornholm anzutreffen. Steilküsten hingegen sind in Dänemark sehr selten und nur am Ostrand der Insel Møn von nennenswerter Höhe.

Bei Gammel Estrup

Abgesehen von der nordöstlichen Küstenstraße auf Seeland verfügen alle Teile Dänemarks über besonderen Reiz und interessante Sehenswürdigkeiten, seien es die beschauliche Landschaft Nordjütlands oder die Herrensitze auf Seeland oder anderen Inseln. Da etliche Teile des Landes von Deutschland aus direkt per Fähre erreichbar sind, ist die Beschränkung auf einzelne Gebiete leicht und ermöglicht Fahrradreisen sehr variabler Länge. Die Etappenbeschreibungen dieses Buches nehmen auf diesen Umstand Rücksicht: sowohl Rundreisen über einige der Inseln als auch vollständige Dänemarktouren sind möglich, Querverbindungen über Fähren bestehen in reichem Maße.

Der Umstand, daß Dänemarks einzige Festland-Staatsgrenze die Nordgrenze Deutschlands ist, macht die Anreise für deutsche Fahrradurlauber besonders einfach. Günstige Eisenbahnverbindungen und Fähren von etlichen Ostseehäfen ermöglichen eine streßfreie Reise von Anfang an.

Anleitung zur Benutzung

Informationen über Benzinpreise fehlen in diesem Reiseführer: er ist voll und ganz auf Fahrradreisen ausgerichtet und verzichtet daher auf alle Details, die für Radler unwichtig sind. Statt dessen legt dieses Buch Wert auf Fahrrad-Werkstätten und Fähren, gute Landkarten und ruhige Nebenstraßen.
Unser nördliches Nachbarland, geografisch ein Teil Mitteleuropas, aber historisch und kulturell zu Skandinavien gehörig, weist eine Fülle von nationalen Eigenheiten auf, deren Kenntnis für den Touristen durchaus nützlich ist, will er nicht stetig mit staunend geöffnetem Mund als lebender Fliegenfänger durch die Gegend radeln. Etwas Hintergrundwissen über Dänemark und die dort lebenden Menschen steht deshalb am Anfang des Buches.
Im Anschluß an die Hintergrundinformationen sind jene kleinen Dinge zusammengestellt, die der Besucher Dänemarks wissen sollte und möchte, wie z.B. Einreisebedingungen, geeignete Landkarten, Fährverbindungen, Unterkünfte, Kulinarisches oder Details zu geeigneten Fahrrädern.
Der eigentliche Fahrrad-Reiseführer beginnt erst danach. Nach einer Vorstellung der Regionen des Landes wird Dänemark »etappenweise« behandelt. Dazu ist das Land in 98 (auf der Übersichtskarte am Schluß des Buches ersichtliche) Teilstrecken aufgeteilt, so daß ein weitgehend individueller Reiseverlauf ermöglicht wird. Die durchnumerierten Teilstrecken sind mit Kartenskizzen und Streckenverlauf ausführlich beschrieben, Städte und Sehenswürdigkeiten, teilweise durch Rasterstreifen hervorgehoben, behandelt. Detailinformationen zu einem Ort stehen im allgemeinen nur in jeweils einer Etappenbeschreibung; sie sind über das Register am Ende des Buches schnell zu finden.
Die Streckenführung der Etappen ist speziell auf die Belange des Fahrrad-Touristen abgestimmt: weitestgehend werden Nebenstraßen benutzt, starke Steigungen vermieden, landschaftlich und touristisch interessante Stätten ausgesucht.
Die Routenempfehlung beinhaltet keine Vorschriften über die zu vollbringende »Tagesleistung« - die Länge der Tagesstrecken bestimmen Sie ausschließlich selbst.

Namen von Ortschaften und Regionen Dänemarks werden durchweg in dänischer Schreibweise aufgeführt, also in der Form, in der sie Ihnen bei Ihrer Reise auch auf Schildern und Landkarten begegnen. Deutsche Bezeichnungen werden nur verwendet, soweit auch die Dänen sich ihrer im Umgang mit Deutschen bedienen, z.B. beim Namen der Hauptstadt Kopenhagen. Namensübersetzungen der wichtigsten Gebiete in der Vorstellung der dänischen Regionen werden zum besseren Verständnis »mitgeliefert«.
Die in den Beschreibungen enthaltenen Details über Ortschaften sollen sowohl der Vorauswahl der jeweils zu Aufenthalt und/oder Übernachtung angepeilten

Schloß Ledreborg

Dörfer und Städte dienen als auch touristische Tips »vor Ort« geben. Sie nehmen Ihnen jedoch nicht das Selbstentdecken der Orte ab.

Die Auswahl der Informationen ist darauf gerichtet, daß sie einen guten Mittelweg zwischen den strikten Vorschriften üblicher »Rad-Wanderführer« und den für Radtouristen unbrauchbaren Angaben gewöhnlicher Reiseführer bieten. Anhand dieses Fahrrad-Reiseführers allein werden Sie aber keine eigenverantwortliche Dänemarkreise unternehmen können: als Ergänzung sind gute Straßenkarten unbedingt erforderlich. Die nötige Präzision einer vielfarbigen Karte kann mit den in diesem Buch enthaltenen Skizzen nicht erreicht werden. Damit Sie nicht mit dem aufgeschlagenen Buch in der Hand durch Dänemark fahren müssen und womöglich dabei die besten Eindrücke verpassen, ist es sinnvoll, die Streckenführung im voraus mit einem Stift oder Textmarker auf die von Ihnen benutzte Karte zu übertragen. Markieren Sie sich Punkte mit Besonderheiten, zu denen Sie Informationen dann an Ort und Stelle nachschlagen können. Auf diese Art und Weise ist auch die Umkehrung einer Etappenbeschreibung kein Problem.
Manchmal bestehen Möglichkeiten zu kurzen Querverbindungen zwischen einzelnen Etappen. Sofern diese über offensichtlich sich anbietende Hauptstraßen führen, wird nicht besonders darauf hingewiesen, Nebenstraßenverbindungen sind in den Etappenbeschreibungen genannt.

Land und Leute

Landhaus auf Fyn

Fläche und Topographie

Dänemark ist mit einer Fläche von etwa 43000 km^2 das mit Abstand kleinste der nordeuropäischen Länder; davon entfallen rund zwei Drittel, nämlich fast 30000 km^2, auf die Halbinsel Jylland (Jütland). In dieser Rechnung sind die autonomen Færøer-Inseln und Grønland, deren Außenpolitik von Dänemark bestimmt wird, nicht enthalten. Aber aufgrund der etwas abgelegenen geografischen Lage und fehlender Fahrradtauglichkeit dieser Gebiete verzichtet dieser Reiseführer ohnehin auf deren Behandlung.
Das verbleibende Drittel des dänischen Staatsgebietes verteilt sich auf fast 500 Inseln, von denen knapp hundert bewohnt sind - Inseln höchst unterschiedlicher Größe. Die größte ist Sjælland (Seeland) mit etwa 7000 km^2, gefolgt von Fyn (Fünen) mit knapp 3000 km^2; noch nennenswerte Ausmaße haben Lolland (1240 km^2), Falster (515 km^2) und Bornholm (590 km^2). Etliche dänische Inseln liegen sehr dicht beieinander, so daß sie teilweise mit Brücken miteinander verbunden werden konnten. Andere Inseln haben über Dämme Verbindung miteinander, so daß sie faktisch zu einer Insel zusammengewachsen sind, z.B. Lolland und Falster oder Farø, Bogø und Møn. Als »Jahrhundertprojekt« werden z.Z. Fyn und Sjælland mit Tunnels und Brücken für Eisenbahn- und Autobahnverkehr verknüpft, und mit den Vorbereitungen zum Bau der Øresundbrücke zwischen Sjælland und Schweden wurde bereits begonnen.

Die Vielzahl der Inseln, die meist geringen Abstände dazwischen und das oft seichte Fahrwasser haben seit jeher dem Schiffahrtsverkehr der Ostsee starke Einschränkungen auferlegt. Nur drei Schiffahrtsstraßen ermöglichen den Zugang zum Kattegat: der Øresund zwischen Helsingborg (Schweden) und Helsingør (Sjælland), der Kleine Belt zwischen Jylland und Fyn und der Große Belt zwischen Sjælland und Fyn. Nur letzterer ist für moderne Schiffe von über 8 m Tiefgang geeignet; der Kleine Belt hat wegen seiner geringen Breite von nur 700 m keine nennenswerte Bedeutung.

Die dänischen Landschaften sind wie überall in Nordeuropa durch das Inlandeis der Eiszeiten geprägt worden. Die Grenze, an der die Gletscher stoppten, ist heute am Jütischen Landrücken zu erkennen und durchzieht die Halbinsel Jylland von Nord nach Süd. Westlich dieser Linie gibt es weitgehend ebene Heide-, Geest- und Dünenlandschaft; im äußersten Südwesten bestimmt Marsch das Landschaftsbild. In den grenznahen Marschgebieten wird die Küstenlinie durch Landgewinnungsmaßnahmen, ähnlich der Einpolderung in den Niederlanden, stetig verändert.
Östlich der Gletschergrenzen hat das Eis recht abwechslungsreiche Hügellandschaften geformt. Zwar sind auch die höchsten Erhebungen in Ostjylland

und auf den Inseln nur zwischen 100 und 172 m hoch, die Nähe der Küste sorgt jedoch oftmals dafür, daß die Höhe eines Berges über dem Meeresspiegel nahezu dem Höhenunterschied entspricht, den man zur Überwindung der Anhöhe bewältigen muß. Allerdings sind die Steigungen nicht so erheblich, daß man zu ihrer Vermeidung größere Umwege fahren sollte.
Auf den Inseln kommen Hügellandschaften nahezu überall vor. Nur der Norden von Fyn und die Doppelinsel Lolland-Falster sind weitgehend eben.
Ein Sonderfall ist das weit östlich gelegene Bornholm, wo nahezu alle dänischen Landschaftsformen, von flachem Sandstrand bis zur Steilküste, vertreten sind und das deshalb trotz der geringen Größe einen eigenen Fahrradurlaub rechtfertigt.

Flüsse und Seen spielen in Dänemark eine kleine Rolle. Die vergleichsweise geringen Höhenunterschiede und die kurzen Abstände zur Küste - das Meer ist nirgendwo mehr als 50 km entfernt - haben nur wenige Flüsse entstehen und zu nennenswerten Ausmaßen anschwellen lassen. Der längste Fluß ist die *Gudenå* in Mitteljylland, die durch eine Unzahl von Windungen immerhin auf 160 km Länge kommt. Aus dem gleichen Grund sind auch nur wenige Seen entstanden; die meisten scheinbaren Binnengewässer sind in Wirklichkeit Förden. In Mitteljütland speisen die Gudenå und ihre Nebenflüßchen einige nahe beieinander liegende Seen, die in Kombination mit den darum befindlichen bewaldeten Hügeln eine für dänische Verhältnisse ungewöhnliche Landschaft ergeben, die dementsprechend ein beliebtes Feriengebiet darstellt.

Wald bedeckt etwa 10 % der Fläche Dänemarks, fast ausschließlich in angelegten Forsten (»Plantage« genannt), deren vorherrschender Baum die Buche ist. Das entspricht der traditionellen Laubwald-Vegetation des Landes.

Wälder und Felder werden ausreichend von oben bewässert, denn trotz des vergleichsweise milden Klimas - eine Folge der überall gegenwärtigen warmen Meeresströmungen - ist das dänische Wetter selten konstant. Atlantische und arktische Klimazonen treffen hier häufig aufeinander, und die berüchtigten Nordatlantik-Tiefs lassen Dänemark nur selten links liegen. So muß man mit wechselhaftem Wetter rechnen und in jedem Fall auf des Fahrradfahrers Lieblingsfeind, den Wind, aber auch auf Regen eingestellt sein. Statistisch ist die erste Jahreshälfte stets trockener als die zweite, am wärmsten ist es im Juli, so daß die theoretisch optimale Reisezeit ab Mitte Juni anzusetzen ist.

Bevölkerung

Abgesehen von einer zahlenmäßig unbedeutenden (ca. 40000) deutschen Minderheit in Nord-Schleswig (= Südjütland) wird Dänemark fast ausschließlich von Dänen bewohnt, von ca. 5,1 Millionen genauer gesagt, was einer Bevölkerungsdichte von 118 Einwohnern je Quadratkilometer entspricht. Diese für europäische Verhältnisse geringe Einwohnerzahl verteilt sich im Land jedoch höchst unterschiedlich, worauf schon der Umstand hinweist, daß rund 85 % aller Dänen in Städten wohnen.

Der Großteil der Städter wiederum entfällt auf die Hauptstadt *København* (Kopenhagen) mit ihren Vorortgemeinden, die zusammen 1,3 Millionen Einwohner beherbergen. Konsequenterweise ist die Bevölkerungsdichte auf Sjælland mit rund 300 Einwohnern je Quadratkilometer am größten; Jylland verfügt über 80, Fyn über 140 Einwohner je Quadratkilometer. Auf den kleineren Inseln ist die Bevölkerungszahl meist recht gering. Diese Verteilung der Einwohnerzahlen entspricht den wirtschaftlichen Bedingungen, die dem reichen Handelszentrum um Kopenhagen naturgemäß einen stärkeren Bevölkerungszuwachs brachten als den kargen Gebieten Westjütlands. Im Zuge der Urbarmachung mancher Landstriche und wegen der unterschiedlichen Verkehrsstruktur einiger Küstenregionen und kleinerer Inseln gibt es aber durchaus Verschiebungen in der Entwicklung.

98 % der Dänen gehören der evangelisch-lutherischen Volkskirche an, die gemäß der Verfassung vom Staat unterstützt wird, ohne daß dadurch die Religionsfreiheit eingeschränkt werden soll. Unter den übrigen Glaubensgemeinschaften ist die römisch-katholische Kirche miit ca. 27000 Mitgliedern die größte. Eine bewußte Einflußnahme der Volkskirche auf das öffentliche Leben ist zumindest für Außenstehende nicht erkennbar; die Zugehörigkeit zur Kirche erscheint als Selbstverständlichkeit, die seit Jahrhunderten zum täglichen Leben gehört. Die vielen alten Dorfkirchen, die meist noch aus vorreformatorischer Zeit stammen, sind ohne »Bildersturm« von den Protestanten übernommen worden; lediglich die Fresken wurden überkalkt und überstanden so die Jahrhunderte. Der Wechsel scheint eher organisatorischer Art gewesen zu sein.

Sind im allgemeinen die protestantischen Kirchenorganisationen nicht weniger sittenstreng als die römisch-katholische Kirche, so ist ein entsprechender Einfluß in Dänemark nicht festzustellen, möglicherweise auch schlicht überflüssig. Die Liberalisierung des Sexualstrafrechts (Abschaffung der Pornographiegesetze) hat außerhalb Dänemark beträchtliches Aufsehen erregt, ohne daß dadurch ein nennenswerte Quote von Pornoläden entstanden wäre. Auffällig ist hingegen, daß abgesehen von København das Geschäft mit der Sexualität vor allem in der Nähe der deutschen Grenze blüht und auch die Reklame von vorneherein auf Pornotouristen abgestellt ist. Die Dänen scheinen diesem Wirtschaftszweig eher gleichgültig gegenüberzustehen.

Bemerkenswert ist das unverkrampfte Verhältnis der Dänen zu Bildung und Fortbildung. So gibt es hier bereits seit 1814 eine Unterrichtspflicht für Kinder, die sich jedoch markant von mitteleuropäischen Schulpflichtgesetzen unterscheidet: nicht nur die Wahl zwischen öffentlicher und privater Schule ist freigestellt, sondern es besteht darüber hinaus die Möglichkeit, daß Elterngruppen eigene Schulen (*friskole*) gründen, die dann weitestgehend vom Staat finanziert werden. Jeder Däne wird mindestens neun Jahre lang unterrichtet; ein zehntes Schuljahr wird von jeder Volksschule zusätzlich angeboten. Alle weiterführenden Bildungsgänge, seien es das zur Hochschulreife führende dreijährige Gymnasium oder berufsbezogene Lehrgänge, sind der Volksschule nachgeschaltet, so daß keine frühzeitige Entscheidung für den späteren Beruf erforderlich ist.

Einen wesentlichen Beitrag zur Fortbildung der Dänen leisten die Volkshochschulen, die seit der Mitte des 19. Jahrhunderts durch Privatinitiative überall im Land entstanden sind. Sie entsprechen nicht ihren deutschen Artverwandten, die fast ausschließlich stundenweise Kurse anbieten, sondern sind Vollzeit-Bildungsstätten, deren Schüler während der Kursdauer (bis zu sechs Monate) in der Schule untergebracht sind. Sinn dieser Maßnahme ist ein ständiger Bildungsdialog, der nicht durch irgendwelche Prüfungen getrübt wird und somit von äußeren Zwängen weitgehend befreit ist.
Ein weiteres Standbein dänischen Bildungswesens sind die zahlreichen öffentlichen Bibliotheken, die sich großer Beliebtheit erfreuen. Im Gegensatz zu den Volkshochschulen werden sie zwar meist nicht privat, sondern von öffentlichen Stellen unterhalten, aber das dezentrale Prinzip wird auch dabei durchgehalten. Nicht die Regierung in Kopenhagen, sondern kommunale Behörden kümmern sich um Einrichtung und Erhalt.
Im kulturellen Bereich hat die Initiative von Privatleuten oder kommunalen Stellen manche Perlen der Kunst hervorgebracht, vor allem diverse moderne Museen wie z.B. *Louisiana*, die zu Recht als beispielhaft gelten.

Zeugen der Geschichte

Die urgeschichtlichen Eiszeiten, die Nordeuropa bis gegen 12000 v.u.Z. mit Gletschermassen bedeckt hielten, sorgten dafür, daß die Geschichte der Menschheit in Dänemark etwas später begann als in anderen Teilen der Erde. Aus der vorgeschichtlichen Zeit belegen Ausgrabungen, vor allem von Grabstätten (z.B. der Grabhügel Blakshøj bei Frederikshavn), die Existenz von menschlichen Ansiedlungen. Nomaden, Jäger und Fischer lebten hier, hinterließen aber nur wenig Spuren. Ihre Gräber und die der folgenden Epochen lassen sich folgender Grobeinteilung unterziehen: einfache Grabhügel (*kæmpehøj*), Ganggräber in Erdhügeln (*jættestue*), Hügelgräber mit Steinkammern auf der Kuppe (Dolmen), je nach Form der Steinsetzung *runddysse* oder *langdysse* genannt, steingefaßte Grabkammern im Erdboden (*hellekiste*) und - aus der Wikingerzeit - Schiffssteinsetzungen (*skibssætning*), d.h. Grabkammern in Schiffsform aus Steinen; diese Bezeichnungen tauchen auf Hinweisschildern sehr häufig auf.
Bis zum Beginn der germanischen Eisenzeit (ca. 400 u.Z.) hatte sich Dänemark in etwa schon seiner heutigen Gestalt angenähert: die meisten wichtigen Ansiedlungen waren ebenso vorhanden wie regionale Strukturen. Der Weg zum Nationalstaat war nicht sehr lang.
Dänemark war ebenso wie das heutige Schweden und Norwegen zu jener Zeit von Wikingern bewohnt, nordgermanischen Volksstämmen mit einer gemeinsamen altnordischen Ursprache. Und die Wikinger sorgten dafür, daß Dänemark bekannter wurde, als es manch anderem Land lieb war. Sie beteiligten sich in einer so charakteristischen Art an der Völkerwanderung, daß ihr Ruf fast ausschließlich auf ihren kriegerischen Aktivitäten beruhte. Kaum eine europäische Küste blieb von ihren Raubzügen verschont.
Die größten Erfolgsquoten dieser Expeditionen lagen in den letzten zwei Jahrhunderten des ersten nachchristlichen Jahrtausends, und das mit gutem Grund. Während Mittel- und Westeuropa um 800 u.Z. bereits vollständig christianisiert waren, bildete die Nordgrenze des Frankenreiches an der Eider gleichzeitig den Südrand der heidnischen Wikingerwelt. Nun waren die Nordmänner mit ihren Methoden nicht etwa rigoroser als spätere »christliche Heerscharen«, aber ihre unbefangene Haltung gegenüber den Besitztümern der christlichen Kirchen und Klöster erleichterte ihnen die Überführung ebendieser Schätze in ihren Besitz. Die Klöster waren zu diesem Zeitpunkt bereits sehr wohlhabend, gleichzeitig aber nicht gerade von wehrhaften Männern bewohnt. Wen wundert's, daß die Wikinger sich diesen Umstand zunutze und Klöster zu ihren Lieblingszielen machten?
Weltliche Opfer wurden selbstverständlich ebenfalls nicht verachtet - derartige Vorurteile kannten die Nordleute nicht. Die reichste Beute machten sie in England, neben Irland und Nordfrankreich bevorzugte Region der Wikingerexpedi-

Rekonstruktion eines Wikinger-Langhauses in Trelleborg

tionen. Das dort »gesammelte« Silber ging als *Dänengeld* in die Geschichte ein.
Die schnellen und wendigen Schiffe der Wikinger waren zu dieser Zeit der gesamten Konkurrenz haushoch überlegen. Zu diesem technologischen Vorsprung gesellten sich eine ungewöhnliche und daher gefürchtete Härte im Kampf und eine gewisse militärische Organisation. Kasernen dänischer Wikinger sind bei Trelleborg auf Sjælland und Fyrkat bei Hobro sowie Aggersborg am Limfjord (beide Jylland) ausgegraben worden und zu besichtigen; ein eindrucksvolles Museum mit fünf konservierten Wikingerschiffen steht in Roskilde (Sjælland). Ein riesiger Wikinger-Friedhof (Lindholm) mit rund 700 Grabstätten wurde 1952 bei Ålborg entdeckt.
Wenn die Wikinger nicht gerade zum »Heeren« ausschwärmten, waren sie tüchtige Bauern und erfolgreiche Händler. So konnte es nicht ausbleiben, daß einige von ihnen sich in den »besuchten« Ländern niederließen und seßhaft wurden. Zu Anfang des 10. Jh. überließ der französische König Karl der Einfältige (!) dem Wikingerfürsten Rollo ein großes Stück Nordfrankreichs zum Lehen; durch die Besiedlung mit Nordmännern entstand so die Normandie.
In der zweiten Hälfte des 10. Jh. hatten die Führer der ursprünglich auf Klassenlosigkeit beruhenden Wikingerstämme so viel Geschmack am hierarchischen System des Christentums gefunden, daß sie diesen Glauben annahmen. Zum Drang nach materiellen Gütern kam zu Hause wie bei den Beutezügen ein ausgeprägtes Machtstreben. Um 950 hatte der König Harald Klak die

Oberherrschaft über Dänemark erreicht; sein Nachfolger Gorm als letzter heidnischer König einte das Reich endgültig. Harald Klaks Sohn Svend konzentrierte sich auf die Ausplünderung Englands und führte diese schließlich dadurch ad absurdum, daß er das Land eroberte und mit Dänemark vereinigte. Svends Sohn Knut (genannt der Große) verleibte sich dazu noch Südnorwegen ein. Das dänische Großreich war aber von kurzer Dauer; es zerfiel nach Knuts Tod vollständig. In Dänemark selbst, obwohl formal immer noch unter einem König vereint, stritten sich in der Folgezeit die Stammesfürsten um die Vorherrschaft, die erst 1157 von Valdemar dem Großen erlangt wurde. Die Erben der Wikinger schafften es allerdings in dieser Zeit, auf dem Umweg über die Normandie die Herrschaft über England endgültig zu erlangen - mit der Invasion Wilhelm des Eroberers und der Schlacht bei Hastings im Jahre 1066 war dieses Kapitel beendet.
In Dänemark begann mit der erneuten nationalstaatlichen Einigung eine Blütezeit, in der Dänemark seine Macht im Ostseeraum für etwa 70 Jahre ausweiten konnte, bevor neue innere Querelen zwischen König und Adel das Land für 100 Jahre in die Bedeutungslosigkeit schickten. In diese Blütezeit fällt die Entstehung der meisten noch heute existierenden Dorfkirchen.
Nachdem der König Valdemar Atterdag im 14. Jh. die Streitigkeiten des dänischen Adels beilegen konnte, nutzte seine Tochter Margrethe eine günstige Gelegenheit zur Vereinigung der drei nordischen Königreiche: als ihr Ehemann, König Håkon von Norwegen, 1380 starb, übernahm sie in Personalunion die Herrschaft über beide Länder. Als Maßnahme gegen die wachsende Macht der Hansestädte ließ sie 1397 ihren Neffen Erich von Pommern zum König von Dänemark, Norwegen und Schweden krönen, was als Kalmarer Union in die Geschichte einging. Obwohl der Zusammenschluß nicht einmal urkundlich erwähnt wurde, dauerte er unverändert bis 1523, als in Schweden Gustav (Wasa) die Herrschaft errang. Die Union mit Norwegen hingegen wurde erst nach den napoleonischen Kriegen aufgelöst und Norwegen mit Schweden vereint. Von den zahlreichen zum einstigen Verbund gehörenden Inseln blieben Island bis 1920, die Færøern und Grønland bis heute organisatorisch mit Dänemark verknüpft.
Zwar hatte Margrethe in weiser Einschätzung der Lage dem dänischen Adel das Burgenbauen verboten und vorhandene Befestigungen schleifen lassen (weshalb fast keine mittelalterlichen Burgen in Dänemark erhalten sind - eine Ausnahme ist z.B. Burg Spøttrup bei Rødding), der Macht des Adels hatte das aber keinen großen Abbruch getan. Die Könige der nächsten 150 Jahre hatten daher alle Hände voll zu tun, sich mit dem Adel und auch gegenseitig zu bekriegen. Erst Christian III., der 1533 zum König gewählt wurde, gelang es, mit teils recht rigorosen Mitteln »Ruhe und Ordnung« wiederherzustellen. Die für Dänemark prägende Entscheidung dieses Herrschers war hingegen der Bruch mit der katholischen Kirche und die Ernennung des Lutheranertums zur Staatsreligion. Das beseitigte nicht nur den Klerus als Machtfaktor, sondern hob in gleichem Maß Macht und Reichtum des Königs, denn Christian III. beschlag-

nahmte die Kirchengüter für die Krone, ernannte sich selbst zum Oberhaupt der Staatskirche und machte die Bischöfe zu Staatsbeamten.
Unter seinem Nachfolger Christian IV. erlebte Dänemark eine wirtschaftliche und kulturelle Blütezeit erster Güte (etliche in dieser Zeit erbaute Schlösser künden davon), die aber von einer nicht weniger erstklassigen Fehlentscheidung politisch-militärischer Art gebremst wurde: Dänemark nahm am Dreißigjährigen Krieg teil. Bei dieser Gelegenheit sorgten die Heere des Schwedenkönigs Gustav Adolf dafür, daß Dänemark die östlich des Øresund gelegenen Gebiete an Schweden abtreten mußte. Die katastrophalen wirtschaftlichen Folgen des Krieges taten ein übriges, um das dänische Königreich bis 1648 völlig zugrunde zu richten.
Unter dem nächsten König Frederik III. hatte sich die innere Organisationsstruktur Dänemarks gefestigt; Bürokratie war ein besonderes Talent des Herrschers. Gegen die schwedischen Truppen, die einmal mehr im Kampf um die Macht im Ostseeraum in Dänemark einmarschierten, half das aber wenig, und als Resultat wurde die Abtretung der Gebiete östlich des Öresund endgültig besiegelt. In den auf diese Niederlage folgenden Machtkämpfen der Generalstände gelang es 1665 dem König, die absolutistische Erbmonarchie durch ein Königsgesetz einzuführen. Seine Nachfolger waren bei der Nutzung dieser Macht aber nicht sehr glücklich; weitere Kriege mit Schweden verminderten bis zum Jahre 1720 die Bedeutung Dänemark-Norwegens weiter. Auch das in Personalunion zu Dänemark gehörige Herzogtum Schleswig-Holstein wechselte bei diesen Kriegen einige Male den »Besitzer«.
Im 18. Jh. konzentrierten sich die Dänen auf die Domäne des aufstrebenden Bürgertums, den Handel, der einen Aufschwung mit sich brachte. Mit der Zeit Napoleons war dieser Frieden jedoch bald zu Ende; England zwang Dänemark zum Austritt aus dem Bund nordeuropäischer neutraler Staaten und, als Napoleon 1807 mit Preußen und Rußland Frieden schloß, zur Auslieferung der dänischen Flotte: um die Schiffe dem »Zugriff« durch Napoleon zu entziehen, bombardierten die Briten kurzerhand Kopenhagen. Das brachte die Dänen dazu, sich mit Napoleon zu verbünden - und mit ihm unterzugehen. Im Kieler Vertrag von 1814 verlor Dänemark Norwegen an Schweden und, was schwerer wog, war ohne seine Handelsflotte wirtschaftlich ruiniert und verarmt.
Die Erholungsphase im 19. Jh. wurde durch ein Problemgebiet mehrfach gestört, das in den nationalistisch-liberalen Strömungen der Zeit ein Fremdkörper war: die Herzogtümer Schleswig und Holstein. Die dänischen Liberalen betrachteten Schleswig als Teile ihres Nationalstaates, ihre deutschen Gesinnungsgenossen in Holstein verlangten ein vereintes und unabhängiges Schleswig-Holstein. Als die Dänen sich mit der 1834 vom König Frederik VI. eingeführten Ständeversammlung nicht mehr zufrieden geben wollten und eine dänische Verfassung forderten, probten die Holsteiner 1848 den Aufstand, politisch unterstützt von Preußen. Zwar zogen sich die preußischen Truppen auf Druck der europäischen Großmächte wieder zurück, Dänemark mußte aber eine Sonderverfassung für das Verhältnis zu den Grenzherzogtümern akzeptieren.

Für das übrige dänische Staatsgebiet schaffte eine Verfassung 1849 den Absolutismus ab.
Diese doppelte Verfassungskonstruktion erwies sich als unpraktikabel, da die deutsche Bevölkerung von Schleswig und Holstein die Sonderregelung nicht anerkennen wollte. Ein Versuch der dänischen Regierung, 1864 eine neue, gemeinsame Verfassung durchzusetzen, entfachte einen Krieg mit dem Deutschen Bund. Die vereinte Militärmacht von Österreich und Preußen sorgte für ein schnelles Ende und die Abtretung beider Herzogtümer an Preußen. Ein Drittel des dänischen Territoriums war damit verloren, darunter auch jener Teil Nordschleswigs (heute Sønderjylland), der fast vollkommen von Dänen bewohnt war. Aus jener Zeit stammen die zahlreichen Eindeutschungen dänischer Ortsnamen, auf die man auch heute noch in Museen und Fremdenverkehrsbroschüren trifft. Dieser Stand blieb bis nach dem Ersten Weltkrieg erhalten, den Dänemark in theoretischer Neutralität durchstand - faktisch wurde das Land vom Deutschen Reich zur Verminung der Ostseewasserstraßen gezwungen. Im Versailler Vertrag wurde eine Volksabstimmung in Schleswig-Holstein über die Staatszugehörigkeit vereinbart, die 1920 Nordschleswig wieder zu Dänemark brachte.

Verfassungsänderungen von 1864 und 1915 schafften zuerst eine konstitutionelle Monarchie konservativer Strömung, die dann zum Liberalismus hin abgeändert wurde. Vor den meisten anderen europäischen Staaten führte Dänemark damit u.a. das Frauenwahlrecht ein. Diese Verfassung wurde erst 1953 erneut grundsätzlich geändert: das Oberhaus wurde angeschafft, ein Volksentscheid eingeführt, die letzte Kolonie (Grønland) zum gleichberechtigten Landesteil gemacht - und die weibliche Thronfolge wurde eingeführt...
Im Zweiten Weltkrieg erlitt Dänemark das Schicksal der meisten Nachbarstaaten des Tausendjährigen Reiches: es wurde unter Verletzung seiner Neutralität besetzt. Eine dänische Verwaltung konnte bis 1943 erhalten werden, als die Besatzungstruppen die Macht selbst übernahmen. Obwohl es nur geringen Widerstand unter den Dänen gab, konnten in einer beispiellosen Rettungsaktion Tausende jüdischer Bürger über den Øresund nach Schweden in Sicherheit gebracht werden; den Nazis fielen nur etwa 500 Juden zur Deportation in die Hände.

Nach dem Zweiten Weltkrieg hat sich Dänemark zunehmend aus seiner skandinavischen Isolation gelöst. Seit 1945 Mitglied der UNO, schloß sich das Land 1949 der NATO an. Aus wirtschaftlichen, weniger aus politischen Beweggründen wurde Dänemark 1959 Mitglied der EFTA und 1973 nach hitzigen politischen Kampagnen und einem Volksentscheid Mitglied der Europäischen Gemeinschaften; nach dem vor allem in ländlichen Gebieten für die EG erfolgreichen Referendum vom Februar 1986 wurde diese Mitgliedschaft zumindest formal gefestigt, wenngleich die Maastrichter Verträge 1992 erst im zweiten Anlauf angenommen wurden.

Sprache

Obwohl der deutsche Tourist in der Regel nicht gezwungen sein wird, sich auf einer Dänemarkreise der Landessprache zu bedienen - Kenntnisse des Englischen und Deutschen sind in Dänemark weit verbreitet -, sind Landkarten etc. viel leichter zu lesen, wenn ein paar Grundkenntnisse vorhanden sind. Zusätzliche Hinweise dazu finden sich auch im Kapitel *Krydsende Cyklister.*

Das Dänische gehört zur Gruppe der nordischen Sprachen und geht wie Schwedisch, Norwegisch, Isländisch und Färöisch auf ein gemeinsames Urnordisch zurück, das durch Runeninschriften des ersten nachchristlichen Jahrtausends belegt ist. Mit dem Ende der Wikingerzeit, also etwa ab 1100, bildete sich Dänisch als deutlich abgrenzbare Sprache stärker heraus, wobei, bedingt durch die geografische Zersplitterung des Landes, die einzelnen Dialekte sich nicht unbeträchtlich unterschieden. Erst im Laufe der Jahrhunderte setzte sich der Dialekt Sjællands als des wirtschaftlich und kulturell bedeutendsten Landesteils durch. Durch zunehmende Assimilierung von deutschen und französischen Lehnwörtern wurde der dänische Wortschatz zusätzlich bereichert; speziell die romanischen Vokabeln fielen jedoch sprachpuristischen Bestrebungen des 18. Jh. größtenteils wieder zum Opfer. Dem Trend der jüngsten Geschichte entsprechend finden derzeit hauptsächlich englische Wörter Aufnahme in die dänische Sprache.

Das Dänische besitzt einige charakteristische Eigenarten, die es auch von den anderen nordischen Sprachen unterscheiden. Das dänische Alphabet wird - am Ende! - durch die Buchstaben æ (ä), ø (ö) und å (früher - teils heute noch - aa geschrieben, wie ein offenes o gesprochen) ergänzt. Å kommt auch im Norwegischen und Schwedischen vor, ø auch im Norwegischen. Der Buchstabe y des Dänischen entspricht dem deutschen ü. Obwohl die Aussprache recht unkompliziert ist, haben Ausländer mit ihr meist Schwierigkeiten. Ein spezifisch dänische Besonderheit ist der sogenannte Stoßton, der aus der Kehle herausgepreßt wird (z.B. ry, rød). Unbetonte Silben am Wortende hingegen werden so stark abgeschwächt, daß die Konsonanten mit den sie umgebenden Vokalen verschmelzen. Die meisten Konsonanten werden im übrigen ähnlich wie im Deutschen ausgesprochen, wobei v immer stimmhaft (w), z stets wie ein stimmhaftes s gesprochen wird.

Abgesehen von den häufig vorkommenden starken Verben (wie im Deutschen) ist die Grammatik des Dänischen verhältnismäßig einfach, aber stark von deutschen Gewohnheiten abweichend, was das Erlernen erschwert. Der Artikel *en* (im Neutrum *et*) wird als unbestimmter Artikel dem Nomen vorangestellt, als bestimmter Artikel aber angehängt. Das gilt hingegen nicht, wenn ein Adjektiv

Töpferei-Schild im Versuchszentrum Lejre

dem Substantiv voransteht: dann wird der Artikel durch ein Anfangs-d ergänzt und der Wortkombination vorangestellt.

Beispiele:
en mand - ein Mann; *manden* - der Mann; *den gamle mand* - der alte Mann
et barn - ein Kind; *barnet* - das Kind; *det ung barn* - das junge Kind
Die Pluralbildung erfolgt in der Regel durch das Anhängen von (e)r; der bestimmte Artikel wird in diesem Fall umgedreht und ebenfalls angehängt.
Beispiel:
stationen - der Bahnhof; *stationer* - Bahnhöfe; *stationerne* - die Bahnhöfe
Dem Deutschen ähnlich ist die Genitivbildung, die durch das Anhängen von s an das Nomen erfolgt: *mandens bil* - Auto des Mannes. Andere Kasusbildungen wie im Deutschen kennt das Dänische nicht.
Als letzter wichtige Einschnitt in die Entwicklung der dänischen Sprache ist die Rechtschreibreform von 1948 anzusehen, mit der die gemäßigte Kleinschreibung (nur Satzanfänge und Eigennamen werden groß geschrieben) eingeführt worden ist.

Die Kirche im Dorf

Die Mehrzahl der rund 2300 dänischen Kirchen steht in einem Dorf, einige aber liegen weit außerhalb. Manchmal ist um eine außerhalb eines Dorfes liegende Kirche ein weiterer Orsteil gewachsen, der oftmals durch das Anhängsel »kirke« oder »kirkeby« an den Ortsnamen gekennzeichnet wird.

In katholischen Ländern, sei es in Südeuropa, in Irland oder auch nur in Bayern, steht neben jeder Kirche ein Wirtshaus. Das trifft in Dänemark heute auf keinen Fall mehr zu. Aber die Friedhofsmauer bietet sich an, das gepäckbeladene Rad anzulehnen; manchmal steht die Kirchentür offen und lädt zu einer längeren Pause ein.
Jede Kirche ist etwas anders als die übrigen, obwohl fast alle auf das gleiche Grundmodell zurückgehen. Nahezu alle heutigen dänischen Dorfkirchen stammen aus der Zeit zwischen 1150 und 1300. Die ersten christlichen Kirchen ab 960 waren aus Holz, ähnlich wie die heute noch in Norwegen anzutreffenden *Stabkirchen*. Als sie verfallen waren oder zu klein wurden, baute man die heutigen Steinkirchen, die nicht nur Gotteshäuser, sondern in einigen Fällen auch Fluchtburgen waren. An der Küste wurden die steinernen Kirchen schon bald als Zufluchtsort errichtet, denn Seeräuber und Kriegsvolk waren in Küstennähe immer auf Plünderung bedacht. Weiter im Land hat man sich beim Bau solcher Kirchen mehr Zeit lassen können; dort wurden deutlich schönere, sorgfältiger ausgestattete Kirchen gebaut, was sich in sehr schönen Steinmetzarbeiten ausdrückt.

Am Friedhofstor oder nahe der Kirchentür findet sich häufig eine Tafel mit der Information, wo es den Kirchenschlüssel gibt, sofern die Tür abgeschlossen ist: *graveren* (Totengräber), *kirketjeneren* (Kirchendiener), *klokkeren* (Glöckner) oder *kirkeværgen* (Kirchenpfleger). Aber manchmal kann man den Schlüssel bekommen, wenn man sich auf dem Friedhof umsieht. Entdeckt man jemanden in Arbeitskleidung mit einer Schubkarre, ist man oft schon beim richtigen Mann. Die Frage »Har du kirkenøglen?« oder »Må jeg kikke in di kirken?« bringt mit etwas Glück nicht nur den Zutritt zur Kirche, sondern gleich eine kleine Führung, manchmal vom Pfarrer persönlich. Große Sprachkenntnisse sind nicht nötig, um den Wunsch des Kirchenbesuchs zu übermitteln; zur Not genügen auch Gesten.
An Sonn- und Feiertagen bleiben allerdings gewöhnlich alle Kirchen, auch die »prominenten« wie die Bornholmer Rundkirchen, den Gläubigen vorbehalten und außerhalb der Gottesdienste geschlossen.

Die Kirchengebäude wurden seit ihrer Errichtung oft stark verändert. Anbauten wie Waffenhaus, Seitenschiff oder Kreuzchor findet man ebenso wie Verkleinerungen. Hat man ur-romanische Gebäudeteile vor sich, oder wurden in der Gotik Gewölbe eingebaut? Was ist aus den ursprünglich sehr kleinen Schlitzfenstern geworden, was aus den getrennten Eingängen für Frauen und Männer? Wenn man erst einmal angefangen hat, sich die Kirchen richtig anzusehen, dringt man immer tiefer in die Materie ein. Man wird erkennen, daß viele Kirchen ursprünglich mit Feldsteinen begonnen, mit Granitquadern fortgesetzt, dann aber von einer gewissen Höhe an mit Ziegelsteinen vollendet wurden. Die Türme sind meist wesentlich jünger als die eigentliche Kirche.

Im Kirchenschiff gibt es oft Fresken in sehr unterschiedlichem Erhaltungszustand. Sind sie auf die geraden Wände gemalt, hat man romanische Bilder vor sich; sind sie im Gewölbe, stammen sie aus der Gotik. Diese Regel trifft fast immer zu. Oft findet man beide Stile neben- oder übereinander. Wenn man dorthin Zutritt bekommt, kann man sogar noch oberhalb der später eingezogenen Gewölbe die alten, romanischen Fresken finden.

Eine besondere Form der Kirchen mit Fluchtburgcharakter sind die Rundkirchen, von denen außer den vier Bauten auf Bornholm nur sehr wenige erhalten sind. Je eine dieser Kirchen steht in Thorsager auf Jylland, in Horne auf Fyn und in Bjerrenede auf Sjælland.

An manchen Stellen des Landes scheinen die Kirchen sich gegen die rauhe See zu ducken, wie auf Ærø oder an der südlichen Nordseeküste - so niedrig sind die Türme.
Um den Zusammenhalt der alten Mauern zu gewährleisten, setzte man viele Maueranker, die oft eine Jahreszahl darstellen. Das hat nichts mit dem Baujahr der Kirche zu tun, sondern zeigt das Jahr an, in dem sie eingesetzt wurden. Sofern Maueranker in Buchstabenform ausgeführt sind, können es die Initialen des Adeligen sein, dem die Kirche unterstand oder sogar gehörte. Es kommen aber auch die Anfangsbuchstaben des Baumeisters vor.

Die Fresken stammen aus der vorreformatorischen Zeit. Zu diesem Zeitpunkt wurden fast alle bestehenden Fresken überkalkt; man findet sie heute unter dicken Kalkschichten wieder, die die Gemälde über die Jahrhunderte vor Verwitterung geschützt haben. Die Fresken können lange Geschichten erzählen, wenn man ihnen Zeit dazu läßt. Ein flüchtiger Blick sagt nicht viel - man muß sie auf sich wirken lassen. Die Bilder sind längst nicht alle so »fromm«, wie sie auf den ersten Blick aussehen. Mancher Maler hat in irgendeiner Ecke etwas Lustiges, Derbes oder gar Frivoles versteckt. Besonders gilt das für jene Gebäudeteile, die nur der Pfarrer vom Altar aus sehen konnte. »Das Fernsehen des Mittelalters« nannte der dänische Maler und Schriftsteller Broby-Johansen

Foto rechts: Kirche von Hasle, Bornholm

die Fresken. Die Leute hatten damals keine Kenntnis in Lesen und Schreiben und in ihren Hütten bestimmt weder ein Buch noch ein Bild. Aber in der Kirche gab es etwas zu sehen, auch wenn man nicht lesen konnte! Es gibt auch die Meinung, daß die Fresken die Gläubigen während der langen lateinischen Predigten beschäftigen sollten, damit sie nicht einschliefen. Ihr Unterhaltungswert war damals zweifellos anders und größer als für heutige Touristen.
Zu diesem Thema ist die im Museumsdorf *Hjerl Hede* nachgebaute Feldsteinkirche sehr anschaulich. Sie ist inzwischen mit Fresken ausgemalt worden, die denen der Kirche von Råsted nahe Randers nachempfunden sind.

Die sonstige sakrale Kunst in dänischen Dorfkirchen ist eher bescheiden, aber dennoch sehr schön. Wirkliche Edelmetallgegenstände mußten auch in Dänemark unter Verschluß genommen werden, um sie vor unvorhergesehenen Besitzerwechseln zu schützen.

In oder bei vielen Kirchen finden sich heidnische Runensteine, manchmal sogar mit bildlichen Darstellungen. Diese Steine mußten nach der Einführung des Christentums verschwinden, damit die frühen Christen sich nicht wieder heidnischen Dingen zuwandten; die Rückfallquote der eben bekehrten Heiden war groß! Der sicherste Aufbewahrungsort für Runensteine schien das Kirchenfundament zu sein, wo man die Steine heute bei Sanierungsarbeiten wieder auffindet.
Wenn man um die Dorfkirchen herumgeht und sich etwas umsieht, liest man zwangsläufig die Inschriften der Grabsteine. Das bietet nicht nur ein Bild der in dieser Gegend geläufigen Namen, sondern auch der alten, ortsüblichen Berufsbezeichnungen, z.B. durch das Wort »Parcellist«: das war nicht etwa ein Musiker, sondern der Inhaber einer Land-Parzelle, also ein Kleinbauer.

In vielen Kirchen findet man eine kleine Broschüre, die alles Wissenswerte über das Gebäude erzählt, leider meist nur in Dänisch. Mit etwas Geduld und Mühe wird man aber zumindest einige Fakten herausfinden. Auch die Turistbureaus haben oft Material über Kirchen der betreffenden Gegend, und sei es nur zur Einsichtnahme am Ort. Sonderwünsche werden nach Möglichkeit erfüllt.

Thomas-P. Henningsen

Staat, Verwaltung, Wirtschaft

Dänemark ist das älteste Königreich Europas und seit über hundert Jahren eine konstitutionelle Monarchie. Formelles Staatsoberhaupt ist seit 1972 Königin Margrethe II.; abgesehen vom Vorsitz des regierenden Monarchen bei Sitzungen des Staatsrats und Repräsentationsverpflichtungen liegt die politische Macht aber beim Parlament und der Regierung.
Das Land gliedert sich in 14 Verwaltungseinheiten (*Amtskommuner*) und zusätzlich die Stadtverwaltungen von Frederiksberg (Innenstadtbereich von Kopenhagen) und Kopenhagen; diese etwa den deutschen Landkreisen entsprechenden Einheiten sind für regionale Angelegenheiten wie Straßenbau und Krankenhäuser zuständig.

Seit der Verfassungsreform von 1953 besteht das Parlament, das *Folketing*, aus einer Kammer mit 179 Sitzen, von denen je zwei Grønland und den Færøern vorbehalten sind. Regierungschef ist der Ministerpräsident, der auf Vorschlag der Parteien von der Königin ernannt wird und für die Zusammenstellung der Regierungsmannschaft verantwortlich ist. Da vergleichsweise viele Parteien (nach der Wahl von 1988 acht) Sitze im Folketing innehaben, ist die Bildung von Minderheitsregierungen aufgrund von Koalitionen seit langem üblich. Die bei dieser Konstellation unvermeidlichen Regierungskrisen werden häufig durch vorgezogene Parlamentswahlen (vorgesehen ist eine vierjährige Wahlperiode) zu lösen versucht, meist ohne nachhaltigen Erfolg, aber manchmal mit erstaunlichen Verschiebungen. Nur Parteien unter 2 % gelangen im übrigen nicht ins dänische Parlament, ein Schicksal, das meist den rechts- oder linksaußen angesiedelten Gruppierungen winkt.
Der häufige Regierungswechsel bewirkt aber kein Chaos in der Verwaltung, da auch höhere Ministerialbeamte unabhängig von ihrem Parteibuch auf Dauer ernannt werden und somit nicht mit den Regierungen wechseln.

Für den Fall extremer Meinungsunterschiede ist als Minderheitenschutz in der Verfassung ein Volksentscheid vorgesehen, der von einem Drittel der Folketing-Abgeordneten zur Überprüfung eines bereits verabschiedeten Gesetzes verlangt werden kann. Als Votum gegen das Inkrafttreten muß eine Mehrheit (bestehend aus mindestens 30 % der Wahlberechtigten) gegen das entsprechende Gesetz stimmen.

Einer der wichtigsten Volksentscheide der letzten Jahre dürfte die Abstimmung von 1972 über die EG-Mitgliedschaft gewesen sein, bei der nahezu zwei Drittel der Stimmberechtigten für Europa votierten. Dieser Entscheidung lagen weniger rosige Fantasien über eine politische Einigung als vielmehr handfeste wirtschaftliche Überlegungen zugrunde - eine Einstellung, die von der anfängli-

Übersichtskarte: Verwaltungsbezirke in Dänemark

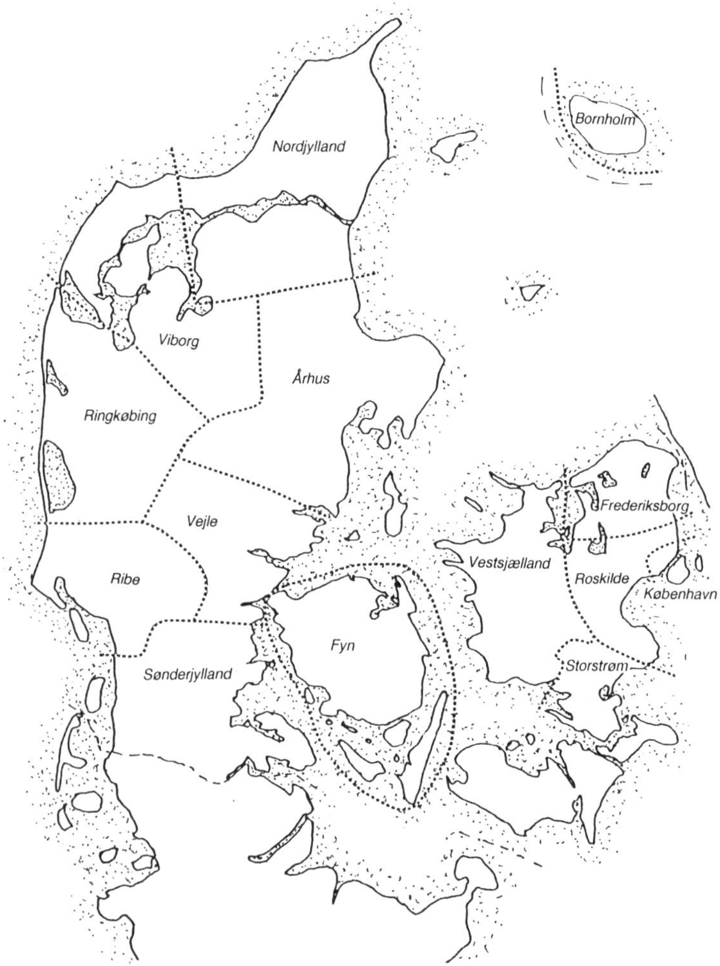

chen Ablehnung der Maastrichter Verträge 1992 bestätigt wurde. Die Außenhandelsstatistik scheint dem rechtzugeben, denn heute ist die EU zu ca. 50 % am dänischen Außenhandel beteiligt, woran Deutschland und Großbritannien den Löwenanteil haben. Die EFTA, in der Dänemark vor dem EG-Beitritt Mitglied war, die skandinavischen Länder und die USA teilen sich die restliche Hälfte.
Die dänischen Exporte bestehen zu fast einem Drittel aus landwirtschaftlichen Produkten (hauptsächlich Fleisch, Geflügel, Eier und Molkereiprodukte) und zu etwa 50 % aus Industriegütern aller Art. Die landwirtschaftlichen Ausfuhren sind überproportional groß, da zum einen nur etwa 7 % der Bevölkerung in der Landwirtschaft arbeiten, zum anderen aber zwei Drittel der Produktion in den Export geht. So liefert Dänemark immerhin etwa die Hälfte des in Großbritannien konsumierten Schinkens.

Trotz der hohen Exporterlöse verfügt das Land nicht über Außenhandelsüberschüsse, denn für die industrielle Produktion müssen nahezu alle Grundstoffe und auch viele Maschinen importiert werden, da Dänemark (im Gegensatz z.B. zu Grönland) fast keine Bodenschätze hat.
Ein in aller Welt bekanntes dänisches Produkt ist das Bier aus Kopenhagener Großbrauereien, das unter zwei verschiedenen Namen verkauft wird und einen Ruf genießt, der besser ist, als eigentlich gerechtfertigt wäre. In Dänemark selbst wird der Gerstensaft ebenso wie der berühmte Aquavit (s. *Kulinarisches*) hoch besteuert und ist darum vergleichsweise teuer.

Dieser Umstand ist nur ein Indiz für das ausgeklügelte System von direkten und indirekten Steuern, das dem dänischen Steuerzahler zum einen meist nicht mehr als die Hälfte seines Bruttoeinkommens beläßt, zum anderen aber zur Finanzierung einer umfassenden sozialen Versorgung dient, angefangen bei Kranken- und Arbeitslosenversicherung über Unterstützung in Notlagen jeder Art bis zur Volksrente. Letztere ist eine dänische Besonderheit: eine Grundrente für jeden Dänen über 67 Jahre, die nur geringfügig vom Einkommen beeinflußt wird und jedem zusteht, dem Hilfsarbeiter ebenso wie dem Millionär.

Es wäre ein Irrtum, von der umfangreichen sozialen Versorgung auf eine sozialistische Grundeinstellung der Dänen zu schließen. Staatliche Reglementierung ist eher unbeliebt, und es gibt so gut wie keine staatlichen Unternehmen - von der Eisenbahn und der Energieerzeugung einmal abgesehen. Selbst die Telefongesellschaften sind Privatunternehmen; das gleiche gilt für die gemeinsame skandinavische Fluggesellschaft SAS. Und auch viele der heutigen Staatsleistungen wie die Krankenversicherung sind aus Privatinitiativen hervorgegangen.

Wenn die bunten Fahnen wehen...

Das Verhältnis der Bürger zu ihrem Staat wird von einer stark verbreiteten Sitte dokumentiert, die jedem Besucher des Landes ins touristische Auge sticht: ohne jede nationalistische Verirrung genießt die dänische Landesfahne, der *Dannebrog*, große Popularität. Das weiße Kreuz auf rotem Grund flattert als Wimpel von Fahnenmasten überall im Land und wird ohne besonderen Anlaß gehißt. Bei Ferienhäusern zeigt es manchmal die Anwesenheit der Besitzer an, Zufahrtstraßen sind von Wimpelstrecken gesäumt, Hersteller von Fahnenmasten scheinen gute Geschäfte zu machen.

Das Reisen

Im Fünischen Freilichtmuseum Odense

Informationsmaterial

Zuständig für allgemeine Informationen über Dänemark und touristisches Werbematerial ist das Dänisches Fremdenverkehrsamt mit folgenden Adressen; hier gibt es auf Anforderung Material sowie einen telefonischen Auskunftsdienst, jedoch keine persönliche Besuchsmöglichkeit.

❑ **Deutschsprachige Länder**

➪ Für allgemeine Anfragen und Auskünfte:
Postfach 10 13 29
20008 Hamburg
✆ (040) 32 78 03
✉ (040) 33 70 83

➪ Für Prospekt- und Materialanforderungen:
Postfach 74 06 80
22096 Hamburg
✉ (040) 32 43 29

❑ **Niederlande:**
Deens Verkeersbureau
Schipholweg 96A
2316 XD Leiden
✆ (071) 23 32 83
✉ (071) 21 17 94

Dort bekommt man u.a. folgende Publikationen (mit jährlich leichten Abwandlungen):
Eine allgemeine Broschüre über Urlaub in Dänemark mit nützlichen Anschriften; eine Dänemark-Karte 1:500000 mit eingezeichneten Campingplätzen und Vandrerhjem und vielen praktischen Hinweisen auf der Rückseite (auch als reine Campingplatz/VH-Karte ohne Infos erhältlich); ein Verzeichnis aller offiziell anerkannten Campingplätze; ein Verzeichnis der Hotels, Pensionen und Gasthöfe (keine Privatzimmer); ein Verzeichnis der Vandrerhjem; ein Verzeichnis der Fährverbindungen nach und in Dänemark; eine Broschüre mit Kurzbeschreibung von zehn ausgewählten Fahrradrouten.

Die vorgenannten Publikationen sind für jeden daran Interessierten sinnvoll; außerdem gibt es zu jeder Region Spezialprospekte, die aber sehr unterschiedlichen Informationsgehalt haben. Fordern Sie deshalb Material gezielt an, z.B. ggf. Prospekte über organisierten Fahrradurlaub, Ferienhäuser oder spezielle Sportarten.

Soweit Sie Informationen zu einzelnen Regionen benötigen, sollten Sie diese ebenfalls bei den oben aufgeführten Büros anfordern. Die Informationsbüros in Dänemark selbst leiten bei Anfragen aus dem Ausland die Briefe meist ohnehin an die zuständige Vertretung weiter.

Während der Reise in Dänemark erhält man Informationen zur jeweiligen Region zuverlässig im örtlichen Turistbureau, das in der Regel mit einem international üblichen Schild »Tourist Information« gekennzeichnet ist. Bei den meisten Büros können auch Ferienhäuser oder Ausflüge gebucht werden (nicht beim Büro in Kopenhagen).
Das Netz der Informationsbüros ist sehr dicht, in der Hauptsaison ergänzt durch weitere Stellen. Die Adressen finden sich in den Ortsbeschreibungen weiter hinten.
Nur die größeren Büros verfügen über Material anderer Regionen!

Eine skandinavische und somit auch dänische Besonderheit bei der Kennzeichnung von kulturellen Sehenswürdigkeiten ist ein Zeichen in Form eines verschlungenen Ornaments, das in Prospekten, auf Landkarten und Hinweisschildern häufig verwendet wird.

Rundfunknachrichten

Abgesehen davon, daß man in Dänemark nahezu überall deutsche Rundfunksender empfangen kann, strahlt der Dänische Rundfunk in seinem 3. Programm auch fremdsprachige Nachrichten aus, und zwar in Englisch ganzjährig mo-fr um 8.30 h.

Wettervorhersage

Eine deutschsprachige Wettervorhersage des Dänischen Meteorologischen Instituts kann innerhalb Dänemarks unter ✆ 38383663 abgehört werden (vom Ausland aus nur mit Telefonen anwählbar, die sich während des Gesprächs - nach Zustandekommen der Verbindung! - vom Impuls-Wahlverfahren auf das Mehr-Frequenz-Wahlverfahren umschalten lassen).

Anreise

Kein Problem bildet die Anreise nach Dänemark; als unmittelbares Nachbarland Deutschlands gibt es eine Vielzahl günstiger Möglichkeiten. Einen Unterschied macht es lediglich, ob Sie mit dem eigenen Rad anreisen und in welchem Landesteil Sie beginnen wollen.
Zu den allgemeinen Problemen des Fahrradtransports empfiehlt sich das Kapitel Anreise in *Der Wind kommt immer von vorn* von Jürgen Rieck (s. *Reiseführer und -Literatur*).

Mit dem Fahrrad

Fahrradurlaub von Anfang an kann man machen, wenn man die Grenze schon mit dem Rad überquert. Ob man den Weg bis zur Grenze radelt, mit dem Auto oder der Eisenbahn (Fahrrad im Gepäckwagen) absolviert, man hat in jedem Fall sechs Grenzübergänge zwischen Nord- und Ostsee zur Verfügung:
Von West nach Ost Rudbøl, Aventoft, Sæd, Pebersmark, Frøslev und Kruså/Kupfermühle; der Übergang der E45 ist nur für Autofahrer nutzbar (Autobahn).
Die Überquerung der Grenze im Fahrradsattel ist meist anzuraten, wenn ein Teil der Fahrradreise in Jylland absolviert werden soll. Sie läßt sich im übrigen besonders gut mit einer Anreise per Eisenbahn kombinieren (s.u.).

Mit dem Auto

Nur für Rundreisen sinnvoll ist die Anreise mit dem Auto, da man dabei ja am Startort die Fahrradreise auch beenden muß; als Grenzübergänge stehen die oben genannten zur Verfügung. Es ist ratsam, das Auto für die Reisedauer in einem Wohnviertel abzustellen und das örtliche Polizeirevier zu informieren, um Abschleppaktionen erzürnter Anwohner zu vermeiden.
Vielleicht finden Sie ja auch über eine Mitfahrzentrale eine Transportmöglichkeit für Mensch und Rad nach Dänemark.

Mit der Eisenbahn

Diese Anreiseform ist u.a. dann anzuraten, wenn Sie schon ab der deutsch-dänischen Grenze im Fahrradsattel einreisen möchten. Für eine Fahrradreise ab Grenze sind die Bedingungen optimal: von den Bahnhöfen Flensburg, Niebüll, Süderlügum und Klanxbüll sind es immer nur wenige Kilometer bis zum nächsten Grenzübergang; Fernzüge via Hamburg halten meist in Flensburg bzw.

Niebüll. Eine denkbare Variante ist die Eisenbahnfahrt bis Westerland/Sylt und Weiterreise per Fähre über Rømø.
Grenzüberschreitende Züge gibt es prinzipiell über Flensburg/Padborg (nach Jylland); außerdem (Richtung Kopenhagen) die Eisenbahnfähren Puttgarden-Rødbyhavn (»Vogelfluglinie«) und Warnemünde-Gedser.

Seit Sommer 1994 ist der Fahrradtransport auf internationalen Verbindungen mit einigen Ländern, darunter auch mit Dänemark, stark verbessert worden, und es ist nunmehr nach jahrelangen Bemühungen der Radfahrerverbände endlich möglich, Fahrräder in durchgehenden Fernzügen mitzunehmen; der Pauschalpreis beträgt DM 16. Als Alternative können Fahrräder (verpackt!) als Kuriergepäck verschickt werden (für stolze DM 46 je Strecke), wobei die Abholung von Zuhause inbegriffen ist. Unter der Telefonnummer (0180) 3320520 kann die Abholung bestellt werden; bei Abweichungen von der vereinbarten Abholzeit um mehr als 30 Minuten gibt's das Geld zurück. Eine Transportversicherung über DM 2000 ist übrigens im Preis enthalten.

Mit dem Flugzeug

Durch die Lüfte geht's natürlich schneller, allerdings auch deutlich teurer. Von Deutschland aus starten Flugzeuge nach Kastrup, dem Flughafen Kopenhagens, von allen größeren Flughäfen. Die Schweiz hat ab Basel, Genf und Zürich, Österreich ab Salzburg (via Zürich) und Wien Luftverbindung mit Dänemark. Fast alle diese Flüge werden täglich bedient, die meisten Strecken von der skandinavischen Gesellschaft SAS, zusätzlich die meisten deutschen Verbindungen von der Lufthansa, die schweizerischen von der Swissair, die österreichischen von den Austrian Airlines.

Da es sich bei allen Verbindungen um Linienmaschinen handelt, können prinzipiell Fahrräder mitgenommen werden. Vorbedingung ist in jedem Fall die Anmeldung dieses »Sondergepäcks«, da die Transportkapazität in der Regel beschränkt ist. Theoretisch wird das normalerweise anfallende Übergepäck mit 1 % des Erste-Klasse-Flugpreises berechnet; in der Praxis entfällt das jedoch meist aus Bequemlichkeit, »Kulanz« genannt.

Wegen des hohen Preises für ein Linien-Flugticket kann die Anreise per Flugzeug nur für Reisende empfohlen werden, die südlich der Mainlinie starten und nicht nach Jylland, sondern direkt nach Sjælland wollen. Zwar gibt es auch innerdänische Flüge (Fahrradtransport allgemein ab dkr 50 möglich), angesichts der nicht sehr großen Entfernungen zwischen den einzelnen Landesteilen dürfte das aber keine sehr rentable Art des Reisens sein - unabhängig von der ökologischen Bedenklichkeit von Flugzeugen im allgemeinen und Kurzstreckenflügen im besonderen.

Mit der Fähre

Es gibt eine ganze Reihe von Schiffsverbindungen zwischen Deutschland und den dänischen Inseln, die alle auch Fahrräder transportieren.
Die kürzeste Verbindung bieten die Personenfähren von Neukirchen (östlich von Flensburg) bzw. Gelting nach Sønderborg auf Als, mit denen man sich eigentlich nur den Verkehrsengpaß bei Flensburg erspart. Nach Fyn existiert die Strecke Gelting-Fåborg; Bagenkop (Langeland) und Korsør (Sjælland) werden von Kiel aus angefahren, Lolland/Falster ist über Puttgarden-Rødbyhavn, Burgstaaken-Rødbyhavn und Rostock- bzw. Warnemünde-Gedser zu erreichen; nach der südlich der schwedischen Küste liegenden Insel Bornholm verkehren Fähren ab Saßnitz und Neu-Mukran. Außerdem sind Westerland und Rømø durch eine Fähre verbunden, deren Existenzberechtigung hauptsächlich darin besteht, daß deutsche Autofahrer auf der Fahrt nach Sylt nicht die teure Autoverladung per Eisenbahn in Anspruch nehmen müssen.
Die Fährtarife entsprechen stets in etwa der Streckenlänge.

Reservierungen sind für Einzelreisende auf allen Strecken unnötig, für Gruppen aber stets anzuraten. Außer den Fähren nach Bornholm stehen alle Verbindungen während der gesamten Fahrradsaison zur Verfügung; alle verkehren mehrmals täglich. Eine vollständigere, aber nicht ganz aktuelle Übersicht aller Fähren nach und in Dänemark ist auf der Rückseite der *Cykelferiekort* des dänischen Radfahrerverbands enthalten (s. *Karten*).

Einreise

Personen

Personalausweis oder Reisepaß genügen, Visum entfällt. Wer länger als drei Monate bleiben will, muß eine Aufenthaltsgenehmigung beantragen. EU-Bürger können das noch nach der Einreise tun, ansonsten nur vorher im Heimatland.

Tiere

Wer seinen Goldhamster umbedingt mit auf die Fahrradreise nehmen möchte, hat in Dänemark keine Probleme. Die Bedingungen für andere Arten von Tieren sind sehr unterschiedlich und im konkreten Fall zu erfragen. Hunde und Katzen benötigen einen Gelben Impfpaß mit einer Tollwut-Impfbescheinigung, die mindestens einen und höchstens zwölf Monate alt sein muß.

Zoll und Devisen

Die Ein- und Ausfuhr von Zahlungsmitteln sind unbegrenzt.
Für die Einfuhr von Waren gibt es, wenn Sie direkt aus einem EU-Land einreisen, seit der Einführung des Binnenmarktes nur die schwammige Beschränkung auf Mengen des privaten Verbrauchs. Dabei wurde aber definiert, wie hoch die »üblichen Mengen des privaten Verbrauchs« zu sein haben, damit sie nicht vom Zoll belangt werden:

- 800 Zigaretten und 400 Zigarillos und 200 Zigarren und 1 kg Tabak; 90 l Wein; 20 l Sherry u.ä. (unter 22 Vol %); 10 l Spirituosen.

Hiervon ausgenommen sind aber natürlich steuer- und zollfrei an Bord eines Schiffes oder im Duty Free Shop am Flughafen erworbene Waren sowie solche, die aus einem Nicht-EU-Land eingeführt werden. In diesen Fällen gelten die folgenden Beschränkungen:

- 200 Zigaretten oder 100 Zigarillos oder 50 Zigarren oder 250 g Tabak; 2 Liter Wein; 1 Liter Spirituosen oder 2 Liter Sherry o.ä. oder 2 weitere Liter Wein; 50 g Parfüm; ¼ l Eau de Toilette.

Tabak und Alkoholika jeder Art dürfen nur von Reisenden ab 17 Jahre eingeführt werden.
Darüber hinaus sind Geschenke im Wert bis zu dkr 2750 (dkr 275 für Nicht-

EU-Bürger) bei der Einreise zollfrei.
Dinge des persönlichen Bedarfs (sprich Reisegepäck) sind immer zollfrei. Anmeldepflichtig ist die Einfuhr von Waffen und Funksprechgeräten; Fleisch und Fleischwaren (ausgenommen Vollkonserven in Dosen) dürfen nicht eingeführt werden. Ansonsten ist Reiseproviant in normalen Mengen gestattet. Mit der Schweinehälfte im Gepäck darf man sich aber nicht erwischen lassen.

Hauptreisezeit

Die Dänen haben ihre Ferienzeit von Ende Juni bis Mitte August, wobei ab Mitte Juli der stärkste touristische Andrang zu verzeichnen ist. Wer kann, sollte deshalb möglichst vorher nach Dänemark aufbrechen; das hat außerdem den Vorteil statistisch relativ trockener Witterung bei umfassendem touristischen Angebot. Vieles spricht für die Zeit von Mitte Mai bis Anfang Juli. Wer mehr Wärme und mehr Trubel sucht, kommt im Juli und August eher auf seine Kosten, wird aber Quartiere meist vorbuchen müssen.

Im Hafen von Hejlsminde

Verkehrsverbindungen in Dänemark

Eisenbahn

Dänemark ist von einem recht dichten Netz der Dänischen Staatsbahnen (DSB) durchzogen, das nicht nur die wichtigsten Regionen und Städte Jyllands miteinander verbindet, sondern auch die größeren Inseln erschließt. Die bedeutendsten Strecken werden von Intercity-Zügen im Stundentakt befahren (kein Fahrradtransport!). Auf den Schnellverbindungen zwischen Kopenhagen und den wichtigsten Städten auf Fyn und Jylland verkehrt zudem der *Lyntog* (= Blitzzug), für den Platzreservierung (für das Rad) angeraten ist. Befahren werden die folgenden Strecken, alle ab und nach Kopenhagen:
- Odense - Århus - Randers - Ålborg - Frederikshavn
- Odense - Århus - Struer
- Odense - Esbjerg - Struer
- Odense - Herning - Struer - Thisted
- Odense - Sønderborg

Dazu kommt noch die Strecke über Kalundborg nach Århus (*Intercity Flyvebåd* und Regionalzüge), bei dem der größte Teil der Fahrt auf der Fähre zurückgelegt wird.

Der dänische Radfahrerverband DCF hat in jahrelangen Verhandlungen mit den DSB erreicht, daß mittlerweile in fast allen Regionalzügen Fahrräder mitgeführt werden können, außerdem in den Interregionalzügen über den Großen Belt und dem Intercity Flyvebåd, und auch in allen S-Bahnen (Bereich Kopenhagen, dort aber lediglich sa/so ganztägig, sonst nur 8.30-15.30 h und ab 17.30 h). Die Preise sind nach Zugart und Strecke gestaffelt und beginnen bei dkr 11 für eine S-Bahn-Fahrt; es gibt eine Fahrradrabattkarte für zehn Preis-Einheiten, die übrigens auch auf den DSB-Fähren gilt.
Bei allen oben genannten Varianten ist Selbstverladung der Räder angesagt.

Auf anderen Strecken können Räder als Reisegepäck aufgegeben werden (aber nicht an allen Bahnhöfen), wobei 1-3 Werktage zu veranschlagen sind. Mit dkr 140 je Strecke allerdings ein recht teures Vergnügen - und da die Räder verpackt sein müssen (Karton oder Kunststoffhülle), auch ein aufwendiges. Ein deutsch/englisches Informationsblatt *Fahrräder und Züge in Dänemark* ist an dänischen Bahnhöfen erhältlich.

Mit Preisermäßigungen für Touristen ist die dänische Eisenbahn zurückhaltend. Für Reisen über 100 km und mehr an *Billigdagen* (di/mi/do & sa) gibt es einen um ca. 20 % ermäßigten Tarif. Gewöhnliche Rückfahrkarten gewähren überhaupt keine Ermäßigung, Kinder bis 12 Jahre fahren zum halben Preis.

Gestaffelte Rabatte gibt es für Gruppen ab drei Personen sowie für Personen über 65 Jahre (ohne Seniorenpaß). Die InterRail-Karte für junge Leute bis 26 Jahre gilt zwar auch in Dänemark, ist wegen der geringen Ausmaße des Landes aber keine sehr rentable Angelegenheit, zumal Dänemark mit den deutschsprachigen Ländern in der gleichen »Gültigkeitszone« liegt, im Inland aber nur 50 % Rabatt gewährt werden. Das gleiche gilt für die Netzkarte der DSB zu ca. dkr 2200, die einen Monat freie Fahrt auf allen Zügen und Fähren gewährt. Eine *ScanRail*-Karte für ca. DM 500 (Jugendliche bis 25 Jahre ca. DM 370) und einer Gültigkeit von 21 Tagen in ganz Skandinavien erscheint da schon günstiger; es gibt auch eine preiswertere Variante, die an fünf frei zu wählenden Tagen innerhalb einer Zeit von 15 Tagen gilt.
Die DSB verfügen in Deutschland über Vertretungen beim Reisebüro Norden in Hamburg und Düsseldorf und beim Skandinavischen Reisebüro in Berlin und Frankfurt.

Außer den Staatsbahnen existieren in Dänemark noch einige Privatbahnen auf Jylland, Sjælland und Lolland/Falster, die durchweg auch Räder mitnehmen.

Bus

Der Dorf-zu-Dorf-Verkehr wird in Dänemark von einem runden Dutzend regionaler Gesellschaften abgewickelt, die auch einige Fernlinien anbieten. Genauere Auskunft ist am günstigsten in den Turistbureaus zu bekommen.
Die meisten Busse nehmen auch Fahrräder mit, die Kapazität ist aber in der Regel auf etwa 3 Räder begrenzt. Außerdem haben Kinderwagen im Zweifelsfall Vorrang. Am geringsten sind die Aussichten im Bereich von Kopenhagen. Man darf generell für eine Fahrradkarte mit Kosten ab etwa dkr 15 rechnen.

Fähren

Das wichtigste, weil weitgehend unvermeidliche Binnenverkehrsmittel Dänemarks bilden zweifellos die Fähren, die die diversen Teile des Landes einschließlich der winzigsten Inseln miteinander verbinden. Außer den großen Autofähren gibt es eine Unmenge kleiner Linien, die manchmal nur dem Berufsverkehr dienen und teils schmale Meereseinschnitte überbrücken. Unter Ausnutzung solcher Fährstrecken sind Umgehungen von Ballungsgebieten ebenso möglich wie gewaltige »Sprünge« z.B. von Sjælland nach Mitteljütland. Mögliche Anknüpfungen an die Strecken des Etappenbeschreibungsteils in diesem Buch sind jeweils genannt; wer einen Überblick bekommen möchte, sollte die *Cykelferiekort* des dänischen Fahrradclubs DCF zur Hand nehmen: bis zu Preisen und Telefonnummern steht dort alles Wichtige drauf. Diese Übersicht ist erheblich vollständiger als der Fährenplan der Dänischen Fremdenverkehrszentrale, da sie auch solche Fähren enthält, die keine Autos mitnehmen - und das ist eine große Zahl. Besonders hingewiesen sei in diesem Zusammenhang auf die Eisenbahnfähren, die durchweg auch Radfahrer mitnehmen, ohne das von einer Bahnreise abhängig zu machen.

Eisenbahnstrecken

Krydsende Cyklister

Zu deutsch: »Kreuzende Radfahrer«. Ein Schild, das an dänischen Straßen recht häufig auftritt, nämlich immer dann, wenn ein Radweg an einer Landstraße beginnt bzw. endet, kreuzt oder die Straßenseite wechselt. Die meisten Straßen, die über Radwege verfügen, haben diese jeweils nur an einer Seite, und das breit genug, daß Nebeneinanderfahren und Überholen möglich ist. Gottlob sind die Strecken, wo man auf Radwegen vom allgemeinen Verkehrsstrom ferngehalten wird, jedoch nicht allzu häufig. Die aus Deutschland geläufige unselige Radbenutzungspflicht gilt nämlich auch in Dänemark, genau wie die meisten anderen Bestimmungen für Radfahrer. Ein entsprechend deutschen Vorschriften ausgerüstetes Rad ist in Dänemark zugelassen; funktionsfähige Beleuchtung ist nur nachts vorgeschrieben.

Der einzige Unterschied im Straßenverkehr besteht in der Regelung für Linksabbieger, die ein Abbiegen zwingend in zwei Stufen vorsieht, wie es in Deutschland alternativ erlaubt ist. Dazu darf man sich nicht in der Mitte der Straße einordnen, sondern muß rechts bleibend zuerst die kreuzende Straße überfahren, dort warten, bis man freie Fahrt hat und darf erst dann in die links abzweigende Straße einbiegen (siehe Zeichnung).
Dänische Autofahrer sind an diese Art des Linksabbiegens gewöhnt; wer sich nicht daran hält, riskiert deshalb sein Leben.

Außer den wie üblich beschilderten Fahrradwegen gibt es in Dänemark mittlerweile ein recht üppiges Netz nationaler wie regionaler Radrouten, die mit rechteckigen Schildern unterschiedlicher Farben (meist blau oder grün) und Gestaltung gekennzeichnet sind. Die insgesamt zehn nationalen Fahrradrouten sind mit weißen Nummern auf rotem Feld zusätzlich markiert; eine Broschüre des Fremdenverkehrsamtes gibt eine grobe Übersicht über die Streckenführungen und die Eigenarten der Routen.
Hingegen beruhen die regionalen Radrouten nicht auf einer gemeinsamen oder gar landesweiten Planung, sondern beschränken sich meist nur auf einen Amtsbezirk. Da sie zudem teils durchnumeriert sind, kann es durchaus vorkommen, daß ganz verschiedene Streckenführungen in aneinander grenzenden Bezirken gleich beschildert sind. Sofern die Etappenbeschreibungen dieses Buches solche Strecken nutzen, wird darauf ausdrücklich hingewiesen. Ansonsten sollte man die beschilderten Routen nur dann befahren, wenn man sich vorher am Ort über ihren Verlauf orientiert hat. Das ist auch schon deshalb sehr sinnvoll, weil etliche Strecken über Sandwege führen, deren Benutzung

mit einem gepäckbeladenen Reiserad meist nicht zu empfehlen ist.
Alle touristischen Radrouten orientieren sich vor allem an möglichst autoverkehrsarmer und landschaftlich interessanter Streckenführung, weniger an Sehenswürdigkeiten oder solch schlichten Notwendigkeiten wie Unterkünften und Einkaufsmöglichkeiten. Aus diesem Grund weichen die Etappenbeschreibungen dieses Buches häufig davon ab.
Fast immer sind vor Ort zu beschilderten Radrouten Karten oder Broschüren erhältlich; die meisten sind vom Allgemeinen Deutschen Fahrrad-Club in Bremen ggf. vor der Reise per Post zu beziehen (s. *Karten*).

Eine landesweite mit einem Margeriten-Symbol beschilderte touristische Strecke ist die *Margueritrute*, die allerdings eigentlich dafür gedacht ist, Autofahrer auf kleine Straßen zu locken; es gibt dazu auch ein Begleitbuch im Handel. Bleibt zu hoffen, daß diese eigentlich eher fahrradgeeignete Strecke von den Automobilisten nicht akzeptiert wird.

Die Ausschilderung von Straßen und Ortschaften entspricht in Dänemark dem in Mitteleuropa üblichen System mit all seinen Vor- und Nachteilen, was bedeutet, daß man sich außerhalb der Hauptstraßen nicht allein darauf verlassen kann. Ausreichendes Kartenmaterial ist unbedingt erforderlich. So kommt es recht häufig vor, daß ein Ort sich in mehrere, kilometerweit auseinander liegende Teile gliedert, die unter einem Ortsnamen auf Schildern auftauchen, obwohl sie eigentlich (was auf Karten ersichtlich ist) durch Zusätze wie Gl.

(Gammel=Alt), St. (Store=Groß), Himmelsrichtungen (Nr.=Norder; Vr.=Vester; Sr.=Sønder; Ør.=Øster) und Beinamen wie Kirkeby und Stationsby (für außerhalb liegende Kirchen oder Bahnhöfe) voneinander unterschieden sind.
Eine weitere Eigenart dänischer Wegweiser ist, daß manchmal keine Orte, sondern lediglich einzelne Gehöfte oder Landgüter als Ziel angegeben sind. Da die geeigneten Landkarten solche markanten Punkte nennen, wird die Orientierung dadurch nicht etwa erschwert, sondern erleichtert.

Die Hauptstraßen in Dänemark sind einer Numerierung unterzogen worden, die auch auf Straßenschildern genannt wird; Autobahnen sind unnumeriert, aber in der Regel als Europastraße eingestuft und entsprechend beschildert.

Auf keiner Landkarte, dafür aber noch an den abgelegensten Dorfstraßen findet man Straßennamen; in Dänemark tragen solche kleineren Verbindungswege stets Bezeichnungen, die meist auf dem Namen eines Anfangs- oder Zielortes der Strecke beruhen. Das ist für die Orientierung sehr hilfreich, so daß solche Straßennamen in den Etappenbeschreibungen vereinzelt erwähnt werden, vor allem bei Fehlen anderer Beschilderung.

Sofern man in Dänemark auf ein Sackgassenschild ohne Zusatz trifft, muß man es für bare Münze nehmen. Falls es für Fußgänger oder Radfahrer einen Durchlaß gibt, ist das aus der bildlichen Darstellung des Schildes im allgemeinen erkennbar.
Vorfahrtbeschilderung wird man nicht immer antreffen. In der Regel sind jedoch wartepflichtige Straßen durch auf der Fahrbahn angebrachte Dreieckslinien gegen die bevorrechtigten Straßen abgegrenzt. Diese Linien sind im allgemeinen so angebracht, daß sie auf kreuzende Radwege Rücksicht nehmen. In zunehmendem Maß werden »Vorfahrt gewähren«-Schilder aufgestellt, während die entsprechenden (Vorfahrt-)Schilder auf bevorrechtigten Straßen immer noch Mangelware sind.

Zwar gehört genau wie in Deutschland zu den Grundregeln für Radfahrer, am äußersten rechten Rand einer Straße zu fahren, im Interesse der eigenen Sicherheit sollte man das aber innerörtlich bewußt mißachten. Sonst wird man unvermeidlich ein Opfer der zahlreichen in Längsrichtung verlegten Abflußsiele werden, die zum Einfangen schmaler Fahrradreifen hervorragend geeignet sind. Sollte es Ihnen gelingen, im Slalom um die Siele herumzufahren, geraten Sie statt dessen wahrscheinlich auf ein unvermittelt auftauchendes zweites Hindernis: Einfahrten werden in Dänemark selten abgesenkt, sondern es wird meist eine Art Rampe aus Sand oder Asphalt angeschüttet, die den Autos das Auffahren ermöglichen soll. Diese Anschüttungen sind für Radfahrer außerordentlich gefährlich.
Die Faustregel für innerörtlichen Radverkehr lautet daher: immer einen halben Meter vom Bordstein entfernt fahren.

Karten

Für die Grobplanung einer Reise reicht zur Not die Gratiskarte des Dänischen Fremdenverkehrsamtes 1:500000 aus. Zusätzlich anzuraten ist die Anschaffung der *Cykelferiekort* des dänischen Radfahrerverbandes *Dansk Cyklist Forbund* (DCF) im Maßstab 1:510000, die außerdem im ganzen Land Fahrradrouten verzeichnet, die der DCF für besonders reisegeeignet hält und/oder die als nationale bzw. regionale Routen beschildert sind. Einige Etappen dieses Buches verlaufen ganz oder teilweise auf den gleichen Strecken; eine aus den DCF-Routen zusammengestellte Reise kann aber nicht uneingeschränkt empfohlen werden, da deren Streckenführung teilweise sehr kompliziert ist, teils auch Sand- oder Schotterwege einbezieht, die für gepäckbeladene Reiseräder ungeeignet sind. Die Nutzung dieser Routenempfehlungen ist zudem nur möglich, wenn man das dazugehörige Buch »Cykelruter i Danmark« erwirbt, das leider nicht in deutscher Ausgabe verfügbar ist. Wichtiger ist vielmehr die rückseitige Bedruckung der Karte; dort sind sehr viele für Radreisende nützliche Informationen zusammengestellt: Fähren jeder Art und Größe für Fahrradtransport, Eisenbahn- und Busverbindungen (DSB und privat) mit Radtransportmöglichkeit, Adressen und Telefonnummern von Turistbureaus und Jugendherbergen.
Die Karte kostet dkr 49. In manchen Kartenhandlungen außerhalb Dänemarks ist sie erhältlich, so bei der Buchhandlung Dr. Götze & Co. in Hamburg und beim Travel Book Shop in Zürich sowie im Versand beim ADFC (Postfach 107747, 28077 Bremen; DM 16 zzgl. DM 5,50 Versand, Vorkasse per Scheck). Beim ADFC gibt es darüber hinaus Fahrradkarten (meist im Maßstab 1:100000) für die diversen dänischen Amtsbezirke; eine Übersicht samt Bestellschein befindet sich in der Fahrradbroschüre des Dänischen Fremdenverkehrsamtes.

Von Landkartenverlagen ist eine Fülle von Karten für Dänemark erschienen, bei denen die meisten eines gemeinsam haben: sie taugen nichts für eine Fahrradreise, da die kleineren Straßen unvollständig verzeichnet sind. Wirklich brauchbar sind nur die Ausgaben (und Lizenzdrucke) von *Kort- og Matrikelstyrelsen* aus Kopenhagen der neuesten Generation.

Die von diesem Institut herausgegebene *Færdselskort* 1:200000 stellt in vier Blättern ganz Dänemark dar und ist im Land für je ca. dkr 30 erhältlich. Jedoch ist es nicht sinnvoll, mit dem Erwerb bis zur Ankunft zu warten, da es einen Nachdruck gibt, der als *Generalkarte Dänemark* zum Preis von DM 8,80 je Blatt in den deutschsprachigen Ländern vertrieben wird. Achten Sie beim Kauf auf die Laufzeit der Kartenausgabe, die auf jedem Kartenblatt aufgedruckt ist (bei der Generalkarte rechts unten).

Leider wurden bei den neueren Fassungen im Vergleich zur Originalausgabe einige farbliche Stufungen und die Höhenlinien geopfert.

Einziges Manko der Blätter ist, daß sie nahtlos aneinander anschließen und auch nicht geringfügig überlappen, was die Anschlüsse auf Jütland schwer erkennbar macht. Diesen Fehler weist die ansonsten inhaltsgleiche dänische Ausgabe nicht auf, die in Form eines Faltatlasses mit Spiralbindung für ca. dkr 120 erhältlich ist. Das gerade noch handbare Werk ist aufgrund seiner »Abreißblock«-Bindung leider nicht sehr haltbar, so daß doch eher die einzelnen Blätter zum Einsatz kommen sollten.

Für Radtouristen, die auch kleinste Fahrwege nutzen möchten, kann die Karte 1:100000 des gleichen Kopenhagener Instituts empfohlen werden. Dänemark ist auf 33 Blätter verteilt sehr detailliert dargestellt; die farbliche Gestaltung ist etwas einfacher als bei der Færdselskort, aber Höhenlinien und sogar Kilometersteine sind verzeichnet. Wegen der geringen Ausmaße der von einem Blatt dargestellten Region und des recht hohen Preises von ca. dkr 70 je Blatt kann die Anschaffung aber nur für Touren in einem kleinen Gebiet empfohlen werden.
Eine gute Wahl bei kürzeren Radtouren sind gewöhnlich auch die von den Amtskreisen herausgegebenen speziellen Fahrradkarten (s. »Krydsende Cyklister«).
Für detaillierte Vor- oder Nachbereitung gibt es die Karte 1:100000 in Form eines *Topografisk Atlas* für ca. dkr 400. Das großformatige Buch ist aber eher etwas für den repräsentativen Bücherschrank als für die Fahrradpacktasche.

Für den Bezug von mehreren Karten des Instituts ist anzuraten, sich Katalog und Preisliste schicken zu lassen von

❑ Kort- og Matrikelstyrelsen, Rentemestervej 8, DK-2400 København NV, ✆ 35875050, ✉ 35875051.

Bestellungen lohnen etwa ab 4 Kartenblättern, Zusendung erfolgt auf Rechnung.

Noch großmaßstäbigere Karten sind nur für extrem ortsgebundenen Einsatz von Wert.

Die Etappenbeschreibungen dieses Buches gehen von der Benutzung der *Færdselskort* bzw. Generalkarte aus; etwaig darauf fehlende Informationen werden im Text nachgeliefert.

Foto rechts: Im Freilichtmuseum Haderslev

Reiseführer und -Literatur

Zum Thema Fahrradreise

Jürgen Rieck: *Der Wind kommt immer von vorn.* Mit dem Fahrrad auf Reisen. 6., bearb. und erweit. Auflage, Verlag Wolfgang Kettler, Neuenhagen b. Berlin 1993.

Reiseführer (allgemein)

Außer diversen »Schmalspurführern« à la *Polyglott, merian live, marco polo* u.ä. sind auch etliche erstzunehmende Bücher erschienen. Eine Auswahl:

Baedeker-Allianz Reiseführer Dänemark. Verlag Karl Baedeker (mit Planungskarte), dto. »Kopenhagen«.
Katharine Kunzmann: *Goldstadt*-Ferienreiseführer Dänemark (Bd. 4016). Goldstadt-Verlag Pforzheim. (Textreiseführer für ausgewählte Gebiete)
Grieben-Reiseführer »Dänemark« (Band 277). Grieben-Verlag Ostfildern/Stuttgart. (Recht brauchbarer alphabetischer Informationsteil.)
Der Große Polyglott Dänemark. Polyglott-Verlag München 1982 (!). (Besser als die Schmalbände, aber ungünstiges Ordnungsprinzip und schlecht aktualisiert.)
Dänemark selbst entdecken. Regenbogen Verlag Zürich. (Neuerer Führer solider Machart.)
APA Guide Dänemark. APA Publications. (Großformatiger Wälzer mit üppiger Bebilderung.)

Spezielle Reiseführer und landeskundliche Literatur

Reinhold Dey (Hrsg.): *DuMont Kunstreiseführer* Dänemark. DuMont Buchverlag Köln.
Knaurs Kulturführer. Verlag Droemer Knaur München.
Thomas-P. Henningsen: *Limfjord* (Reihe »Am Strom entlang«). Moby Dick Verlag Kiel.
Hoñan U. Soldan: *Dänemark.* Express Reisehandbuch. Mundo Verlag Leer.

Ein Dach überm Kopf

Die beliebteste Art der Unterkunft ist in Dänemark das Ferienhaus, das immer wochenweise gemietet werden muß. Da eine solche Übernachtungsform aber Rundreisen mit dem Rad von selbst ausschließt, soll hier nicht weiter darauf eingegangen werden.
Alle Übernachtungsarten haben gemeinsam, daß sie in der Hauptsaison stark ausgelastet sind. Angefangen bei Campingplätzen bis zum Luxushotel können mancherorts die Betten voll belegt sein. Wer nicht generell vorbuchen möchte, sollte deshalb immer zumindest morgens telefonisch das Bett für den Abend reservieren. Und wer nicht gern kilometerweit auf der Suche nach einer Unterkunft unterwegs sein möchte, sollte diese Regel auch in der Nebensaison beherzigen, selbst wenn er vielleicht tagelang in fast leeren Hotels oder Vandrerhjem nächtigt - der aus irgendeinem Grund überlaufene Ort ist nahezu unvermeidlich.
Und eine Übernachtungsstätte muß gefunden werden, denn das Nächtigen im Freien, in Wohnmobilen, Autos oder Zelten außerhalb von Campingplätzen oder von Privatgrund (bei Genehmigung des Besitzers) ist verboten.

Hotels, Pensionen und Gasthöfe

Die höchsten Summen kann man naturgemäß in Hotels loswerden, angefangen bei ca. dkr 200 je Person für Übernachtung und Frühstück in einfachen Hotels außerhalb Kopenhagens. Die hauptstädtischen Preise seien hier einmal unberücksichtigt; die Faustregel »alles doppelt« kann zugrunde gelegt werden. Nach oben gibt es wie üblich keine Begrenzung.
Die dänischen Gastronomiebetriebe verfügen über keine - ohnehin fragwürdige - Klassifizierung; man muß sich daher an der Preisklasse orientieren.
Eine interessante Besonderheit ist das Übernachten in Landgasthöfen und kleinen Hotels der Provinz, die unter dem Etikett Kro (= Krug) firmieren. Die Übernachtung ohne Verpflegung ist in derartigen Häusern ab etwa dkr 200 erhältlich. Etwa 85 Gasthöfe haben sich zu einer Organisation zusammengeschlossen, die Übernachtungsgutscheine in Form von »Kroschecks« annehmen; ein Gutschein für eine Übernachtung mit Frühstück im Doppelzimmer mit Bad kostet z.B. dkr 550 (für 2 Personen).
Auch andere Hotels verfügen über derartige Rabattsysteme, teils ebenfalls mit Pauschalpreis-Schecks, teils mit Rabatt von z.B. 20 % auf Übernachtungspreise aufgrund von zu erwerbenden Berechtigungsausweisen; Aufstellungen sind vom Fremdenverkehrsamt erhältlich.
Eine Besonderheit Dänemarks sind die (nicht allzu häufigen) *Missionshotellet* genannten Häuser, hinter deren klerikaler Bezeichnung sich normale gutbür-

gerliche Hotels verbergen, in denen lediglich - freiwillige - Andachten geboten werden. Man kann auch im *Sømandshjem* (Seemannsheim) übernachten, worunter man sich durchaus zivilisierte, aber recht preiswerte (am unteren Ende der Hotelpreisskala) Quartiere vorstellen muß. Die Etappenbeschreibungen nennen einige dieser Hotels unter dem Stichwort »Unterkunft«.
Ein Verzeichnis des Beherbergungsgewerbes gibt es gratis beim Dänischen Fremdenverkehrsamt. Dort bekommt man auch Sonderprospekte zu den Scheck-Systemen.

Privatzimmer

Wie überall sind auch die dänischen Privatvermieter vor allem auf Langzeitgäste eingestellt, aber zumindest in der Nebensaison wird man vereinzelt auch für wenige Tage ein Quartier finden. Ein Verzeichnis der Organisation »Dansk Bed & Breakfast« kann beim Dänischen Fremdenverkehrsamt angefordert werden, ansonsten muß man einfach auf Schilder mit der Aufschrift *værelser* (= Zimmer) achten bzw. das örtliche Turistbureau bemühen. Für Übernachtungen auf *Bauernhöfen* (Minimum drei Nächte) kann ebenfalls ein Verzeichnis beim Fremdenverkehrsamt bestellt werden.

Vandrerhjem (Jugend- und Familienherberge)

Es hat seinen guten Grund, daß der alte Name »Ungdomsherberger« (Jugendherbergen) von den Dänen schon vor geraumer Zeit in »Vandrerhjem« (Wandererheim[e], Singular=Plural) umgewandelt wurde. In dänischen Herbergen tummelt sich nämlich nicht nur die Jugend der Welt, sondern sie sind beliebte Übernachtungsstätten auch bei etwas älteren Reisenden, die lediglich preiswerter wohnen möchten. Entsprechend häufig anzutreffen sind Familienzimmer. Auch das Alkoholverbot ist in den meisten Herbergen in Hinblick auf die »reiferen« Gäste gelockert. Zwar ist das Mitbringen von Alkohol durchweg verboten, viele Herbergsleiter verkaufen das gehaltvolle Naß aber als Stütze ihres Umsatze. selbst. Da einige Häuser weder Kommunen noch Organisationen gehören, sondern Privatbesitz der Herbergswirte sind (es gibt auch einige Herbergen außerhalb des Herbergsverbandes), dient der Getränkeverkauf handfesten wirtschaftlichen Interessen.

In den meisten der insgesamt rund 100 Häuser ist die berüchtigte Geschlechtertrennung ganz aufgehoben, da es nur kleinere Zimmer mit 4-6 Betten und eigener Sanitärzelle gibt. Das macht es den Herbergsleitern leicht, die vorhandenen Betten jeweils entsprechend der Nachfrage aufzuteilen. Und die Nachfrage schwankt außerhalb der Saison beträchtlich; da mit Gruppen oder fest vorangemeldeten Gästen die Häuser vereinzelt bis zum letzten Platz gefüllt sind, ist die telefonische Anmeldung spätestens am jeweiligen Morgen unbedingt erforderlich. Für die Zeit von September bis Mitte Mai verlangt der dänische Herbergsverband Anmeldungen ohnehin grundsätzlich.

Solche kurzfristigen Reservierungen werden jeweils bis 17 h berücksichtigt, danach werden die Plätze anderweitig vergeben, soweit keine andere Ankunftszeit vereinbart wurde. Die Dänen sind auf diese Sitte eingestellt und handeln auch danach; mit »vorsichtshalber« freigehaltenen Plätzen für Einzelwanderer sollte man deshalb nicht rechnen! Da die Rezeptionen fast aller Herbergen von 12-16 h (und meist ab 21 h) geschlossen haben, ist eine gewisse Zeitplanung für die Ankunft somit unvermeidlich.
Die Übernachtung in einem dänischen Vandrerhjem setzt außer einem gültigen Jugendherbergsausweis des Heimatlandes die Benutzung eines Leinenschlafsacks bzw. einer Bettwäschegarnitur voraus; Mumienschlafsäcke (Daune oder Kunststoff) sind verboten. Wer sie dennoch benutzt, darf einen Obolus für die Reinigung des gesamten Bettzeugs entrichten. Man kann zwar auch Einweg-Bettwäsche aus Zellstoff kaufen, was aber bei häufigem Herbergswechsel ein teurer Spaß wird.
Für das Gepäck sind meist ausreichend Schränke vorhanden; in den Herbergen mit kleineren Zimmern hat oft jeder Gast einen abschließbaren Schrank. In anderen Häusern lassen sich die Schränke mit Vorhängeschlössern sichern, wozu man ein Schloß mit kleinem Bügeldurchmesser (30-35 mm) dabeihaben sollte.
Die Übernachtung kostet je nach Standard dkr 60-85; in diesem Betrag sind keine Mahlzeiten enthalten. Das (am Vorabend zu bestellende) Frühstück wird meist in Form eines Büffets geboten, kostet etwa dkr 38 und ist im Vergleich mit der aus Deutschland geläufigen Marmeladenversion ungewöhnlich nahrhaft und reichhaltig. Es gibt in der Regel mehrere Arten von Brot, auch herzhafte Beläge, manchmal Obst, alles in auch für einen anstrengenden Radlertag ausreichenden Mengen.
Ein warmes Abendessen bieten die meisten Vandrerhjem an; es kostet ca. dkr 60 und wird ebenfalls nur auf Vorbestellung serviert. Es empfiehlt sich, ggf. bei der Bettenreservierung danach zu fragen.

Wer vom Mahlzeitenangebot der Herbergen unabhängig sein möchte, kann in den meisten Herbergen in der Gästeküche sein Essen selbst zubereiten. Allerdings sind die Küchen im Vergleich mit anderen Ländern teils recht sparsam ausgestattet. Es gibt immer Kochstellen, selten Backöfen, Teller und Bestecke - letztere soll jeder Benutzer selbst mitbringen. Auch das Repertoire an Kochtöpfen etc. ist recht begrenzt. Nur wer von den berühmten Butterbroten leben kann, wird immer zu seinem Essen kommen. Erfreulich ist hingegen, daß es nahezu überall Kühlschränke für die mitgebrachten Lebensmittel gibt, so daß die Milch fürs Frühstück nicht gleich sauer wird. In Einzelfällen führen die Vandrerhjem auch ein Tiefkühlangebot mit Mikrowellenherd.

Zwar sind auch vollständige Kücheneinrichtungen anzutreffen, aber man kann sich darauf nicht verlassen und benötigt somit »für alle Fälle« zumindest einen Bestecksatz.
Die Gästeküchen sind übrigens nur für Einzelwanderer gedacht; Gruppen werden an das Mahlzeitenangebot der jeweiligen Herberge verwiesen.
Wer auf seiner Fahrradreise vorrangig in Vandrerhjem übernachten möchte, sollte sich schon vorher beim JH-Verband des Heimatlandes das dänische Herbergsverzeichnis besorgen, da die Angaben darin zuverlässiger und vollständiger sind als die Gratisliste des Fremdenverkehrsamtes. Spätestens in der ersten aufgesuchten Herberge sollte diese Anschaffung fällig sein.
Einige Herbergen sind theoretisch nur während der Sommerferien geöffnet, häufig aber außerhalb dieser Zeit als Gruppenunterkunft im Einsatz. Falls bei einer solchen Gelegenheit das Haus nicht ausgebucht ist, nehmen die Leiter manchmal auch Einzelgäste an. Ein Anruf bzw. spontanes Vorsprechen am Ort ist bei solchen Häusern ggf. stets angebracht; die Öffnungszeiten sind bei den Orts- und Etappenbeschreibungen vermerkt.

Camping

Dänemark ist ein ausgesprochenes Campingland: ca. 525 Plätze stehen zur Verfügung. Sie sind in fünf verschiedene Kategorien eingeteilt und werden jährlich vom nationalen Campingrat überprüft. Die einfachen 1-Sterne-Plätze bieten eigentlich nur Sanitäreinrichtungen, auf 2-Sterne-Plätzen gibt es zumindest 50 % Warmwasser-Duschen und Kochgelegenheiten, 3-Sterne-Plätze haben eine 24-Stunden-Aufsicht und Einkaufsmöglichkeiten auf oder nahe bei dem Platz; noch luxuriösere Plätze sind noch sehr selten und verdienen sich ihre Sterne vorrangig mit zusätzlichen Freizeiteinrichtungen. Ein Verzeichnis der anerkannten Plätze mit Nummern, die denen der Gratis-Übersichtskarte entsprechen, gibt es beim Fremdenverkehrsamt; die Campingplatz-Nummern sind auch bei den Anschriften in diesem Reiseführer genannt. Eine ausführliche Darstellung aller Plätze enthält das Buch *Camping Danmark*, das für dkr 70 auf Campingplätzen und im Buchhandel erhältlich ist, in Deutschland z.B. für DM 23,80 bei der Landkartenhandlung Dr. Götze & Co., Bleichenbrükke 9, 20345 Hamburg, ✆ (040) 3480313, ✉ 3480318.

Spätestens auf dem ersten Platz muß man sich außerdem einen Campingpaß ausstellen lassen (sofern man keinen internationalen Paß des Heimatlandes besitzt). Er gilt nur im jeweiligen Kalenderjahr und kostet ca. dkr 25 für Einzelpersonen, ca. dkr 50 für die gesamte Familie.
Die Preise für die Übernachtung sind unterschiedlich (je nach Standard des Platzes) und liegen durchschnittlich bei dkr 40 je Person.
Analog zu den Hotelschecks offeriert die Vereinigung *Camping Club Danmark*, der 25 Plätze angehören, ein Pauschalschecksystem, das aber erst ab minde-

stens drei Personen rentabel ist. Auskunft bei Camping Club Danmark, Vonsildvej 19, DK-6000 Kolding, ✆ 75508222, ✉ 75524529.

Auf vielen Campingplätzen sind in den letzten Jahren *Campinghütten* errichtet worden, die es in vier Größen- und Komfortkategorien gibt. Die Preise je Übernachtung für die komplette Hütte liegen zwischen dkr 200 und 400, so daß ab drei Personen Konkurrenzfähigkeit gegenüber Vandrerhjem besteht. Allerdings sind die Hütten immer stark gefragt und in der Saison so gut wie nie ohne Vorbuchung zu bekommen.

Speziell für Wanderer und Radfahrer sind die *Naturlagerplätze* gedacht, die bei rund 700 Bauernhöfen in Dänemark bestehen. Aufgrund eines Abkommens mit dem dänischen Radfahrerverband DCF kann man dort für dkr 12 übernachten. Einige der Plätze sind in diesem Buch genannt, ansonsten gibt es ein Verzeichnis namens »Overnatning i det fri« beim DCF (Dänisch, dkr 80).

Dänemark selbst entdecken

Bei der Auswahl von Übernachtungsmöglichkeiten und Restaurants stoßen Reiseführer an die Grenzen ihrer Möglichkeiten. Die Überprüfung vieler hundert Quartiere und Lokale würde Jahre dauern und notwendigerweise am Schluß ein größtenteils veraltetes Ergebnis bieten - ein Punkt, an dem die entsprechenden Führer auch stets kranken. Das »Selbst-Entdecken« von Stätten dänischer Gastlichkeit soll daher dem Reisenden nicht abgenommen werden. Dieses Buch bietet lediglich Hilfestellung.

Niedrigpreisunterkünfte wie Vandrerhjem und Campingplätze sind stets aufgeführt, zu Hotels und anderen Quartieren höherer Preisstufen finden sich Hinweise jedoch nur in Ausnahmefällen. Die Verzeichnisse der Fremdenverkehrszentralen können diese Informationslücke besser, d.h. aktueller, vollständiger und zuverlässiger füllen als jeder Reiseführer. Wer sich entschließt, auf seiner Dänemarkreise hauptsächlich Hotels und Gasthöfe zur Übernachtung aufzusuchen, sollte die paar hundert Gramm Papiergewicht für diese Verzeichnisse nicht scheuen.
Restaurants sind nur in seltenen Fällen aufgeführt. Während des obligaten Orientierungsspaziergangs am Übernachtungsort ist das vergleichende Studium von Speisekarten und Erscheinungsbild ein selbstverständlicher Nebeneffekt, der zum Einleben gehört wie der Einkauf im Laden oder ein Smørrebrød zwischendurch.

Es liegt nicht in der Absicht dieses Buches, Restaurants und Gaststätten mit dem Prädikat »touristisch interessant« zu versehen - zum einen sind die Geschmäcker zu verschieden, zum anderen wechseln Personal, Publikum und Flair zu schnell und zu unüberschaubar, um halbwegs verläßliche Angaben ermöglichen zu können.
Ausnahmen von dieser Regel macht dieses Buch nur dort, wo die Gefahr besteht, daß der Reisende an vielleicht etwas abgelegenen kulinarischen oder anderen kulturellen Sehenswürdigkeiten vorbeifährt. Solche Ausnahmen haben stets den Charakter einer Empfehlung.

Kulinarisches

Die Dänen essen gern und reichlich und haben dabei eine Eigenständigkeit der Küche entwickelt, die für ein kleines Land am Rande Mitteleuropas ungewöhnlich ist. Wobei Küche mit Kochen nicht viel zu tun hat, denn die Domäne der Dänen ist die kalte Küche.

Das dänische Frühstück (*morgenmad*) ähnelt dem kontinentalen in seinen reichhaltigsten Formen, denn meist gibt es mehrere Brotsorten einschließlich Brötchen (*rundstykker*) und eine Vielzahl von Belägen bis hin zu Wurst (oft eine süßliche Salami) und Käse. Der dazu gereichte Kaffee ist in der Regel sehr gut.
Die warme Hauptmahlzeit heißt *middag* und wird nicht etwa mittags, sondern abends gegessen (in Restaurants teilweise nur bis 20 h!); in Tourismusprospekten aufgrund schlechter Übersetzung dennoch oft fälschlich als »Mittagessen« bezeichnet. Sie ist wenig originell und besteht meist aus einfachen Fleischgerichten und Standard-Gemüsebeilagen. Grundsätzlich erfreulicher ist das kulinarische Erlebnis, wenn der reichlich vorhandene frische Fisch Grundlage des Mahles ist.

Zwischen diesen beiden Mahlzeiten verzehrt der Däne ebenso wie sein touristischer Besucher entweder einen Imbiß in Form eines Würstchens (*pølser*) oder einer Frikadelle (*karbonade*) an einem der zahlreichen Imbißwagen, oder er greift zu dem, was die dänische Küche weltweit bekannt gemacht hat: zum *Smørrebrød*. Das heißt eigentlich schlicht »Butterbrot«, hat aber mit einer biederen Stulle recht wenig zu tun.

Brot und Butter bilden nämlich lediglich die Grundlage für Beläge in den unterschiedlichsten Varianten, angefangen bei der dezent garnierten Roastbeefscheibe bis hin zur Krabbenpyramide. Am ausgefeiltesten ist das System dieser Arrangements auf Brotunterlage in den speziellen Smørrebrød-Läden, die es vor allem in Kopenhagen recht häufig gibt. Anhand von langen Listen, die die Belagkombinationen verzeichnen, und einem dazu gewählten Brotuntergrund (Weiß-, Grau-, Schwarz-, Knäckebrot) läßt sich so ein höchst individuelles Menü zusammenstellen.

Jedoch auch in vielen Gasthöfen und Cafeterias wird der Butterbrotkult gepflegt, vor allem zur Mittagsmahlzeit (*frokost*), wenn man vielerorts fertig zusammengestellte Teller mit einigen dieser Wunderwerke kalter Küche zu recht günstigem Preis erstehen kann, manchmal mit Soßen und Salaten zur *Frokost-Platte* ausgeweitet. Berufstätige Dänen haben oft eine Stamm-Gaststätte, wo der mittägliche Imbiß sofort nach ihrem Eintreffen auf dem Tisch steht.

Restaurants mit Qualitätsanspruch weiten die *frokost* zu einem Büffet aus, an dem dann gewöhnlich auch eine Auswahl warmer Speisen geboten wird - meist zu durchaus moderaten Preisen. Andere Stätten der Gastlichkeit bieten mittags, teils auch abends ein Tagesgericht (»dagens ret«) zu Preisen von ca. dkr 50.

Am Brotbelag zeigt sich übrigens eine deutliche Vorliebe der Dänen für schwere Mayonaisensalate, angereichert mit beträchtlichen Mengen von Konservierungsstoffen. Letztere spielen überhaupt in der dänischen Küche eine große Rolle; die Inhaltsbeschreibungen mancher Lebensmittelprodukte bestehen nicht selten zu mehr als der Hälfte aus Abkürzungen für diverse Chemikalien. Einige davon sind auch für die unangenehm leuchtend rote Farbe der Würstchen bzw. deren Hülle verantwortlich.
Wer diesen Umstand bei der Wahl der Brotbeläge berücksichtigt, wird vor allem mit Naturkostsalaten und allerlei Fischarten erfreuliche Ergebnisse erzielen.
Zum Dessert kann man wählen zwischen den weltweit bekannten Kopenhagener Gebäckstücken (die originellerweise *wienerbrød* heißen), einer Süßspeise oder einer der zahlreichen vorzüglichen Käsesorten, deren meiste auch außerhalb Dänemark verbreitet sind.

Zur besseren Verdauung kann man in Dänemark jede Art von alkoholischem Getränk heranziehen, da die einzige Beschränkung, die der Staat dem Konsum auferlegt, durch die starke Steuerbelastung entsteht. Ungeachtet der dadurch hohen Preise hat sich Bier (*øl*) zum Nationalgetränk entwickelt, auch wenn die Qualität allenfalls durchschnittlich ist und keinesfalls dem international guten Ruf dänischer Brauereien gerecht wird. Es gibt mehrere Klassen von Bieren, wobei die Standardversion die *Skattekl. I* ist. Von geringem Alkoholgehalt sind *hvid øl, lys øl, let øl* und *fadøl*. Die letzte Bezeichnung bedeutet eigentlich »Faßbier«, wobei das entsprechende Produkt aber kaum einmal aus Zapfhähnen fließt, sondern meist in Flaschen serviert wird. Auch ist man geneigt, *fad* dem deutschen Wort dieser Schreibweise gleichzusetzen.
Übrigens wird Bier wie alle Erfrischungsgetränke in Dänemark ausschließlich in Pfandflaschen verkauft; Einwegflaschen oder gar Dosenbier verlassen dänische Abfüllbetriebe nur für den Export. Daß viele Touristen, vor allem solche aus Schweden, diese Regelung offenbar nicht kennen, liefert eifrigen Pfandflaschensammlern immer wieder hohe Erfolgsquoten.

Vor allem nach fettem Essen trinken die Dänen gern einen *Gammel Dansk* (Kräuterschnaps) oder einen *Akvavit* (Aquavit), ein »Lebenswässerchen«, das weltweit einen guten Ruf hat.
Bei den alkoholfreien Getränken genießt der Kaffee eine Spitzenstellung und wird vor allem in Landgasthöfen häufig noch in großen Kannen für eine gesamte Gästegruppe serviert, meist in sehr reichlichen Mengen.

Zu typischen Gerichten einer dänischen Speisekarte zählen:

Hauptgerichte

flæksesteg - Schweinebraten
svinekød - Schweinefleisch
fårekød - Hammelfleisch
frikkadeller - Hackfleischklöße aus Schweinefleisch
hakkebøf - Hackfleischklöße aus Rindfleisch
karbonade - Frikadelle undefinierbarer Zusammensetzung
dyreryg - Rehbraten
hamburgerryg - Kasseler Rippchen
mørbradbøf - Lendenbraten
kylling - Huhn
and - Ente
biksemad - Pfannengericht aus Kartoffeln, Fleisch und Zwiebeln
gule ærter - dicke Erbsensuppe
stegt ål - gebrater Aal
stegt rødspætte - gebratene Scholle
kogt torsk - gekochter Kabeljau
laks - Lachs
sild - Hering
rejer - Krabben, Garnelen

Beilagen

rødkål - Rotkohl
hvide kartoffler - gekochte Kartoffeln
grønsager - Gemüse
surt - süß-saure Gurken
speilæg - Spiegelei
røræg - Rührei
løg - Zwiebeln
brun sauce - Bratensauce
persillesauce - Petersiliensauce

Dessert

rødgrød med fløde - rote Grütze mit Sahne
ost - Käse

Geld

Die nationale Währung Dänemarks ist die dänische Krone, abgekürzt dkr, unterteilt in 100 Øre. Im Umlauf sind Münzen zu 25 und 50 Øre sowie 1, 2, 5, 10 und 20 Kronen sowie Banknoten zu 20 (nur noch sehr selten), 50, 100, 500 und 1000 Kronen.
Die Einfuhr und Ausfuhr aller Währungen sind unbeschränkt. Einschränkungen bestehen nur für Ausfuhr von Zahlungsmitteln über dkr 50000 und sind somit für Touristen unerheblich.

Der Umtausch von Bargeld, Reise- und Euroschecks kann bei jeder Bank erfolgen. Bei der Einlösung von Schecks wird ein günstiger Kurs als beim Bargeldumtausch zugrunde gelegt, allerdings fallen bei Reiseschecks bei der Ausstellung 1 % Gebühren an. Eurocheques werden in Landeswährung ausgestellt (maximal dkr 1500); Gebühren werden erst bei der Abbuchung berechnet (in Deutschland 1,75 %, mindestens DM 2,50 je Scheck).

Der gleiche günstige Scheckkurs wird berechnet, wenn man von einem deutschen Postsparbuch in Dänemark Geld abhebt. Gegen Vorlage des Personalausweises erhält der Sparer (und nur er!) den Gegenwert von pro Tag höchstens DM 1000, innerhalb von 30 Tagen maximal DM 2000, in Kronen ausbezahlt - gebührenfrei, also eindeutig der preisgünstigste Weg zu dänischem Bargeld.
Außer bei Banken kann man auch in Wechselstuben und bei manchen Touristen-Informationsbüros, allerdings zu meist schlechterem Kurs, Geld wechseln. In jedem Fall darf man damit rechnen, für eine Krone etwa DM 0,26 bezahlen zu müssen.

Persönliche Schecks von Ausländern - auch Eurocheques - werden allerdings von Geschäften usw. in der Regel nicht akzeptiert. Hingegen sind internationale Kreditkarten recht verbreitet, wenn auch weniger stark im Einsatz als die nationale *Dankort*.

Die Banken sind im allgemeinen geöffnet mo-fr 9.30-16.00 h, donnerstags bis 18 h. Außerhalb Kopenhagens sind viele Banken mittags 12-14 h geschlossen, haben aber dafür teilweise abends länger geöffnet. Es gibt keine einheitliche Regel dafür - Nachschauen ist also angesagt.

Briefpost

Die dänische Post arbeitet so schnell und zuverlässig, wie man es von allen mitteleuropäischen Ländern gewohnt ist. Allerdings gehört zu dieser Norm auch, daß an Wochenenden die Briefkästen nicht geleert werden.
Die Portokosten betragen in alle europäischen Länder für Briefe bis 20 g und Postkarten dkr 3,75 bei der »schnellen« Beförderungsart *A Prioritaire* bzw. dkr 3,50 bei der theoretisch langsameren *B Economique*; der Unterschied spielt im Auslandsverkehr eigentlich keine Rolle, so daß man ruhig die sparsamere Variante wählen kann.

In Dänemark existiert ein Postleitzahlensystem, das dem deutschen, schweizerischen und österreichischen entspricht und vierstellig numerisch ist. Zur Vermeidung von Verwechslungen und Fehlleitungen ist es daher erforderlich, im Auslandsbriefverkehr das Nationalitäts-Kennzeichen des Bestimmungslandes der Postleitzahl mit einem Bindestrich voranzustellen, also:

- nach Dänemark	»DK-«
- aus Dänemark	nach Deutschland »D-«
	nach Österreich »A-«
	in die Schweiz »CH-«

Telefon

Das Telefonsystem Dänemarks ist voll auf Selbstwählverkehr ausgerichtet und entspricht größtenteils europäischen Normen. Die - privaten - Telefongesellschaften sind aber scheinbar der Meinung, daß sie auch dann eine Benutzungsgebühr für ihre Apparate erheben dürfen, wenn kein Gespräch zustande kommt, z.B. weil der Zielanschluß besetzt ist. Kurz gesagt: es erfolgt keine Geldrückgabe! Das Füttern der Kronen-Gräber sollte also zurückhaltend erfolgen. Allerdings wird immer nur die genutzte Sprechzeit berechnet, und restliche, bereits eingeworfene Münzen können für weitere Gespräche genutzt werden. Es kann daher sinnvoll sein zu testen, ob ggf. vom letzten Telefonnutzer noch Kapital vorhanden ist. Die Münzapparate akzeptieren 1-, 5-, 10- und 20-Kronen-Stücke und zusätzlich meist einige ausgewählte ausländische Münzen, u.a. 1-DM-Münzen, die allerdings nur mit dkr 2,50 verrechnet werden.
Die Alternative ist das Netz an Kartentelefonen; die nötigen Telefonkarten (für dkr 20, 50 oder 100) gibt's an DSB-Bahnhöfen, in Telebutiken, Turistbureaus, ausgewählten Geschäften und Kiosken. In der Regel ist auf dem Telefon die jeweils nächste Bezugsquelle vermerkt.

Alle dänischen Telefonanschlüsse haben achtstellige Rufnummern, wobei die ersten zwei Ziffern die Region repräsentieren. Diese Kennziffern müssen auch innerhalb des jeweiligen Bereichs mitgewählt werden. Übrigens hat auch jedes Münz- oder Kartentelefon eine Rufnummer und kann angewählt werden.

Die Mindestgebühr beträgt dkr 1, bei Auslandsgesprächen dkr 5. Die dafür gewährte Sprechzeit ist wie üblich nach Entfernungen gestaffelt und beträgt innerhalb Dänemarks zwischen gut einer und ca. drei Minuten, nachts und sonntags das Doppelte.
Bei Auslandsgesprächen muß man nicht befürchten, bis zum Zustandekommen der Verbindung einige Kronen loszuwerden, da die Auslandsgebühr erst mit der Antwort des Gesprächsteilnehmers zu zählen beginnt. Je Minute sind bei Gesprächen in die deutschsprachigen Länder rund dkr 4 fällig (Stand 1995).
Auf Wunsch kann man Gespräche auch über das Fernamt (*Telecom Service*) handvermitteln lassen. Dabei wird ein Zuschlag für jedes Gespräch (dkr 18-25 je nach Tageszeit) berechnet, und die Gebühren für jede angefangene Minute (mindestens drei Minuten) sind in jedem Fall zu zahlen. Die Auslandsvermittlung ist über die Telefonnummer 115 zu erreichen.

Im übrigen befindet sich in den Telefonzellen teils eine Bedienungsanleitung u.a. in Deutsch; dänische Fernsprechbücher verfügen ebenfalls über kurze Erläuterungen in Deutsch und Englisch.

Desweiteren ist steht von Dänemark aus der Service *Deutschland Direkt* der Deutschen Telekom zur Verfügung - die Wiederbelebung des R-Gesprächs. Unter der gebührenfreien Nummer 800 100 49 meldet sich eine deutschsprachige Vermittlung, die den gewünschten Teilnehmer in Deutschland anruft. Falls dieser zur Übernahme der Gebühren bereit ist, kommt das Gespräch zustande - für teure DM 15,50 für die ersten drei Minuten (jede weitere Minute nur DM 1,15).

Bei der Direktwahl gelten folgende Vorwahlnummern:

aus Dänemark	nach Deutschland 0049
	nach Österreich 0043
	in die Schweiz 0041

Im Anschluß an diese Ziffernfolgen sind dann die Ortskennzahl des Zielortes - wie üblich bei Auslandsgesprächen ohne die Anfangs-Null - und die Rufnummer des Teilnehmers zu wählen.

Bei Gesprächen aus allen mitteleuropäischen Ländern nach Dänemark gilt die Vorwahl 0045, gefolgt von der vollständigen achtstelligen Rufnummer.

Die Zeit

Uhrzeit

Wer nach Dänemark reist, kann die Bedienungsanleitung für seinen Chronometer zu Hause lassen: es gilt sommers wie winters die gleiche Zeit wie in Mitteleuropa. Eine Umstellung der Uhr entfällt also.

Öffnungszeiten

Touristeninformationsbüros

Die Touristbüros Dänemarks sind im allgemeinen mo-fr 9.00-17.30 h und sa bis 12 oder 14 h geöffnet, die meisten davon ganzjährig. Näheres steht im Etappenbeschreibungsteil dieses Buches bei den jeweiligen Ortsbeschreibungen. In Gebieten mit sehr starkem touristischen Andrang wird man auch sonntags ein offenes Touristbüro finden, in manchen Orten desweiteren abends länger.

Postämter

Standardöffnungszeit der Postämter ist mo-fr 9.30-17.00 h, manchmal erst ab 10 h oder bis 18 h. Nur wenige Postämter sind auch samstags bis 12 h geöffnet.

Banken

Die Banken sind im allgemeinen geöffnet mo-fr 9.30-16.00 h, donnerstags bis 18 h. Außerhalb Kopenhagens sind viele Banken mittags 12-14 h geschlossen, haben aber dafür teilweise abends länger geöffnet. Es gibt keine einheitliche Regel dafür - Nachschauen ist also angesagt.

Geschäfte

Die Ladenöffnungszeiten werden in Dänemark weniger rigide gehandhabt als in Deutschland; sie werden im großen und ganzen den Inhabern überlassen. De facto bedeutet das, daß die meisten Geschäfte mo-do 9.00-17.30 h, freitags bis 19 oder 20 h, samstags bis 14 h geöffnet haben. In Kleinstädten sind auch Mittagspausen anzutreffen. Alle Geschäfte dürfen zehn zusätzliche Öffnungsstunden beliebig auf die Wochentage verteilen und außerdem am ersten Samstag im Monat bis 17 h Kunden empfangen.

Nicht nur in größeren Städten anzutreffen sind die Kioske, worunter man nicht etwa eine Art Zeitungsstand zu verstehen hat, sondern regelrechte Lebensmittelgeschäfte mit meist durchaus vollständigem Angebot. Diese Kioske (*Dognkiosk*) haben in der Regel bis in den späten Abend und auch am Wochenende geöffnet, so daß die Versorgung mit Grundnahrungsmitteln wie Brot und Bier gesichert ist. Für »Notfälle« lohnt es immer, einen Campingplatz anzusteuern, da viele Plätze über eigene Läden - bei allerdings meist etwas höheren Preisen - verfügen, die auch an Nicht-Camper verkaufen.

Die Supermärkte, die es in größeren Ortschaften in beträchtlicher Zahl gibt, halten sich hingegen durchweg an die Standardzeiten und nutzen lediglich die oben erwähnten zehn Zusatzstunden meist für eine Ausweitung der Öffnung bis 19 h. Echte Discount-Läden sind in Dänemark dünn gesät; auch eine in Deutschland beheimatete Billigkette verkauft ihr Repertoire in Dänemark zu deutlich höheren Preisen, was offensichtlich nicht nur an den teils höheren Steuern liegt.

Feiertage

Außer den üblichen Feiertagen wie Weihnachten, Ostern, Pfingsten, Himmelfahrt und Neujahr sind in Dänemark auch Gründonnerstag und der Verfassungstag (5. Juni, nur nachmittags) Feiertage. Hingegen ist der 1. Mai ein normaler Arbeitstag.
Schulferien sind Ende Juni bis Mitte August. In dieser Zeit muß man in allen touristischen Bereichen mit hoher Auslastungsquote rechnen, so daß Vorbuchung bei Quartieren etc. dringend zu empfehlen ist.

Normen

In Dänemark gilt in allen Bereichen das metrische System, so daß eine Umorientierung nicht erforderlich ist.
Manche Waren werden aber in abweichenden Mengen verkauft, so z.B. Brot häufig in Packungen zu 400 oder 800 g.
Auf jeder Art von Alkohol und auf Tabakwaren liegen sehr hohe Verbrauchssteuern; Bevorratung im Rahmen der Zulässigkeit und der Transportmöglichkeiten ist somit sinnvoll. Auf allen Waren liegt entsprechend der EU-Normen eine Mehrwertsteuer (*Moms*), deren Regelsatz in Dänemark 25 % beträgt.
Als elektrische Spannung wird in Dänemark durchweg 220 V Wechselstrom verwendet; entsprechend der in Vorbereitung befindlichen europäischen Vereinheitlichung ist mit Anpassung auf 230 V zu rechnen.

Dorfkirche bei Haderslev

Service

Krankenversicherung

EU-Krankenkassenmitglieder sollten sich vor der Abreise unbedingt das Formular E111 besorgen. Damit kann man in Dänemark im Krankheitsfall kostenlose ärztliche Behandlung und Medikamente bekommen. Welche Formalitäten man dabei beachten muß, steht in dem Informationsblatt der Krankenkasse, das man zusammen mit dem Anspruchsausweis E111 erhält.

Medikamente und zahnärztliche Behandlungen müssen stets gezahlt werden; die Erstattung kann entweder vor der Rückreise bei einer dänischen Stelle (Auskunft im Turistbureau) oder nach der Rückkehr bei der heimischen Krankenkasse beantragt werden.
Die gleiche Erstattungsregelung gilt in den Fällen, in denen Ärzte trotz des EU-Formulars sofortige Zahlung verlangen - das ist vor allem in Kopenhagen oft der Fall.
Privatversicherte aus Deutschland sowie Reisende aus Nicht-EU-Staaten können bei ihrer jeweiligen Versicherung erfragen, welche Leistungen in Dänemark ggf. gewährt bzw. erstattet werden.
Notwendige Behandlungen von Touristen in dänischen Krankenhäusern sind stets kostenlos, unabhängig von der Nationalität.
Die Heimführung (Flug o.ä.) im Fall schwerster Erkrankungen wird von den gesetzlichen Krankenkassen nicht ersetzt. Wer auf Nummer Sicher gehen will, sollte sich dafür (evtl. im Rahmen der Reisegepäckversicherung) zusätzlich reisekrankenversichern.

Preisermäßigungen

Für Auszubildende, Schüler und Studenten gibt es in Dänemark vereinzelt Preisnachlässe. Um in den Genuß zu kommen, braucht man meist den standardisierten Ausweis der International Student Travel Conference (ISTC), Weinbergstr. 31, CH-8006 Zürich, den es in Jugendreisebüros gibt; nächstgelegene Ausweisausgabestelle ggf. bei der ISTC erfragen.

Hilferufe

Wenn man sich finanziell verkalkuliert hat oder völlig ausgeraubt wurde, wird man in die Zwangslage kommen, um Hilfe betteln zu müssen.
Die einfachste und auch billigste Art ist immer noch, von Freunden oder Verwandten Geld nachschicken zu lassen. Da die dänische Post zuverlässig ist,

kann man die Zusendung einer Internationalen Postanweisung riskieren. Wichtig: der Empfänger muß sich bei Entgegennahme der Barschaft ausweisen können. Bei Verlust des Personalausweises oder Passes also lieber einen Ersatzempfänger suchen (z.B. Leiter der Unterkunft, in der man aufs Geld wartet).
Internationale Postanweisungen sind bis zum Höchstbetrag von dkr 10000 (auch telegrafisch und/oder Eilzustellung) möglich. Wer mehr haben will, muß sich eine Scheck-Postanweisung (bis zum Gegenwert von DM 20000 möglich, wird auch bar ausgezahlt) oder mehrere Anweisungen schicken lassen. Falls man sich ausweisen kann, ist die schnellste Empfangsadresse immer das jeweilige Hauptpostamt, postlagernd (*poste restante*). *Achtung:* Postanweisungen an »anonyme« Anschriften wie Campingplätze, Hotels, Vandrerhjem und postlagernd werden im allgemeinen nur bis DM 250 je Anweisung akzeptiert!
Nur bei abgelegenen Dörfern oder kleinen Inseln muß man mit längeren Laufzeiten rechnen; telegrafische Anweisungen sind normalerweise innerhalb von 24 Stunden am Zielort.
Wenn alle Stricke reißen, ist die jeweilige Botschaft zur Hilfe verpflichtet. Da man hinterher aber alles mit Zinsen und Gebühren zurückzahlen muß, sollte man dort wirklich nur im äußersten Notfall anklopfen.
Die Anschriften:

❑ Deutsche Botschaft
Stockholmsgade 57
2100 København Ø
✆ 31261622
✉ 35267105

❑ Österreichische Botschaft
Grønningen 5
1270 København K
✆ 33124623

❑ Schweizer Botschaft
Amaliegade 14
1256 København K
✆ 3341796

Deutschland ist in Dänemark noch mit zwei Konsulaten vertreten:

❑ Kystvej 18
6200 Åbenrå
✆ 74621464
✉ 74629466

❑ Store Torv
3700 Rønne
✆ 56952211

Außerdem gibt es zehn Honorarkonsulate, von denen man aber kaum nennenswerte Hilfe erwarten sollte.

Das Fahrrad

Die Streckenbeschreibungen in diesem Buch gehen davon aus, daß zum Erfahren Dänemarks ein tourentaugliches Fahrrad benutzt wird. *
Trotz der nicht allzu starken Steigungen der dänischen Hügel kann nur vor dem Versuch gewarnt werden, mit einem behäbigen Hollandrad aufzubrechen. Eine Dreigangschaltung ist das Minimum, aber den verschiedenen Anforderungen nur sehr bedingt gewachsen. Wer die Absicht hat, für die Reise ein Fahrrad neu anzuschaffen oder ein vorhandenes umzurüsten, sollte den folgenden Empfehlungen folgen:

Fahrradtyp:	All Terrain Bike oder Reiserad (neumodisch auch als Trekkingrad bezeichnet) richtiger Rahmenhöhe
Reifengröße:	32-622, 32-630 oder 37-622 Keine schmaleren Reifen verwenden, da sie für die Belastung mit Gepäck und vor allem für die manchmal unbefestigten Fahrwege nicht geeignet sind.
Gangschaltung:	Mindestens 6-7, besser 12-21 Gänge mit Kettenblättern (vorn) 52/42 Zähne oder weniger, Freewheel (Mehrfachfreilaufzahnkranz hinten) mit 14-28 oder 15-28 Zähnen. Auch Räder mit Dreifachkettenblättern sind in hügeligeren Landesteilen sinnvoll einzusetzen. Eine ausgesprochene Bergübersetzung ist für die Steigungen Dänemarks nicht in allen Regionen erforderlich, aber hilfreich. Hingegen können die Schnellgänge wegen der Gepäckbelastung ohnehin meist nicht genutzt werden, so daß kleinere Zahnkränze als 14 Zähne in jedem Fall überflüssig sind. Die Benutzung eines Mountain-Bikes macht schon wegen des hohen Gewichts naturgemäß wenig Sinn.
Ausstattung:	Schutzbleche und solide Gepäckträger sind das Wichtigste. Zum Schutz der Kette und der Füße am vorderen Schutzblech Schmutzfänger anbringen.
Bremsen:	Zwar sind in Dänemark nur dann zwei Bremsen Vorschrift, wenn keine Nabenbremse vorhanden ist, aber im Interesse der eigenen Sicherheit sollten entsprechend den deutschen Bestimmungen zwei gut funktionierende Bremsen vorhanden sein.

* Die Kriterien für ein tourentaugliches Fahrrad sind ausführlich dargestellt in dem Buch *Der Wind kommt immer von vorn* von Jürgen Rieck (s. *Reiseführer und -Literatur*).

Mitnehmen, mieten, kaufen?

Das Mitnehmen des eigenen, tourentauglichen Fahrrades ist eigentlich stets die beste Lösung. Nur wer kein Rad besitzt oder den Transport scheut, sollte auf ein Mietrad zurückgreifen. Der Kauf vor Ort ist schon wegen der eher höheren Preise nicht anzuraten.

Fahrradvermieter gibt es überall in Dänemark, sowohl bei vielen Fahrradhändlern als auch bei einigen Bahnhöfen der DSB. Man kann Räder vorbestellen; wegen der Verleiher-Adressen einer Region sollte man sich stets an das jeweilige Turistbureau wenden, da es keine vollständigen Verzeichnisse aller Landesteile gibt. Eine Auswahl bekannter Fahrradvermieter findet sich in den Etappenbeschreibungen bei den jeweiligen Ortsinformationen.
Für eine längere Reise sind die zur Verfügung stehenden Räder jedoch oft untauglich, da sie häufig über keinerlei Gangschaltung verfügen. Vielmehr muß man mit einfachen sogenannten Tourenrädern und Breitreifen rechnen, sofern man nicht ohnehin auf ein Mountain-Bike zurückgreift.

Der Mietpreis für ein Fahrrad beträgt ca. dkr 50 je Tag und dkr 300 je Woche, außerdem ist üblicherweise eine Kaution von bis zu dkr 500 fällig.
Jedes Fahrrad muß grundsätzlich beim Ausleihort zurückgegeben werden; eine Reise mit dem Mietrad ist also zwangsläufig eine Rundreise.
Ausnahme: In Viborg (Jylland) kann man Räder mieten, die erst in Padborg an der deutschen Grenze zurückgegeben werden müssen. Das trägt der Nr. 1 unter den dänischen traditionellen Radreiserouten, dem *Hærvej*, Rechnung.

Ein besonders heikler Punkt bei Mietfahrrädern sind üblicherweise die Sättel. Wer schon einmal seinen Allerwertesten auf einem zu weichen oder zu harten Sattel wund gesessen hat, wird den folgenden Rat nicht mehr als Obskurität abtun: Wer zu Hause ein Fahrrad mit ihm genehmen Sattel besitzt, möge, wenn schon nicht das ganze Rad, zumindest den Sattel (samt Sattelkloben) mitnehmen und gleich im Vermietergeschäft ummontieren.

Reparaturausstattung

So dicht das Servicenetz für Radfahrer in Dänemark auch ist, die genaue Einhaltung der üblichen Arbeitszeiten macht es erforderlich, gewisse Werkzeuge und Ersatzteile mitzunehmen. Folgende Dinge gehören deshalb ins Gepäck:

Luftpumpe
Flickzeug, Reifenheber, Ersatzschlauch
Maul- oder Ringschlüssel
Schraubendreher
Inbusschlüssel
Ersatzspeichen, Nippel, Nippelspanner
Nähmaschinenöl oder Kettenfließfett
Putzlappen
Taschenmesser
Brems- und Schaltzüge
Bremsschuhe mit Bremsgummis

Zum Thema Wartung vor der Reise und Reparatur wird auf das in der Literaturliste aufgeführte Buch von Jürgen Rieck *Der Wind kommt immer von vorn* verwiesen.

Fahrradteile-Vokabular

Im Falle eines Falles werden Sie in keinem normalen Wörterbuch die Übersetzungen für die wichtigsten Fahrradteile finden. Damit Sie sich gegenüber Fahrradhändlern und -werkstätten verständlich machen können, ist hier mit Hilfe des dänischen Radfahrerverbandes eine Liste der entsprechenden Vokabeln zusammengestellt.

Rahmen	**stel**
Oberrohr	overrør
Unterrohr	skrårør
Sattelrohr	sadelrør
Steuerkopfrohr	kronrør
Gabel	gaffel
Ausfallende	aksel
Hinterrohre	baggaffel
Hinterstreben	bagstag

Antrieb	
Tretlager	krankleje
Tretkurbel	pedalarm
Kurbelkeil	kilbolt
Kettenblatt	kædehjul
Pedal	pedal
Kette	kæde
Kettenwerfer (vorn)	forskifter
Schaltwerk (hinten)	bagskifter
Schaltzug	gearkabel
Schalthebel	gearskifter
Gangschaltung	gear
Zahnkranz	6-7/12-14/18-21-fern-krans
Kettenritzel	kædehjul

Laufrad	hjul
Reifen	dæk
Schlauch	slange
Felge	fælg
Speiche	eger
Nabe (hinten, vorne)	nav (bagnav, fornav)
Achse	akse

Ausstattung	
Lenker	styr
Glocke	klokke
Vorbau	fremspind
Steuerkopfsatz	styrlejr, styrfittings
Bremsgriff	bremsegreb
Bremszug	bremsekabel
Felgenbremse	fælgbremse
Sattelstütze	sadelpind
Sattel	sadel
Schutzblech	skærm
Schmutzfänger	stænklap
Fahrradstütze, Ständer	cykelstativ
Gepäckträger	bagagebærer
Packtasche	cykeltaske
Luftpumpe	pumpe

Werkzeuge	værktøj
Schraubendreher	skruetrækker
Schraubenschlüssel	skruenøgle
Inbusschlüssel	fastnøgle
Zange	tang
Hammer	hammer
Freilaufabzieher	frikransaftrækker
Nietendrücker	pålodninger/nitter

Unterwegs

Unterwegs

Dänemark ist flächendeckend, in 98 Etappen unterteilt, ausführlich behandelt. Der Reigen der Streckenbeschreibungen geht von der deutsch-dänischen Grenze aus nach Norden zur Spitze Jyllands und wieder nach Süden, über die angrenzende Insel Fyn und schließlich über die restlichen Inseln. Fähren stellen die Verbindungen zwischen allen Landesteilen her; über die Wahl der Fährstrecken enthalten die Etappenbeschreibungen keinerlei Vorschriften - vielfältige Varianten sind möglich.
Auch für Reisende, die per Fähre von Deutschland aus auf eine der dänischen Inseln übersetzen, ist immer eine entsprechende Anschlußetappe vorgesehen.
Die Etappenbeschreibungen nennen die benutzten Straßen (mit Numerierung, soweit vorhanden), schildern die durchradelten Ortschaften und am Wege liegende Sehenswürdigkeiten, verweisen auf interessante Abstecher. Orte und Stätten, die einer ausführlichen Darstellung gewürdigt werden, sind in umrandeten Kästen hervorgehoben. Dort finden Sie auch Details wie Adressen von Touristeninformationsbüros, Vandrerhjem, Campingplätzen, Fahrradläden (Vermietung, Verkauf und Reparatur) und Waschsalons (Selbstbedienung) sowie Verkehrsverbindungen.
Alle Angaben entsprechen dem Stand von Juli 1995. Die Übernachtungskapazitäten der Vandrerhjem werden in der Hauptsaison vereinzelt durch Anbauten etc. erhöht.
Den Etappenbeschreibungen sind Kartenskizzen im Maßstab 1:400000 zugeordnet, die den Streckenverlauf markieren. Die Skizzen enthalten alle befahrenen Straßen, alle Hauptstraßen der entsprechenden Region (d.h. alle auf Landkarten farblich gekennzeichneten Strecken) und - ansatzweise gezeichnet - alle Abzweigungen von der befahrenen Straße. Das ermöglicht Ihnen das Radeln nach den Skizzen bei Beachtung der markierten Abzweigungen einerseits und die Umsetzung der Kartenskizzen auf die während der Reise benutzten Landkarten andererseits.
In die Kartenskizzen sind Ortschaften, Vandrerhjem und Campingplätze eingezeichnet. Dabei werden folgende Zeichen und Symbole verwendet:

✱ Anfangs- oder Endpunkt einer Etappe
im Text beschriebene Ortschaft
historische Sehenswürdigkeit
ganzjährig geöffnetes Turistbureau (TB)
saisonal geöffnetes TB
Ⓥ Vandrerhjem
Campingplatz
Flughafen
Fähre
für Fahrräder verbotene Straße

Abkürzungen/Symbole im Text:

✆	Telefon
✉	Telefax
TB	Turistbureau
VH	Vanderhjem
Hü.	Campinghütten
Waschm.	Waschmaschine
Fahrradverl.	Fahrradverleiher, -vermieter
mo-so	montags-sonntags (Wochentage)

Übrige Abkürzungen sind in der Regel aus dem Textzusammenhang verständlich.

Die Symbole für TBs etc. sind den jeweiligen Orten - nach Möglichkeit lagerichtig - zugeordnet; bei unmittelbar nebeneinanderliegenden gleichartigen Punkten, z.B. zwei Campingplätzen, ist das betreffende Symbol nur einmal enthalten. Näheres ist dem Text zu entnehmen.

Die genaue Lage von Ortschaften, Übernachtungsstätten usw. kann nur präzisen Landkarten entnommen werden. Für die Umsetzung der Lageskizzen ist mindestens die empfohlene Generalkarte (= *Færdselskort*) 1:200000 erforderlich.

Nobody is perfect

Und Reiseführer sind »schnellverderbliche Ware«.
Deshalb werden sich auch in diesen Reiseführer Fehler eingeschlichen haben. Bei aller Sorgfalt ist es unvermeidlich, daß dieses Buch dem Anspruch der Unfehlbarkeit nicht gerecht werden kann.

Wir bemühen uns, bei jeder Neuauflage eine komplette Aktualisierung aller Informationen durchzuführen, und sind deshalb dankbar für jeden Hinweis zu Korrekturen, Ergänzungen, für Tips zu der Streckenführung, für jede Art konstruktiver Kritik. Für verwertbare Tips revanchieren wir uns mit einem (anderen) Buch aus unserem Programm.

Schreiben Sie uns:

Verlag Wolfgang Kettler
Redaktion »Dänemark per Rad«
Bergstr. 28
D-15366 Neuenhagen b. Berlin

Etappenübersicht

Etappe 1: Tønder - Lille Jyndevad - Fårhus - Kruså (30 km)
Etappe 2: Tønder - Løgumkloster - Arrild - Gram (48 km)
Etappe 3: Tønder - Møgeltønder - Højer - Emmerlev - Hjerpsted - Bådsbøl-Ballum - Brøns - Vester Vedsted - Ribe (60 km)
Etappe 4: Ribe - Kirkeby - Vilslev - Store Darum - Allerup - Esbjerg - Guldager - Alslev - Varde (55 km)
Etappe 5: Varde - Skonager - Vesterbæk - Ansager - Krogager - Hejnsvig (40 km)
Etappe 6: Varde - Frisvad - Mejls - Horne - Ølgod - Tarm - Skjern (45 km)
Etappe 7: Skjern - Stauning - Velling - Ringkøbing - Søndervig - Stadilø - Stadil - Madum - Tvind - Ulfborg - Råsted Kirke - Bur - Holsteb
Etappe 8: Holstebro - Asp - Resenstad - Humlum - Hvidberg - Ydby (60 km)
Etappe 9: Ulfborg - Vemb - Skalstrup - Bovlingbjerg - Vandborg - Nejrup - Harboør - Thyborøn (50 km)
Etappe 10: Thyborøn - Agger - Svankær - Klitmøller - Vester Vandet - Hillerslev (70 km)
Etappe 11: Ydby - Hurup - Villerslev - Hørdum - Snedsted - Næstrup - Thisted - Hillerslev (46 km)
Etappe 12: Holstebro - Vinderup - Ejsing - Lem (35 km)
Etappe 13: Holstebro - Mejdal - Tvis - Hodsager - Over Feldborg - Egelund - Grønhøj - Finderup - Viborg (65 km)
Etappe 14: Viborg - Vinkel - Mammen - Helstrup - Randers (48 km)
Etappe 15: Randers - Ålum - Tindbæk - Kvorning - Tjele - Vammen - Bjerregrav - Ålestrup (60 km)
Etappe 16: Ålestrup - Østrup - Farsø - Trend - Ranum (53 km)
Etappe 17: Lem - Rødding - Krejbjerg - Vium - Nykøbing/Mors - Sønder Dråby (50 km)
Etappe 18: Sønder Dråby - Feggeklit - Arup - Øsløs - Fjerritslev (27 km)
Etappe 19: Ranum - Løgstør - Aggersund - Gøttrup - Fjerritslev (25 km)
Etappe 20: Hillerslev - Østerild - Vester Torup - Fjerritslev (40 km)
Etappe 21: Fjerritslev - Slettestrand - Rimmehuse - Hune - Saltum - Ingstrup - Vrensted - Børglum (60 km)
Etappe 22: Børglum - Stenum - Store Vildmose - Nørre Halne - Vadum - Ålborg (43 km)
Etappe 23: Børglum - Sønder Harritslev - Hjørring - Tornby - Hirtshals - Uggerby - Tuen (58 km)
Etappe 24: Tuen - Råbjerg Kirke - Hulsig - Skagen (30 km)
Etappe 25: Tuen - Blæsbjerg - Elling - Frederikshavn (24 km)
Etappe 26: Frederikshavn - Gærum - Øster Vrå - Hellum - Klokkerholm - Ørum - Grindsted - Vodskov - Ålborg (78 km)

Etappe 27: Frederikshavn - Haldbjerg - Understed - Lyngså - Aså - Hou (43 km)
Etappe 28: Hou - Hals - Dokkedal - Øster Hurup - Skelund - Visborg - Hadsund (43 km)
Etappe 29: Ålborg - Nøvling - Gunderup - Blenstrup - Sejlstrup - Store Arden - Stenstrup - Monstrup - Hobro (56 km)
Etappe 30: Hobro - Gettrup - Svenstrup - Kjellerup - Gassum - Randers (36 km)
Etappe 31: Hadsund - Enslev - Spentrup - Randers (37 km)
Etappe 32: Randers - Hadsten - Hinnerup - Søften - Århus (42 km)
Etappe 33: (Djursland-Rundfahrt) Randers - Årslev - Øster Alling - Gammel Estrup - Auning - Fjellerup - Glesborg - Veggerslev - Grenå - Ålsø - Balle - Dråby - Ebeltoft (160 km)
Etappe 34: Viborg - Rindsholm - Sønder Rind - Rødkærsbro - Levring - Nørskovlund - Lemming - Sejling - Silkeborg (40 km)
Etappe 35: Silkeborg - Bryrup - Brædstrup - Østbirk - Horsens (60 km)
Etappe 36: Silkeborg - Ry - Gammel Rye - Østbirk - Lund - Horsens (55 km)
Etappe 37: Silkeborg - Ry - Gammel Rye - Sønder Vissing - Brædstrup - Åle - Tørring (60 km)
Etappe 38: Århus - Ny Solbjerg - Hovedgård - Horsens (42 km)
Etappe 39: Holstebro - Sørvad - Vildbjerg - Skibbild - Snejbjerg - Herning - Skjellund - Vovlund - Brande (70 km)
Etappe 40: Brande - Thyregod - Tørring - Ildved - Vejle (55 km)
Etappe 41: Horsens - Hatting - Løsning - Øster Snede - Grejs - Vejle (33 km)
Etappe 42: Hejnsvig - Billund - Gødsbøl - Smidstrup - Kuldbjerg - Brandbjerg - Grejsdal - Vejle (52 km)
Etappe 43: Hejnsvig - Vorbasse - Veerst - Kolding (48 km)
Etappe 44: Vejle - Klattrup - Tiufkær - Håstrup - Møsvrå - Eltang - Kolding (32 km)
Etappe 45: a) Vejle - Håstrup - Herslev - Fredericia - Middelfart (45 km)
b) Vejle - Håstrup - Herslev - Taulov - Middelfart (40 km)
Etappe 46: Kolding - Taulov - Middelfart (23 km)
Etappe 47: Gram - Store Nustrup - Sommersted - Ødis - Kolding (47 km)
Etappe 48: Kolding - Sønder Bjert - Hejls - Fjelstrup - Haderslev - Åbenrå (65 km)
Etappe 49: Åbenrå - Kruså (24 km)
Etappe 50: Kruså - Kollund - Gråsten - Blans - Mjels - Svenstrup - Fynshav (56 km)
Etappe 51: Kruså - Gråsten - Sønderborg - Tandslet - Fynshav (63 km)
Etappe 52: Middelfart - Båring - Brenderup - Korup - Odense (53 km)
Etappe 53: Middelfart - Udby - Hjorte - Kaslunde - Glamsbjerg - Gummerup - Nørre Broby - Brobyværk - Vantinge - Ringe (70 km)
Etappe 54: Odense - Nørre Lyndelse - Freltofte - Gestelev - Ringe (25 km)
Etappe 55: Middelfart - Hjorte - Hjærup - Barløse - Assens (38 km)

Etappe 56: Assens - Strandby - Faldsled - Horne - Bøjden (44 km)
Etappe 57: Bøjden - Fåborg - Vester Åby - Hundstrup - Stenstrup - Egeskov - Volstrup - Ringe (45 km)
Etappe 58: Odense - Åsum - Hundslev - Rynkeby - Ullerslev - Nyborg (43 km)
Etappe 59: Ringe - Ørbæk - Bynkel - Holckenhavn - Nyborg (28 km)
Etappe 60: Ringe - Egeskov - Stenstrup - Kirkeby - Hvidkilde - Svendborg - Tåsinge - Rudkøbing (50 km)
Etappe 61: Rudkøbing - Spodsbjerg (10 km)
Etappe 62: Bagenkop - Humble - Rudkøbing - Tullebølle - Tranekær - Lohals (55 km)
Etappe 63: Tårs - Sandby - Nakskov - Dannemare - Viet - Holeby - Brydebjerg - Kettinge (- Nysted - Kettinge) - Sundby - Nykøbing/Falster (77 km)
Etappe 64: Rødbyhavn - Rødby - Holeby - Maribo - Kartofte - Toreby - Nykøbing/Falster (77 km)
Etappe 65: Gedser - Nykøbing/Falster (25 km)
Etappe 66: Nykøbing F - Guldborg - Storstrømbroen - Vordingborg (40 km)
Etappe 67: Nykøbing F - Sr. Kirkeby - Horbelev - Stubbekøbing - Bogø - Store Damme - Stege (47 km)
Etappe 68: (Møn-Rundfahrt) Stege - Møns Klint - Liselund - Borre - Stege (48 km)
Etappe 69: Stege - Viemose - Rekkende - Præstø (30 km)
Etappe 70: Vordingborg - Ørslev - Ugledige - Skibinge - Præstø (20 km)
Etappe 71: Vordingborg - Ørslev - Fæby - Sværdborg - Lundby - Hammer - Lov - Mogenstrup - Næstved (32 km)
Etappe 72: Næstved - Bistrup - Spjellerup - Bisserup - Magleby - Skælskør - Boeslunde - Korsør (52 km)
Etappe 73: Korsør - Vemmelev - Trelleborg - Slagelse (20 km)
Etappe 74: Slagelse - Munke Bjergby - Gyrstinge - Ringsted (37 km)
Etappe 75: Slagelse - Ødemark - Sorø - Lynge - Vester Broby - Skelby - Herlufmagle - Fensmark - Næstved (55 km)
Etappe 76: Odden - Nykøbing S - Egebjerg - Herrestrup - Grevinge - Gislinge (51 km)
Etappe 77: Kalundborg - Kaldred - Føllenslev - Snertinge - Svinninge - Gislinge (32 km)
Etappe 78: Gislinge - Holbæk - Rye - Kirke Såby - Skullerupholm - Ledreborg - Lejre - Roskilde (52 km)
Etappe 79: Ringsted - Estrup - Valsølille - Tolstrup - Særløse - Lejre - Roskilde (33 km)
Etappe 80: Roskilde - Lejre - Assendløse - Urup - Dalby - Gørslev - Ørslev - Førslev - Teestrup - Skuderløse - Fensmark - Næstved (62 km)
Etappe 81: Præstø - Fakse Ladeplads - Rødvig - Højerup - Store Heddinge - Strøby - Køge (63 km)
Etappe 82: Køge - København (Kopenhagen) (40 km)

Etappe 83: Roskilde - Glostrup - København (Kopenhagen) (35 km)
Etappe 84: Roskilde - St Valby - Ganløse - Lynge - Nr Herlev - Hillerød (45 km)
Etappe 85: Hillerød - Skævinge - Græse - Frederikssund - Gerlev - Skuldelev - Selsø - Skibby - Lyndby - Gevninge - Roskilde (66 km)
Etappe 86: Kopenhagen - Helsingør (45 km)
Etappe 87: Helsingør - Gurre - Tikøb - Jonstrup - Fredensborg - Hillerød (52 km)
Etappe 88: Hillerød - Tulstrup - Annisse - Ramløse - Vinderød - Frederiksværk (30 km)
Etappe 89: Helsingør - Gurre - Tikøb - Esrumgård - Helsinge - Ramløse - Frederiksværk (47 km)
Etappe 90: Frederiksværk - Evetofte - Melby - Hald - Hundested - Fähre Rørvig - Nykøbing S (24 km)
Etappe 91: Rønne - Hasle - Hammershus - Sandvig - Allinge - Olsker - Rø (41 km)
Etappe 92: Rønne - Nyker - Klemensker - Rø (17 km)
Etappe 93: Rø - Gudhjem - Østerlars (13 km)
Etappe 94: Østerlars - Østermarie - Svaneke - Årsdale - Nexø (23 km)
Etappe 95: Østerlars - Almindingen - Nexø (27 km)
Etappe 96: Nexø - Langedeby - Åkirkeby (19 km)
Etappe 97: Nexø- Snogebæk - Dueodde - Pederskirke - Åkirkeby (26 km)
Etappe 98: Åkirkeby - Lobbæk - Rønne (17 km)

Eine Etappen-Übersichtskarte (ausklappbar) befindet sich am Schluß des Buches.

Etappenbeschreibungen

Grenzübertritt per Fahrrad

An der deutsch-dänischen Landgrenze zwischen Sønderjylland und Schleswig-Holstein bieten sich zwei Anknüpfungspunkte an das Etappennetz dieses Buches, die auch per Eisenbahn leicht zu erreichen sind: Flensburg im Osten und Niebüll im Westen.

a) In **Flensburg** ist der Start vollkommen unkompliziert: nehmen Sie die Straße entlang der Förde Rchtg. Wasserleben und geradeaus bis zum Grenzübergang Kupfermühle/Kruså.

In Gegenrichtung verlassen Sie Kruså auf der Autostraße zum Grenzübergang Rchtg. Flensburg. Gleich dahinter wird die Straße zur Autobahn, so daß Sie rechts abbiegen müssen; folgen Sie der Beschilderung Richtung Wasserleben, wodurch Sie automatisch auf die Straße entlang der Flensburger Förde hinein nach Flensburg kommen.

b) Wenn Sie mit Eisenbahn oder Auto das Grenzgebiet bei **Niebüll** erreicht haben, sollten Sie die Grenze in jedem Fall nicht über den Straßenübergang an der viel befahrenen B5 hinter Süderlügum überqueren, sondern folgende Strecke wählen.

Diese beginnt in Niebüll. Vom Bahnhof aus radeln Sie ggf. in den Ort und folgen dann der Beschilderung Rchtg. Klansbüll. Nach ca. 2 km zweigt rechts die Straße Rchtg. Aventoft ab und führt fast schnurgerade nordwärts.

Wenige Kilometer vor der dänischen Grenze haben Sie die Wahl: Entweder folgen Sie links der Beschilderung vorbei am *Noldemuseum*, das dem Maler Emil Nolde gewidmet ist, zur Landstraße Neukirchen-Højer (T-Mündung), die rechts zum Nebenübergang nach **Rudbøl** (tagsüber geöffnet) führt; die Grenze verläuft in Rudbøl direkt über die Dorfstraße - die eine Straßenseite liegt in Deutschland, die andere in Dänemark.

Vandrerhjem: Rudbølvej 19-21, ✆ 74738298, 55 Betten in 15 Räumen, Jan. geschl.
Camping: Rudbøl ** (407), Rudbølvej 36, ✆ 74738263, ✉ 74738686, Waschm., 13 Hü., Fahrradverl., März-Okt.

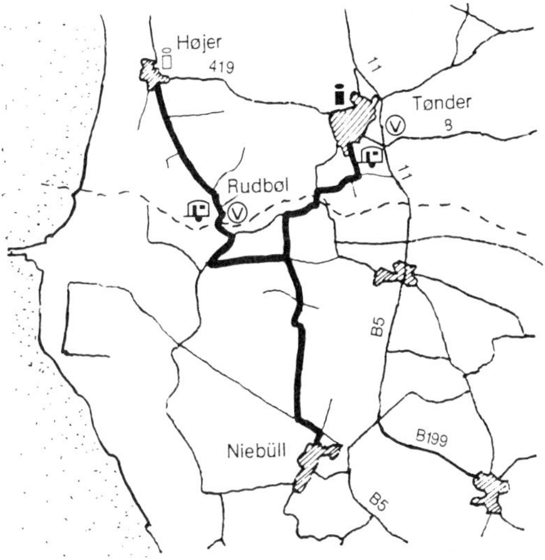

Von dort gelangen Sie geradewegs nach *Højer*, wo Anschluß an die Führung von Etappe 3 besteht.

Falls Sie Ihre Route jedoch mit einem besonders markanten Eindruck einer alten dänischen Stadt beginnen möchten, fahren Sie an der Abzweigung vor der Grenze Rchtg. Noldemuseum geradeaus weiter durch Aventoft und überqueren nach links schwenkend dort die Grenze (ebenfalls nur tagsüber geöffneter Übergang). Nach wenigen hundert Metern weist die Radbeschilderung Rchtg. Tønder nach rechts; die Nebenstraße durchquert *Ubjerg*. Unmittelbar vor der hier stillgelegten Eisenbahnstrecke biegen Sie links auf den (beschilderten) Radweg nach **Tønder** (s. Etappe 1) ein, der im Süden der Stadt am Lagerhaus der Carlsberg-/Tuborg-Brauerei auf die *Jernbanegade* stößt.

(In Gegenrichtung: Am Bahnhof von Tønder vorbei auf der »Jernbanegade« zum Brauereilager fahren, dort links auf den hier unbeschilderten Radweg.)

Etappe 1:
Tønder - Lille Jyndevad - Fårhus - Kruså (30 km)

Diese grenzbegleitende Strecke verbindet die beiden Standard-Ausgangspunkte für Jylland-Touren miteinander und eignet sich in besonderem Maß als Auftakt (oder geruhsamer Abschluß) einer Dänemark-Fahrradreise.

Sie nimmt ihren Anfang in Tønder.

Tønder, 13000 Einw., ist eine der ältesten dänischen Handelstädte und hat einen sehr schönen alten Stadtkern aus dem 17. Jh. mit vielen Renaissance-Patrizierhäusern. Bevor im 16. Jh. die Nordseedeiche errichtet wurden, war Tønder eine Hafenstadt! Am Marktplatz (Torvet) stehen das Rathaus aus dem 17. Jh., die 1592 eingeweihte Kristkirke und das älteste Haus der Stadt, das von ca. 1520 stammt. Im letzten Überbleibsel des mittelalterlichen Schlosses Tønderhus, dem Turm, und neu errichteten Gebäuden ist jetzt das Sønderjyllands Kunstmuseum samt dem örtlichen Museum untergebracht (außer mo tägl.).
Etliche weitere alte Häuser runden das Stadtbild ab. Da die Nähe der deutschen Grenze vor allem an Wochenenden und in den Sommerferien viele Einkaufstouristen in die Stadt bringt, kann hier manchmal ein recht betriebsames Gewimmel herrschen.

Information: TB, Torvet 1, 6270 Tønder, ✆ 74721220, ✉ 74720900, so geschlossen.
Verkehrsverbindungen: Eisenbahn Richtung Tinglev und Ribe.
Vandrerhjem: Kogsgården, Sønderport 4, ✆ 74723500, 124 Betten in 30 Räumen, am südlichen Ausgang der Stadt nahe der Str. 11, Weihnachten-Ende Jan. geschl.; Fritidscenter, Søndre Landevej 6, ✆ 74722826, ✉ 74722490, Fahrradverm., nicht im VH-Verband.
Camping: Tønder *** (401), Holmevej 2A, ✆/✉ 74721849, Ostern-Sept., Hü., Gästeküche, Waschm., im Süden der Stadt gleich neben dem VH an der Str. 11; Møgeltønder *** (401), Sdr. Strengvej 2, ✆/✉ 74738460, Hü., ganzj., 5 km westlich an der Führung von Etappe 3.
Fahrräder (auch Verleih): Theis Cykler, Søndergade 7, ✆ 74782951; Verleih auch in beiden Vandrerhjem.

Verlassen Sie Tønder auf der Str. 8 / 11 Rchtg. Flensburg, und biegen Sie dann mit der Str. 11 rechts ab Rchtg. Süderlügum. Noch vor der Grenze fahren Sie links hinein nach *Sæby*, dort gleich erneut links auf die Nebenstraße nach *Grøngård*. Am dortigen Landgut schwenken Sie rechts, durchqueren *Lydersholm* und radeln weiter Rchtg. Rens. Diesen Ort läßt die Straße links liegen, kreuzt die Landstraße Bylderup-Pebersmark und endet in *Lille Jyndevad* an einer T-Mündung.

In den Straßen von Tønder

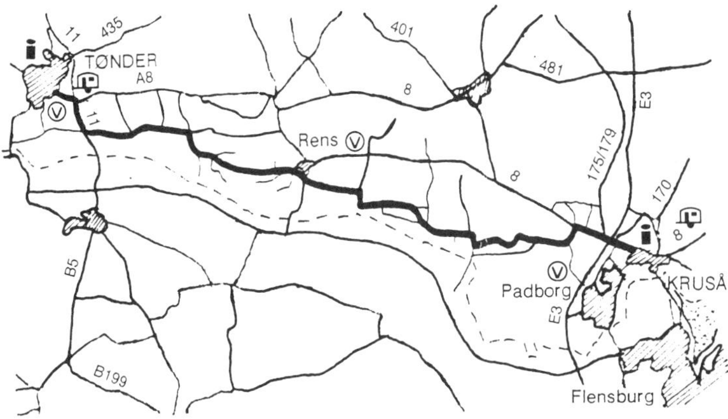

Vandrerhjem: Jyndevadhus, Julianehåbvej 70, Store Jyndevad, 6360 Tinglev, ✆ 74648321, 120 Betten in 23 Räumen, ganzj., 4 km nördl. der T-Mündung in Lille Jyndevad.

An der T-Mündung fahren Sie ca. 500 m weit südwärts und folgen dann der Linkskurve nach *Sofiedal*. Erneut biegt die Etappe an einer T-Mündung rechts ab Rchtg. Padborg, verläßt die Ortsstraße jedoch noch in Sofiedal wieder nach links auf die Nebenstraße nach *Kragelund*; diese Straße ist an beiden Enden nur durch das Straßenschild »Kragelundsvej« zu identifizieren. In Kragelund links durch das Dorf nach *Fårhus*, wo Sie eine Eisenbahnlinie überqueren. Sie radeln nur für ein kurzes Stück auf der Radroute *Hærvej* (beschildert) bis zur Str. 8, biegen dort aber rechts ab auf die Hauptstraße. Die Str. 8 kreuzt die Autobahn E45 und erreicht **Kruså**, die Grenzstadt Rchtg. Flensburg.
In der Nachbarstadt *Padborg* wurde das frühere deutsche Gefangenlager *Frøslev*, in dem Widerstandskämpfer des 2. Weltkriegs inhaftiert waren, als Museum ausgestattet (Mai-Sept. tägl. außer mo).

Information: TB, Flensborgvej 11, 6340 Kruså, ✆ 74672171, ✉ 74671467.
Vandrerhjem: Frøslev Polde Naturskoleren, Frøslevlejren, Padborg, ✆ 74676790, ganzj.
Camping: Kruså *** (426), Åbenråvej 7, Kruså, ✆ 74671206, ✉ 7467106, Mitte April-Okt.; Frigaard *** (427), Kummelfort 14, Kollund (ruhigster der Plätze), ✆ 74678830, ✉ 74678872.

Etappe 2:
Tønder - Løgumkloster - Arrild - Gram (48 km)

Dies ist der erste Teil einer Diagonalverbindung durch Sønderjylland nach Kolding, der zwei interessante Ortschaften berührt. Über die Fortsetzung (Etappe 47) rückt die Überquerung des Kleinen Belt nach Fyn in Reichweite.

Die Etappe beginnt in Tønder auf der Straße 435 Rchtg. Øster Højst, die kurz hinter dem Stadtrand die Umgehungsstraße Str. 11 kreuzt. Unmittelbar danach zweigt links eine Nebenstraße ab, die geradewegs nach *Vennemose* führt. Dort fahren Sie nach rechts durch das Dorf, durchqueren *Travsted* und gelangen zu einer Kreuzung, an der Sie links auf die Landstraße nach *Løgumkloster* einbiegen.

Løgumkloster, 3000 Einw., ist eine alte Kloster- und Markstadt, deren ganzer Stolz die Reste des 1171 gegründeten Zisterzienserklosters sind: die Bibliothek, der Kapitelsaal und vor allem die Klosterkirche, die als besonders schöner skandinavischer Backsteinbau gilt. Eine Fortsetzung findet der Klosterbetrieb heute in der Einrichtung des *Refugiums*, einer speziell für Meditationszwecke eingerichteten, hotelähnlichen Unterkunft.

Information: TB, Museet Holmen, 6240 Løgumkloster, ✆ 74744165.
Vandrerhjem: Vænget 28, ✆ 74743618, ✉ 74743619, 45 Betten in 9 Räumen, Mitte Jan-Mitte Dez.

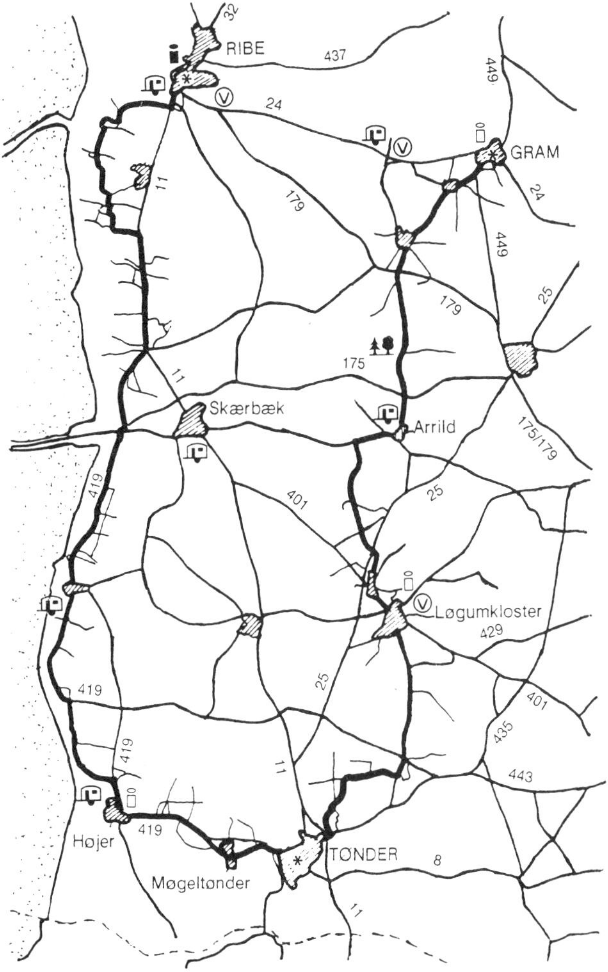
32
RIBE
437
449
24
GRAM
179
11
24
449
179
25
175
11
Skærbæk
Arrild
175/179
401
419
25
Løgumkloster
429
25
419
401
435
419
11
443
Højer
419
TØNDER
8
Møgeltønder
11

Auf der Straße 401 (Rchtg. Skærbæk) gelangen Sie zum Vorort *Løgumgårde*. Fahren Sie jedoch nicht bis zur T-Mündung in die Str. 25, sondern biegen Sie unmittelbar vorher rechts ab in den Ort, fahren parallel zur Str. 25 geradeaus hindurch und wieder hinaus. An der Schule von *Tornskov* kommt die Nebenstraße zur Str. 25, die Sie kreuzen; die Strecke führt immer geradeaus durch *Løgumbjerge* und *Kløjing* nordwärts zu einer T-Mündung, an der Sie rechts auf die Landstraße nach **Arrild** einbiegen. Dies ist ein kleiner Ferienort mit schönen Waldgebieten im Norden.

Information: TB, Arrild Ferieby 500, 6520 Toftlund, ✆ 74834599, ✉ 74834333, Fahrradvermietung.
Camping: Arrild Ferieby *** (466), Ende März-Ende Okt, s. TB.

Im Zentrum von Arrild biegen Sie links ab auf die Landstraße, die durch die Ausläufer der nordwestlich liegenden Forstgebiete verläuft, *Arnum* durchquert und *Tiset* erreicht, wo sie rechts durch den Ort führt und zielsicher **Gram** ansteuert.

Dieses Städtchen (5000 Einw.) verfügt über ein Schloß (16./17. Jh.), das auch das örtliche Museum beherbergt (Ostern-Okt), und über das südjütländische Feuerwehrmuseum (Mai-Sept).

Information: TB, Bibliotek, Østergade 10, 6510 Gram, ✆/✉ 74820111.
Vandrerhjem: Ribe Landevej 30, Enderupskov, ✆ 74821711, ✉ 74820782, 69 Betten in 10 Räumen, April-Okt., ca. 6 km westl. an der Str. 24.
Camping: Enderupskov ** (462), Verwaltungseinheit mit dem VH, s. oben, Hütten.

Etappe 3:
Tønder - Møgeltønder - Højer - Emmerlev - Hjerpsted - Bådsbøl-Ballum - Brøns - Vester Vedsted - Ribe (60 km)

Der Auftakt der Jylland-Westküstenroute beginnt in Tønder auf der Straße 419 über Møgeltønder Rchtg. Højer; benutzen Sie jedoch nicht die am Ortskern von **Møgeltønder** (Camping s. Tønder, Etappe 1) nördlich vorbeiführende Umgehungsstraße, sondern fahren durch den Ort: er enthält eine ungewöhnlich große Dorfkirche und in der Slotsgade eine einzigartige Reihe reetgedeckter Häuser.
In **Højer** ist in einer restaurierten Mühle, der höchsten Holzwindmühle Nordeuropas aus dem 19. Jh., ein Wattenmeermuseum untergebracht (April-Okt. tägl. 10-17 h).

Information: TB, Møllegade 12, 6280 Højer, ✆ 74782993, ✉ 74782893, April-Okt.
Camping: Vadehavs ** (408), Emmerlev Klev 1, ✆/✉ 74782238, Waschm., Fahrradverl., April-Mitte Sept., 5 km nordwestl. direkt am Meer an der weiteren Etappe.

Folgen Sie der 419 nordwärts, bis nach ca. 2 km links eine Nebenstraße nach *Emmerlev* abbiegt, der Sie zur Nordseeküste folgen. Kurz vor dem Campingplatz (s.o.) geht rechts (nordwärts) ein Fahrweg nach *Hjerpstedt* ab; dort treffen Sie wieder auf die 419, auf der Sie der Küstenlinie nordwärts bis zur Kreuzung mit der Straße Skærbæk-Rømø folgen. In diese Straße (175) biegen Sie rechts ein (Rchtg. Toftlund), verlassen sie aber nach 200 m bereits wieder nach links auf einen Fahrweg, der später in eine Nebenstraße nach *Brøns* übergeht. Dort mündet die Strecke auf die Str. 11 Rchtg. Ribe.

(In Gegenrichtung: In Brøns am südlichen Ortsrand, hinter der nach links führenden Straße Rchtg. Frifelt, rechts in eine Nebenstraße Rchtg. Astrup fahren. An der Gabelung nach ca. 1 km rechts halten - nicht nach Astrup - und immer geradeaus über den Fahrweg zur 175 nahe dem Damm nach Rømø.)

Camping: Vesteregnen *** (405), Kystvej 37, Bådsbo-Ballum, ✆ 74716263, ✉ 74716276, auf Höhe des Südendes von Rømø; Skærbæk * (508), Tøndervej 47, ✆ 74752616, ca. 5 km südöstlich; Skærbæk Familie Camping *** (507) Ullerupvej 76, ✆/✉ 74752222.

Auf der Str. 11 führt die Etappe in Ermangelung geeigneter Nebenstraßen ca. 8 km lang weiter. Hinter Rejsby zweigt dann eine Nebenstraße über Høgsbro nach Råhede ab, dort links und gleich wieder rechts durch Enderup nach *Vester Vedsted*. Von diesem Ort (Kirche aus dem 12. Jh.) aus kann man bei Ebbe zu Fuß durchs Watt die vorgelagerte Insel *Mandø* erreichen, und über einen aufgeschütteten Damm können auch Busse dorthin gelangen.
Sie folgen der Beschilderung zum Parkplatz der *Mandøbussen* und gelangen zur Straße über Sønder Farup nach Øster Vedsted, wo die Etappe kurz vor Ribe auf die Str. 11 trifft.

Ribe, 9000 Einw., ist Dänemarks älteste Stadt; die Ortschaft wurde bereits um 800 urkundlich erwähnt, erhielt im 9. Jh. die erste Kirche auf dänischem Boden und verfügt heute mit dem Dom (12. Jh.) über Dänemarks einzige fünfschiffige Kirche (in der Hauptsaison Besichtigung tägl. 10-18 h, sonntags erst ab 12.30 h, Eintrittsgebühr). Die Klosteranlage St. Catharinæ aus dem 13.-15. Jh. ist Dänemarks besterhaltener Klosterkomplex (Mai-Sept. 10-12 und 14-17 h, im Winter bis 16 h). Die innerstädtischen Sehenswürdigkeiten werden abgerundet durch drei Museen, von denen eine der drei Abteilungen der *Antikvariske Samling* im *Hans-Tausens-Hus* (nahe Dom) untergebracht ist. Im Westen Ribes liegen die Ruinen der früheren Befestigungsanlage *Riberhus*.
Das Museum *Ribes Vikinger* (Juni 95 eröffnet) zeigt eine Ausstellung zur Wikingerzeit und zum Mittelalter (Sommerhalbjahr tägl., sonst mo geschl.).
Das gesamte Stadtbild Ribes ist von den mittelalterlichen Bauten geprägt; das Flüßchen Ribe Å fließt quer durch das Zentrum.

Information: TB, Torvet 3-5, 6760 Ribe, ✆ 75421500, ✉ 75424078.
Verkehrsverbindungen: Eisenbahn nach Esbjerg und Tønder.
Vandrerhjem: Ribehallen, Sct. Pedersgade 16, ✆ 75420620, ✉ 75424288, 120 Betten in 34 Räumen, Feb.-Nov., nordwestl. des Zentrums.
Camping: *** (504), Farupvej, ✆ 75410077, ✉ 75410001, Waschm., Fahrradverl., ganzj., Hütten, nördl. von Ribe an der Nebenstraße nach Farup (s. Etappe 4).

(In Gegenrichtung: Str. 11 Rchtg. Süden, rechts abbiegen auf die Nebenstraße durch Øster Vedstedt, weiter wie oben beschrieben.)

Etappe 4:
Ribe - Kirkeby - Vilslev - Store Darum - Allerup - Esbjerg - Guldager - Alslev - Varde (55 km)

Der erste Teil der Strecke folgt weitestgehend der Fahrradbeschilderung Ribe-Esbjerg, die aber an einigen Stellen lückenhaft ist.

Bei der Einmündung der innerstädtischen Hauptstraße in die Str. 11 wählen Sie den links abzweigenden Farupvej Rchtg. Kærbøl (Riber Campingplatz

In Ribe

nach wenigen hundert Metern rechts). In Kærbøl fahren Sie links und dann wieder rechts weiter über Kirkeby, Hillerup, Jedsted und Vilslev bis zur Landstraße, in die Sie links nach **Store Darum** einbiegen.

Camping: St. Darum ** (501), Alsædvej 24, Bramming, ✆ 75179116, Waschm., Hütten, April-Sept., in einem kleinen Waldgebiet zwischen der Landstraße und der Str. 24, Spaß-Bad angegliedert, für Campinggäste gratis.

Falls Sie nicht über Esbjerg fahren möchten, können Sie in Store Darum scharf rechts auf eine Nebenstraße über (Lille) Darum, Terpager und Tommerby zur Str. 11 nach Ålbæk abbiegen; in Ålbæk erneut scharf rechts auf eine Nebenstraße über (Nørre) Vong nach Grimstrup, dort die E20 leicht nach rechts versetzt kreuzen auf eine Nebenstraße nach Rovst, wo wiederum leicht nach rechts versetzt die Str. 30 gekreuzt wird. Eine weitere Nebenstraße bringt Sie geradewegs nach *Varde* (s.u.).

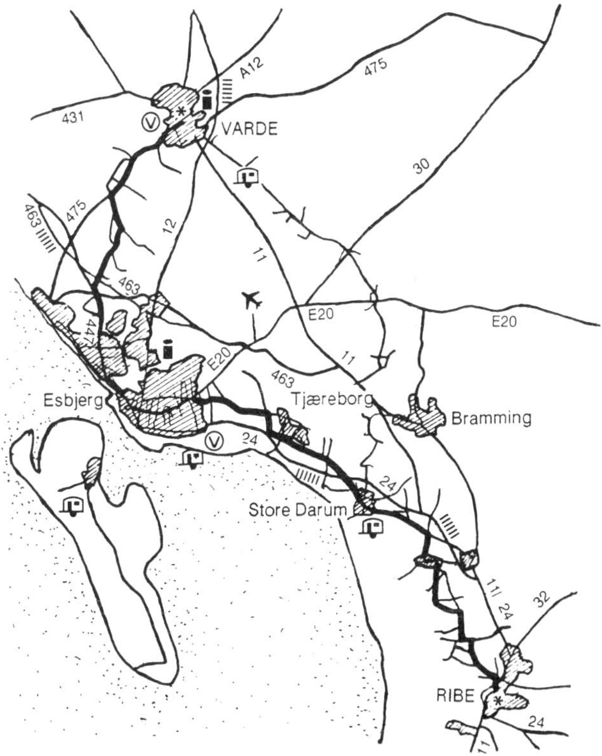

(In Gegenrichtung: In Varde wie bei Etappe 3 zur 475 Rchtg. Tofterup fahren, gleich hinter dem Ortsende rechts auf eine Nebenstraße nach Rovst.)

Falls Sie weiter nach Esbjerg fahren möchten, kreuzen Sie die Str. 24 und fahren geradeaus weiter durch Allerup; kurz vor der Einmündung in die Str. 24 biegen Sie rechts ab, überqueren die Eisenbahnstrecke und halten sich dahinter links nach Novrup. *Achtung:* Der Radweg längs der Straße verläßt diese nach einiger Zeit nach links, deshalb am Radwegende rechts halten, an der nächsten Kreuzung wieder links fahren, wodurch Sie über Novrup nach Jerne gelangen, einem Vorort von Esbjerg, wo Sie links auf die E20 ins Stadtzentrum abbiegen.

(In Gegenrichtung: E20 Richtung Kolding wählen, hinter der Eisenbahnüberquerung auf rechts nach Novrup abzweigende Nebenstraße achten.)

Esbjerg, 82000 Einw., ist Süd-Jyllands größte Stadt, aber erst vor etwa 100 Jahren gegründet. Eine äußerst günstige Lage für die Errichtung eines Fischerei- und Fährhafens war der Grund für diesen schnellen Aufschwung. Entsprechend liegt die Bedeutung der Stadt auch touristisch vor allem in ihrer Eignung als Einkaufsort. Unter den Museen der Stadt ist das Seefahrtsmuseum am Tarphagevej (im Nordwesten an der Straße Rchtg. Hjerting) mit angeschlossenem Seewasseraquarium wohl das interessanteste (tägl.) und mittlerweile mit einem Freigelände angereichert. Freunde technischer Museen werden vielleicht auch am *Bogtrykmuseet* (Buchdruckmuseum) an der Borgergade 6 ihre Freude haben, das in einer in Betrieb befindlichen Drukkerei untergebracht ist (Mai-Sept. mo-sa 14-17 h).
Im Hafen liegt nahe der Fanø-Fähre ein ehemaliges Feuerschiff, das nun ebenfalls als Museum dient (Mai-Sept. tägl. 10.00-16.30 h).
Die günstige Lage der Stadt für den Schiffsverkehr ist u.a. darauf zurückzuführen, daß die vorgelagerte Insel *Fanø* den Hafen vor dem anstürmenden Meer schützt. Diese Insel ist über eine Fährverbindung zu erreichen und verfügt über eine abwechslungsreiche Wald-, Heide- und Dünenlandschaft mit vielen hübschen Häusern. Die Bewohner der Insel retteten sie und sich 1741 vor dem »Ausverkauf« durch den König (dem die Insel bis dahin gehörte), indem sie sie selbst erwarben.

Information: TB, Skolegade 33, 6700 Esbjerg, ✆ 75125599, ✉ 75122767; dto., Havnen, Nordby, 6720 Fanø, ✆ 75162600, ✉ 75162903.
Verkehrsverbindungen: Eisenbahn Rchtg. Ribe, Kolding und Ringkøbing; Fähren nach Newcastle, Harwich und Fanø; Flüge nach Kopenhagen.
Unterkunft: Sømandshjemmet, Auktionsgade 3, ✆ 75120688, 21 Zi., ganzj.
Vandrerhjem: Gl. Vardevej 80, ✆ 75124258, 124 Betten in 34 Räumen, im Jan. geschl., gelegen an einer Parallelstraße zur Str. 12 nahe dem Zentrum.
Camping: Strandkoven * (484), Gl. Vardevej 76, ✆ 75125816, Waschm., Mitte Mai-Mitte Sept., nahe beim VH, Hü.; Sjelborg *** (483), Sjelborg Strandvej 11, ✆ 75115432, im Westen der Stadt. Außerdem acht Campingplätze auf Fanø.

In Esbjerg muß das Stadtzentrum durchfahren werden; folgen Sie dann der leider recht stark befahrenen 447 Rchtg. Blåvand bis *Guldager*. Unmittelbar hinter der Kreuzung der 447 mit der 463 Terp-Hjerting biegen Sie in die nächste Straße rechts (unbeschildert) ein. Diese Nebenstraße führt zwischen zwei Waldgebieten hindurch; an ihrem Ende fahren Sie links Rchtg. Alslev. Kurz vor Alslev trifft die Straße auf die 475, in die Sie rechts nach Varde einbiegen.

Varde, 14000 Einwohner, ist eine sehr alte Stadt, die wegen eines Stadtbrandes am Ende des 17. Jh. jedoch nur über wenige alte Häuser verfügt. Einige sehenswerte Gebäude stehen am Marktplatz, darunter auch die Sct.-Jacobi-Kirke aus dem 12./13. Jh. Im Arnbjergpark befindet sich das kulturhistorische Museum der Stadt (Lundvej 4, Mai-Aug. 13-17 h, sonst 14-17 h). Im gleichen Park steht eine Miniaturnachbildung (*Miniby*) des alten Varde (um 1800) mit ca. 100 reproduzierten Häusern (Mitte Mai-Mitte Okt. 10-18 h).

Information: TB, Torvet 5, Box 12, 6800 Varde, ✆ 75223222, ✉ 75220558.
Verkehrsverbindungen: Eisenbahn nach Esbjerg, Nr. Nebel (Privatbahn mit Fahrradtransportmöglichkeit) und Ringkøbing.
Vandrerhjem: Ungdomsgården, Pramstedvej 10, ✆ 75221091, 48 Betten in 8 Räumen, Mitte Mai-Sept., nur Frühstückszubereitung, aber gute Gästeküche, nach Überquerung der Eisenbahn am unteren Rand des Zentrums links abbiegen.
Camping (Naturlagerplatz): Fam. Rosendal, Ribevej 88, ✆ 75221927, an der Str. 11 Rchtg. Ribe.

Etappe 5:
Varde - Skonager - Vesterbæk - Ansager - Krogager - Hejnsvig (40 km)

Der erste Teil der Verbindung nach Vejle.
Im Stadtzentrum von Varde halten Sie sich zuerst südwestwärts auf der Zufahrtstraße zur Str. 11 Rchtg. Ribe, biegen aber am Stadtrand links auf die 475 Rchtg. Tofterup ab. Nach etwa 5 km führt eine links abzweigende Nebenstraße durch den kleinen Ort *Skonager* (von der 475 nicht sichtbar, aber beschildert) nach *Karlsgårde*. Von dort fahren Sie geradeaus weiter Rchtg. Øse und biegen nach knapp 2 km links ab nach *Vesterbæk*. Am östlichen Rand dieser Siedlung kommen Sie zu einer T-Mündung, fahren rechts durch den Ort und weiter entsprechend der Beschilderung nach *Oved*. Dort halten Sie sich links Rchtg. Hodde, um kurz darauf rechts abzubiegen nach *(Hodde) Mark*; ein kurzes Stück dieser Straße ist als unasphaltierter Fahrweg gehalten. Von Mark aus ist die Nebenstraße nach **Ansager** korrekt beschildert.

In Ansager können Sie ggf. als Abstecher über eine beschilderte Nebenstrecke via *Kærbæk* geradewegs nach **Grindsted** gelangen.

Kartenskizze Etappen 5 & 6

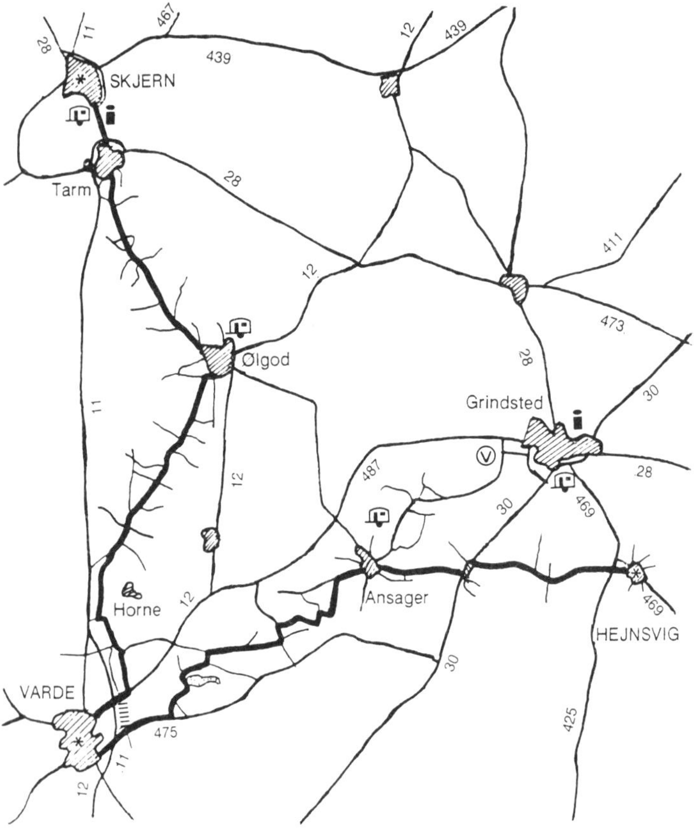

Information: TB, Østergade 25, 7200 Grindsted, ✆ 75323344, 📠 75322591.
Vandrerhjem: Morsbøl Skolevej 24, ✆ 75322605, 80 Betten in 18 Räumen, April-Sept., sonst nur Gruppen, südwestlich an der Nebenstraße Rchtg. Ansager.
Camping: Kvie Sø ** (519), Kvie Søvej 4, ✆ 75297171, 4 km nördl. von Ansager; Grindsted *** (607), Søndre Boulevard 15, ✆/📠 75321751, Hütten, am südwestl. Stadtrand von Grindsted.

Ansonsten folgen Sie der Landstraße von Ansager nach *Stenderup* und *Krogager*, einer Doppelsiedlung an der Str. 30. Auf der Hauptstraße fahren Sie ca.

1 km Richtung Grindsted, verlassen sie aber noch in Krogager auf eine rechts abbiegende Nebenstraße über Vesterhede nach **Hejnsvig**, einem kleinen Ort an der 469, wo das Etappenende erreicht wird (Anschluß an die Etappen 42 und 43).

Etappe 6:
Varde - Frisvad - Mejls - Horne - Ølgod - Tarm - Skjern (45 km)

Nordwärts Richtung Ringkøbing.

Die Etappe beginnt in Varde auf der Str. 12 Rchtg. Grindsted. 1 km nach dem Kreuzen der Str. 11 (Kfz.-Straße) biegt links eine Nebenstraße nach *Frisvad* ab (*in Gegenrichtung ist das Landgut Lunderup ausgeschildert*). In Frisvad halten Sie sich links, fahren durch Mejls und biegen an der nächsten Straße hinter Mejls rechts auf eine unbeschilderte Nebenstraße nach *Horne* ab; vor diesem Ort müssen Sie erneut rechts einbiegen.

(In Gegenrichtung: 1½ km hinter Horne links in Gl. Landevej abbiegen, an dessen Ende wieder links nach Mejls.)

Durch Horne führt die Nebenstraße geradeaus nach Ølgod; kurz vor der Stadt gegenüber der Abzweigung Rchtg. Hjedding (= Zufahrt zum Meiereimuseum, nur Sonntagnachmittag geöffnet) links auf die beschilderte Radroute nach **Ølgod** abbiegen.

(In Gegenrichtung ist die Strecke im Stadtzentrum unbeschildert, daher besser der Autobeschilderung nach Horne folgen.)

Camping: ** (548), Skolegade 20, ✆ 75244691, Waschmaschine, April-Mitte Sept.

In Ølgod folgen Sie der Beschilderung nach Tarm; bei dieser Stadt stoßen Sie auf die Str. 11, der Sie bis Skjern folgen.

Skjern, 8000 Einw., verfügt mit der Skjern Å über das fischreichste Flüßchen Dänemarks und hat sich dadurch den Ruf eines Anglerparadieses erworben. Zwar ist das Wachstum des Ortes jüngerer Art - Skjern erhielt erst 1958 Stadtrechte -, eine 800 Jahre alte Kirche und ein zweihundertjähriger Gutshof künden aber von längerer Geschichte. Zwei lokalhistorische Museen (Stationsbymuseet, Bredgade 73, mo/di 13-16 h, so 14-17 h; Bundsbæk Mølle, Bundsbækvej 27, Dejbjerg, mo-fr 13-16 h, sa/so 14-17 h) zeigen entsprechende Exponate.
Ein Veteranen-Flugzeugmuseum existiert beim Flughafen Stauning (Stavning), ca. 14 km nordwestl. (s. Etappe 7), Mai-Okt. mo-fr 15-17 h, sa/so 13-17 h.

Information: TB, Østergade 8, 6900 Skjern, ✆ 97351855, ✉ 97352609; dto. Stationsvej 4, 6880 Tarm, ✆ 97371828, ✉ 97373135.
Verkehrsverbindungen: Eisenbahn Rchtg. Varde, Herning und Ringkøbing; Flughafen Stauning, 14 km nordwestlich (s, Etappe 7) mit Verbindung nach Kopenhagen.
Camping: Skjern Å *** (558), Birkvej 35, Skjern, ✆ 97350861, Waschmaschine, April-Mitte Okt., Hü., 3 km südl. des Zentrums abseits der Str. 11; Tarm *** (553), Vardevej 79, ✆ 97371330, ✉ 97373015, Hü., Ostern-Sept., 2 km südl. von Tarm an der Str. 11 (zwischen Tarm und Nebenstraße von Ølgod).

Etappe 7:
Skjern - Stauning - Velling - Ringkøbing - Søndervig - Stadilø - Stadil - Madum - Tvind - Ulfborg - Råsted Kirke - Bur - Holstebro (85 km)

Die Etappe beginnt für den aus Süden kommenden Radler gleich nach dem Überqueren der Bahnlinie am südlichen Stadtrand von Skjern; die nächste Straße links (westlich) wird gewählt und erneut die Bahnlinie gekreuzt, am Ende der Straße fahren Sie rechts und gleich wieder links nach *Stauning*, dem Flugplatz für Skjern und Ringkøbing (Museum s. Etappe 6, Skjern; bei Aufenthalt in Skjern Beschilderung zum Flugplatz bzw. Nationalroute 4 folgen).
Die Nebenstraße folgt der Linie des Ringkøbing Fjord, knickt hinter Velling links ab und führt geradewegs nach Ringkøbing.

Ringkøbing, 10000 Einw., spielt im Sommer wegen der schönen Lage an Fjord und nahe der Nordsee vor allem eine Rolle als Ferienzentrum. In der Umgebung gibt es außerordentlich viele Ferienhäuser und bei *Hee*, ca. 7 km nördlich, einen Ferienpark. Das übersichtliche Stadtzentrum hat um einen alten Marktplatz herum etliche schmale Gassen mit einigen hübschen Häusern. Das örtliche Museum am Østerport 1 enthält vor allem vor- und frühgeschichtliche Gegenstände sowie die Sammlung zweier Grönlandforscher (mo-fr 11-17 h, sa 10-14 h, so 14-17 h).

Information: TB, Torvet, 6950 Ringkøbing, ✆ 97320031, ✉ 97324900.
Verkehrsverbindungen: Eisenbahn Richtung Varde und Holstebro; Flugplatz Stauning (s. Skjern, Etappe 6).
Vandrerhjem: Kirkevej 28, ✆ 97322455, ✉ 97324949, ganzj.
Camping: *** (563), Vellingvej 56, ✆ 97320838, ✉ 97325208, Waschm., Fahrradverl., April-Sept., im Süden der Stadt nahe des VH, Hü.; Æblehaven *** (564), Herningvej 105, ✆ 97320420, Hü., Waschm., ganzj., 5 km östl. der Stadt in einem Waldgebiet nahe der Str. 15.

In Ringkøbing mündet die Etappe auf die Str. 15 Rchtg. Søndervig, die aber hinter dem Stadtende links auf den »Cykelsti« (= Fahrradweg) verlassen wird. Immer am Fjord entlang verläuft dieser recht feste Sandweg bis kurz vor Søndervig, wo er wieder auf die Str. 15 trifft.

Camping: Søndervig *** (566), Solvej 2, ✆/✉ 97339034, an der Nordseeküste.

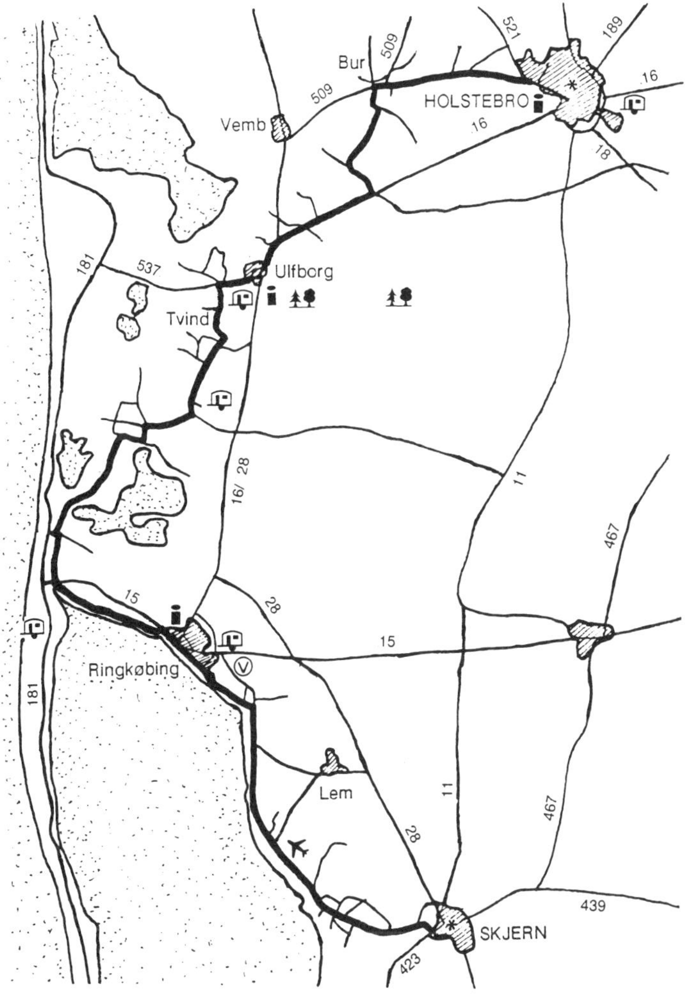

Links einbiegen und gleich wieder rechts auf einen Fahrweg durch ein Ferienhausgebiet, auf dem hier auch die nationale Fahrradroute 1 verläuft; am Ende des Fahrwegs nach links versetzt geradeaus weiter auf einer Nebenstraße nach *Stadilø* und weiter bis zum Landgut *Søndervang*, dort rechts Rchtg. Stadil, nach ca. 2 km links nach Stadil, dort erneut rechts Rchtg. Tim. An der T-Mündung in *Tim Kirkeby* (Thorager Camping * [575]) links nach *Madum* abbiegen, geradeaus durch das Dorf hindurch und an der *Tvind* Schule mit Windkraftwerk (s. Ulfborg) vorbei zur 537. Rechts auf die Landstraße einbiegen und geradewegs weiterfahren nach Ulfborg.

Ulfborg bildet mit der nördlich gelegenen Ortschaft *Vemb* eine Verwaltungseinheit, weshalb es auch im Ort noch Hinweisschilder nach Ulfborg gibt. Beide Ortsteile sind ein beliebtes Feriengebiet.
Die größte Sehenswürdigkeit ist zweifellos die 6 km südwestlich gelegene Schule von *Tvind* mit dem angeblich größten Windkraftwerk der Welt, 54 m hoch und eine imposante Leistung technischer und sozialer Kooperation. Eine Fotoausstellung im Sockel der Windmühle erläutert die Entstehungsgeschichte.

Information: TB, Bredgade 11, 6990 Ulfborg, ✆ 97491277, ✉ 97492570.
Verkehrsverbindungen: Eisenbahn Richtung Ringkøbing, Lemvig und Holstebro.
Camping: Rejkjær *** (582), Holstebrovej 151, ✆ 97491211, ✉ 97492809, Waschm., Hü., ganzj., ca. 6 km südl. von Ulfborg nahe der Str. 15 Rchtg. Ringkøbing; Vestjydsk Fritidscenter * (584), Sportsvej 1, ✆ 97491756, ✉ 97491296, Waschm., Hü., Mai-Sept., am Nordwestrand der Stadt nahe der Str. 16.

Tvind-Windmühle

Auf der Str. 16 geht es weiter Rchtg. Holstebro; nach ca. 7 km verlassen Sie die Hauptstraße links nach *Råsted Kirke*.

Camping (Naturlagerplatz): I.L. Toft, Råsted Kirkevej, ✆ 97481253, ca. 1 km nördl. der Kirche direkt an der Strecke.

2 km hinter Råsted Kirke geht's rechts ab nach *Bur* (ca. 1 km vor Bur links; *in Gegenrichtung hier keine Beschilderung: die Straße heißt »Stenumvej«*). Dort treffen Sie auf die Landstraße (anfangs Nr. 509), der Sie rechts nach Holstebro folgen.
Falls Sie Holstebro südwärts umgehen möchten, müssen Sie an der Abzweigung nach Råsted Kirke statt dessen in Gegenrichtung nach *Nymølle* fahren, von dort aus über Nebenstraßen durch Blæsbjerg und Nørre Felding zur Str. 18, dort rechts und nach 1 km wieder links nach Tvis; Anschluß an Etappe 13.

Holstebro, 39000 Einw., ist das Handels- und Kulturzentrum der Region. Trotz der langen Geschichte verfügt die Stadt über ein durchweg modernes Äußeres. Die kulturbeflissene Stadtverwaltung hat zwei Kunstmuseen und ein kulturhistorisches Museum geschaffen (im Sommer teils tägl., sonst mo geschl.). Außerdem zur Schande der Stadt ein Militärmuseum (*Dragonmuseet*) und eine waffenhistorische Sammlung; letzteres kann nur nach Vereinbarung besichtigt werden. Ungewöhnlich sind hingegen die posthistorische Ausstellung *Det gamle Postkontor* an der Østergade 37 (nur sa 10-12 h) und das Miniaturenmuseum im Bomhuset, Sønderlandsgade 46 (so/mo geschl.).

Information: TB, Brostræde 8, 7500 Holstebro, ✆ 97425700, ✉ 9742; brauchbarer Stadtprospekt mit Stadtplan, Tourenvorschläge für Radtouren in der Umgebung.
Verkehrsverbindungen: Eisenbahn Rchtg. Ulfborg, Struer und Herning.
Unterkunft: Borbjerg Mølle Kro, Borbjerg Møllevej 3, ✆ 97461010, 19 Z.
Camping: Mejdal *** (629), Birkevej 25, ✆ 97422068, ✉ 97412492, 6 Hütten à 10 Betten, Mitte April-Okt., Waschm., Fahrradverl., im Südosten der Stadt.

Etappe 8:
Holstebro - Asp - Resenstad - Humlum - Hvidberg - Ydby (60 km)

Zum südlichen Rand der Thy-Region.

Um die Benutzung der Hauptstraße auf ein Minimum zu reduzieren, verlassen Sie Holstebro auf der 521 Rchtg. Linde/Lemvig; diese Straße macht am Stadtrand einen Knick nach halbrechts, wobei eine Eisenbahnlinie gekreuzt wird. Hinter dem Örtchen *Vognstrup* biegen Sie rechts auf eine Nebenstraße nach *Asp* ab. Dort kreuzen Sie die 509, fahren durch den Ort und an seinem Ende rechts auf eine Nebenstraße nach Fovsing und weiter nach *Resenstad*. In diesem Dorf kreuzen Sie geradeaus fahrend die 513 und gelangen zum westlichen Rand von **Humlum**.

Information: TB, Rådhuspladsen, 7600 Struer, ✆ 97850795, ✉ 97840511.
Vandrerhjem: Fjordvejen 12, Bremdal, Struer, ✆ 97855313, 80 Betten in 19 Räumen, März-Okt., Gruppen ganzj., Waschm./Trockner, modernes Haus, gelegen am Nordrand der Struer Bugt, Campingplatz mit Lebensmittelgeschäft gleich gegenüber.
Camping: Bremdal *** (633), Fjordvejen 12, Struer, ✆ 97851650, Waschsalon und großer Lebensmittelladen, Hü., Ostern-Mitte Sept., gleich beim VH; Bredalsvig *** (634), Humlum, ✆ 97861304, Waschm., Ende April-Ende Aug., nordöstl. von Humlum; Skovly *** (635), Gl. Landevej 4, Toftum Bjerge, ✆/✉ 97861330, Waschm., Fahrradverl., ganzj., westl. von Humlum am Oddesund.

Über die 565 erreichen Sie rechts einbiegend die Str. 11. Die Brücke über den nördlich gelegenen Oddesund befahren Sie auf der Str. 11 und bleiben auf dieser Hauptstraße, bis rechts eine Zufahrtstraße nach *Uglev* abzweigt. Durch die Ausläufer dieses Ortes radeln Sie geradewegs nach *Søndbjerg*, wo Sie sich halblinks nach *Hellerød* halten. Dort geht es kurz links und gleich wieder rechts weiter, vorbei am Landgut *Teglbjerg* Rchtg. Egebjerg zur Einmündung in die Landstraße von *Jegindø* nach **Hvidbjerg** (1200 Einw.). Dieses Städtchen hat eine romanische Steinkirche mit spätgotischen Kapellen, einem interessanten Altarbild und einer Figur von Jonas samt Wal.
In *Helligkilde* (nahe von Hellerød, s.o.) existiert eine »Heilige Quelle« als örtliche Attraktion.

Information: TB, Skolegade 2, Hvidbjerg, 7790 Thyholm, ✆ 97871447, ✉ 97871950.
Camping: Tambosund *** (667), Jegindøvej 27, Egebjerg, ✆ 97871772, Waschm., Fahrradverl., Hütten, Ostern-Mitte Sept., ca. 5 km östl. von Hvidbjerg an der Straße nach Jegind.

Von Hvidbjerg aus führt die Etappe auf der Straße durch Lyngs zurück zur Str. 11 nach Ydby.

Ydby ist der südlichste Ort von Thy, dem nordwestlichsten Teil Dänemarks, der den Limfjord von der Nordsee abtrennt; ein schmaler Landstreifen, in dem der Kampf gegen den Sand seit Jahrhunderten geführt wird. Zur Befestigung der Dünen sind überall an der Nordseeküste Wälder angelegt worden, die mittlerweile recht stattliche Ausmaße erreicht haben.
Ydby selbst ist ein kleiner Ort mit einer romanischen Steinkirche, auf deren Friedhof sich ein Hünengrab befindet. Östlich von Ydby liegt die *Ydby Hede* mit einem großen Friedhof aus der Wikingerzeit (32 Grabhügel).

Information: Sydthy TB, Jernbanegade 2, 7760 Hurup Thy, ✆ 97952200, ✉ 97953050.
Verkehrsverbindungen: Eisenbahn nach Struer und Thisted.
Unterkunft: Hurup Missionshotellet, Jernbanegade 5, ✆ 97951200, 16 Z., ganzj.

Wer seine Fahrradreise lieber auf der Nordseeseite von Thy fortsetzen möchte, kann in Ydby über die 527 nach Vestervig fahren und dort Anschluß an Etappe 10 bekommen.

Kartenskizze Etappen 8 & 9

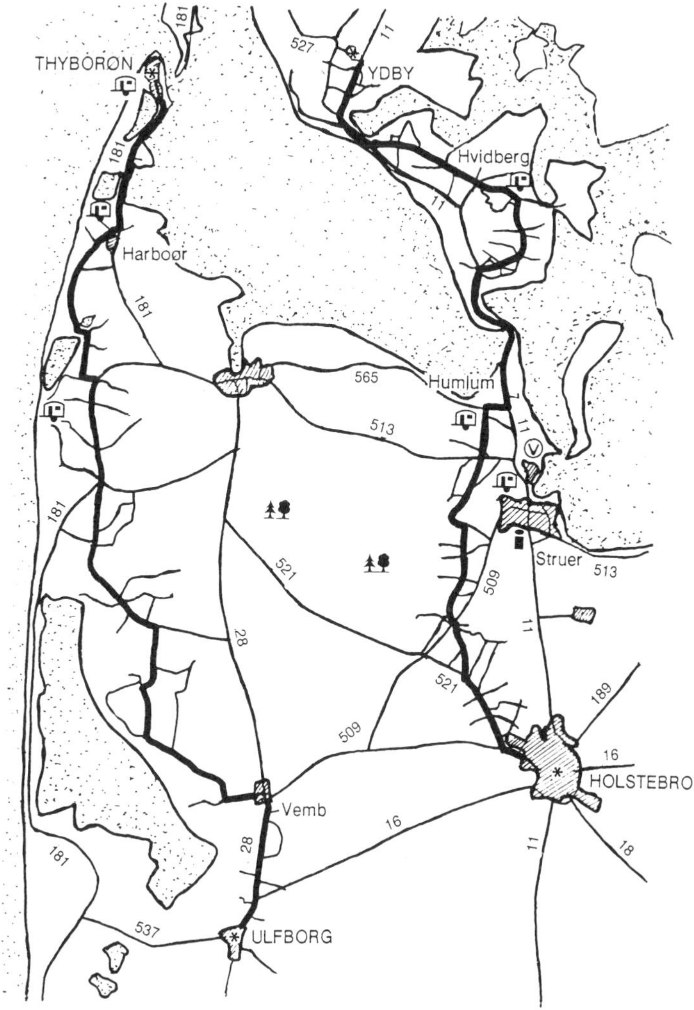

Etappe 9:
Ulfborg - Vemb - Skalstrup - Bovlingbjerg - Vandborg - Nejrup - Harboør - Thyborøn (50 km)

Eine Küstenstrecke - bei heftigem Westwind sollten Sie besser auf Etappe 8 ausweichen.

Die Etappe beginnt in Ulfborg auf der Str. 28, der mangels geeigneter Nebenstraßen bis *Vemb* gefolgt wird. Dort biegen Sie links ab auf eine Nebenstraße Rchtg. Mellemby und Skalstrup; vor Mellemby knickt die Streckenführung rechts ab und folgt der Küstenlinie des *Nissum Fjord* durch Skalstrup bis *Nørby Gårde*, wo Sie sich rechts Rchtg. *Nees Kirkeby* bzw. Landgut Ulsund und Bøvlingbjerg halten. Ca. 2 km danach zweigt rechts die Straße ab, die Sie zur 181 nach *Bøvlingbjerg* bringt. In die Landstraße biegen Sie links ein und folgen ihr knapp 20 km zum Dörfchen *Vandborg.*

Camping: Bovbjerg *** (637), Julsgårdvej 13, Ferring, ✆/✉ 97895120, Hütten, 5 km südwestlich.

An der Kreuzung hinter der Vandborger Kirche verlassen Sie die 181 nach links auf eine Nebenstraße Rchtg. Vestergård, von der nach einem guten Kilometer rechts eine Straße nach *Strande* führt. Unmittelbar vor der Eisenbahnlinie wählen Sie dort die links abzweigende Straße, die durch *Vrist* nach *Harboør* verläuft. Von dort stellt die 181 die Verbindung direkt nach *Thyborøn*, dem Endpunkt der Etappe, her.

Thyborøn bildet mit **Harboør** eine Verwaltungseinheit; beide Orte sind mit ihrer Lage zwischen Nordsee und *Nissum Bredning* Zentren der kommerziellen wie der Hobby-Fischerei.

Information: TB, Havnegade 18, 7680 Thyborøn Havn, ✆ 97831288, ✉ 97832367.
Verkehrsverbindungen: Eisenbahn (Privatbahn mit Fahrradtransport) nach Vemb.
Camping: Vesterhav *** (640), Flyvholmvej 36, Langerhuse, ✆ 97834704, ✉ 97834071, Waschm., Fahrradverl., Ostern-Mitte Sept., 2 km westl. von Harboør direkt am Meer, völlig ungeschützt vor Wind; Thyborøn *** (641), Idrætsvej 2, ✆ 97831277, ✉ 97832304, Waschm., ganzj., im Südwesten des Ortes.

Etappe 10:
Thyborøn - Agger - Svankær - Klitmøller - Vester Vandet - Hillerslev (70 km)

Die Fähre bringt Sie und Ihr Rad zur sich nordwärts fortsetzenden 181, die vorbei an *Agger* Richtung *Vestervig Kirke* führt.
Dieser Ort liegt zwar nicht an der vorgesehenen weiteren Etappenführung,

kann aber im Rahmen eines Abstechers besucht werden (Weiterfahrt dann über die 181). Die Kirche ist der touristisch interessanteste Teil des südlich der Straße gelegenen Dorfes: die größte Dorfkirche Jyllands, um ca. 1200 als dreischiffige Klosterkirche erbaut (Juni-Aug. tägl.); vom Kloster sind aber keine weiteren Gebäude erhalten, während an seine Existenz auch der Name der nahegelegenen Windmühle erinnert: »Klostermøllen«.

Camping: Krik Vig *** (663), Krikvej 112, ✆/✉ 97941496, 300 Standpl., Hütten, Waschm., Ostern-Mitte Sept., großer Platz auf halbem Weg zwischen Agger und Vestervig südl. der 181.

Kartenskizze Etappen 10 & 11

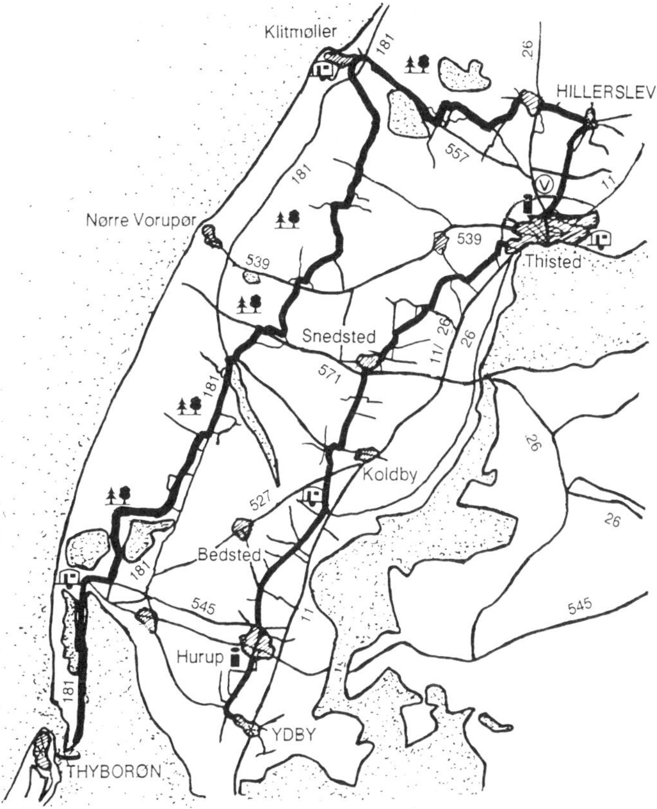

Ansonsten wählen Sie an der Kreuzung hinter Tåbel die nordwärts zwischen zwei Seen hindurch verlaufende Nebenstraße, die Tolbøl passiert und durch Ørum nach Svankær führt. Anschließend gelangen Sie zurück zur 181, die rund 5 km weit benutzt wird, bis rechts die Landstraße Rchtg. Hørdum abzweigt. Diese verlassen Sie aber gleich wieder nach links Rchtg. Nørhå. Die Landstraße endet an der 571, auf der es rechts wenige Meter geht, gleich links in den Ort und dort erneut links auf das Sträßchen nach Faddersbøl. Die 539 wird gekreuzt; gleich darauf halten Sie sich in Faddersbøl rechts und sofort wieder links durch Jannerup nach Torup. An der dortigen T-Mündung radeln Sie nach rechts, nach 1 km links und gelangen via Vang und durch die *Nystrup Klitplantage* geradewegs bis **Klitmøller**, wo Sie die 181 kreuzen, um ins Ortszentrum zu kommen.

Camping: Hausgård ** (648), Vangvej 16, ✆ 97975085, ✉ 97975020, Waschm., Mai-Aug., kleinerer Platz direkt beim Ort; Nordsø *** (649), Vangsåvej 25, ✆/✉ 97975071, Waschm., April-Okt., am Ortsrand gelegen; Nystrup *** (650), Trøjborgvej 22, ✆ 97975249, ✉ 97710571, Waschm., Fahrradverl., Hü., April-Sept., südl. des Ortes am Rand der *Nystrup Plantage* (Waldgebiet).

In Klitmøller biegen Sie rechts ab auf die 557, die Sie bis Vester Vandet benutzen, falls es Sie nicht weiter geradewegs nach *Skinnerup* zieht (Vandrerhjem, s. Thisted, Etappe 11). In Vester Vandet halten Sie sich links und radeln über Agerholm nach *Nors*, wo es eine nette kleine Kirche gibt. Von dort stellt eine geradlinige Straße die knapp 4 km lange Verbindung nach **Hillerslev** her.
Falls Ihnen das letzte Stück ab Vester Vandet zu kompliziert geführt ist (vor allem in Gegenrichtung etwas unübersichtliche Abzweigungen), bleiben Sie bis Skinnerup auf der 557, biegen für einige hundert Meter auf die Str. 26 Rchtg. Hanstholm ein und gleich darauf rechts ab auf die Nebenstraße nach Hillerslev.

Etappe 11:
Ydby - Hurup - Villerslev - Hørdum - Snedsted - Næstrup - Thisted - Hillerslev (46 km)

Zur Umgehung der Str. 11 in leichten Schlängellinien nordwärts.

In Ydby beginnt die Etappe auf der westwärts aus dem Ort führenden Landstraße durch **Hurup** (2300 Einw.), das kommerzielle Zentrum des südlich Thy (s. Ydby, Etappe 8), und weiter Richtung Bedsted. Ca. 3 km hinter Hurup verlassen Sie jedoch die Landstraße auf eine rechts abzweigende Nebenstraße nach *Villerslev*, wo Sie links abbiegen nach *Hørdum*.

Camping: Iruplund ** (661), Iruplundvej 9, Koldby, ✆ 97936233, Waschm., Hütten, Mitte Mai-Mitte Aug., an der Straße von Villerslev nach Hørdum.

Im Ortszentrum biegen Sie rechts ein auf die Landstraße Rchtg. Koldby, noch im Ortsgebiet jedoch erneut links ab nach **Snedsted**; kurz vor diesem Städtchen überqueren Sie auf einer Brücke die 571. Im Zentrum halten Sie sich erneut rechts, um die Eisenbahnlinie zu kreuzen, und wählen am östlichen Ortsrand die links abzweigende Nebenstraße nach *Beersted*. Nach ca. 2½ km mündet diese Straße in eine weitere, der Sie etwa 500 m weit nach links (Rchtg. Store Todbøl/Hundborg) folgen und dann wieder rechts Rchtg. Kallerup abbiegen. Radeln Sie immer geradeaus bis zur T-Mündung (nach knapp 3 km), an der Sie nur wenige Meter rechts zu absolvieren haben, um erneut links nach *Næstrup* fahren zu können. Am nordwestlichen Ortsrand endet diese Straße an der von Sjørring kommenden Landstraße; wenden Sie sich rechts hinein in das Dorf Næstrup, wo Sie endlich links abbiegen können nach *Tilsted*. Nahe der dortigen Kirche endet die Nebenstraße an einem südlichen Ausläufer der 539, die hier den Anfang einer künftigen Umgehungstraße von Thisted bildet. Entweder durch Tilsted und über die Str. 11 / 26 oder mit einem kleinen Umweg über die nordwärts liegende Haupttrasse der 539 erreicht die Etappe *Thisted*.

(Falls Sie das Städtchen nicht besuchen oder direkt zum Vandrerhjem Skinnerup [s.u.] radeln möchten, können Sie von Tilsted aus nordwärts direkt nach *Skinnerup* gelangen, von wo Etappe 10 für die restliche Strecke nach Hillerslev genutzt wird.)

Thisted, 13000 Einw., ist ein schön gelegenes Landstädtchen an einem Nebenarm des Limfjords, mit aufstrebender Industrie einerseits und einer recht malerischen Innenstadt andererseits. Die Kirche vom Ende des 15. Jh. ist das älteste Gebäude der Stadt; in ihren Turm ist ein Runenstein eingelassen. Außerdem ist ein früh- und lokalgeschichtliches Museum zu besichtigen.

Information: TB, Store Torv 6, 7700 Thisted, ✆ 97921900, ✉ 97925604.
Verkehrsverbindungen: Eisenbahn Richtung Struer; werktags Flüge nach Kopenhagen.
Vandrerhjem: Kongemøllevej 8, Skinnerup, ✆ 97925042, ✉ 97925234, 90 Betten in 23 Räumen, März-Okt., Gruppen ganzj., 4 km nördlich von Thisted.
Camping: *** (645), Iversensvej 3, ✆ 97921635, ✉ 97925604, Waschm., Ostern-Sept., großer Platz im Osten der Stadt am Fjordufer.

In Thisted halten Sie sich nordwärts Rchtg. Str. 26 Nors/Hanstholm, verlassen diese Hauptstraße aber am Ortsrand bereits wieder auf eine Landstraße nach **Hillerslev**, wo die Etappe endet.

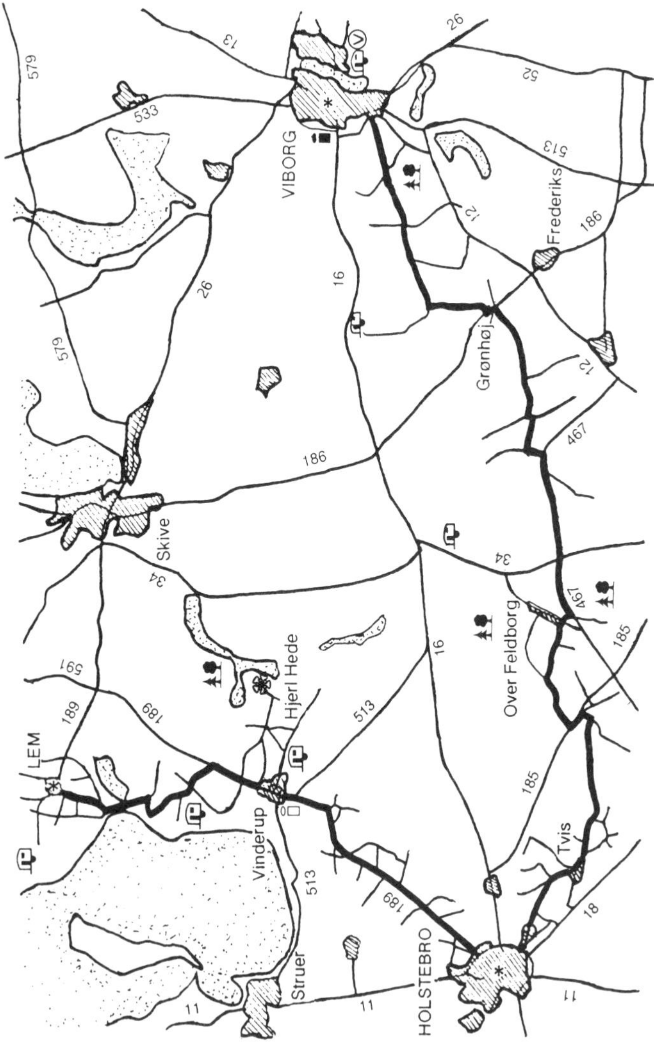
VIBORG
Skive
LEM
Vinderup
Struer
HOLSTEBRO
Hjerl Hede
Over Feldborg
Grønhøj
Frederiks
Tvis
579
533
13
26
52
513
12
186
16
467
34
185
591
189
11
18

Etappe 12:
Holstebro - Vinderup - Ejsing - Lem (35 km)

Eine Strecke, die die Möglichkeit eines interessanten Abstechers einschließt.

Sie beginnt in Holstebro auf der nordostwärts führenden 189 (von JH bzw. Campingplatz zuerst über die Umgehungsstraße Str. 11 / 16 Rchtg. Struer fahren), die immer geradeaus durch *Vinderup* führt. Dort ist ein Abstecher zum Freilichtmuseum *Hjerl Hede* möglich.

Hjerl Hede ist von Vinderup aus über die am Campingplatz vorbeiführende Straße Rchtg. Sevel zu erreichen, von der nach ca. 3 km links eine Straße nach Sahl abzweigt. In diesem Dorf existiert eine große Dorfkirche mit über 200 Plätzen, die über die Kopie eines berühmten Altars aus vergoldeten Kupferplatten verfügt (das Original, ca. 1200 errichtet, befindet sich im Nationalmuseum). In Sahl ist die nach rechts führende Straße nach Hjerl Hede beschildert.
Im größten privat gepflegten Naturschutzgebiet Dänemarks ist dort seit 1930 ein Freilichtmuseum mit diversen Bauernhöfen, Mühlen, Handwerkerhäusern, Gasthof, Kirche samt Ententeich entstanden (in der Saison tägl. 9-17 h, sonst nachmittags). Für den Eintrittspreis bekommt man eine ganze Menge zu sehen; die Häusersammlung wird ständig erweitert. Ganz Gehfaule können sich von Pferdekutschen durch das Gelände schaukeln lassen.
Zurück zum Etappenverlauf gelangen Sie, indem Sie nach Sahl zurückfahren, durch den Ort geradeaus hindurch und weiter über Hasselholt zur 189, in die Sie rechts einbiegen.

Information: TB, Søndergade 2, 7830 Vinderup, ✆ 97442285, ✉ 97441749.
Verkehrsverbindungen: Eisenbahn in Vinderup nach Struer und Viborg.
Camping: Vinderup *** (674), Sevelvej 75, ✆ 97441932, ✉ 97443470, Waschm., Fahrradverl., Ostern-Mitte Sept., am Ortsausgang von Vinderup direkt an der Straße zum Freilichtmuseum.

Ansonsten fahren Sie von Vinderup aus weiter auf der 189 nordwärts Rchtg. Sr. Balling, biegen aber nach ca. 4 km links auf eine Nebenstraße nach **Ejsing** ab, wo eine weitere interessante Dorfkirche mit fünf Giebeln zu besichtigen ist.

Camping: Ejsing ** (675), Ejsingholmvej 13, ✆ 97446113, ✉ 97446321, Waschm., Fahrradverl., Hütten, Ostern-Mitte Sept., westl. von Ejsing an der Veno Bugt.

Fahren Sie geradeaus durch den Ort; nach ca. 4 km biegen Sie nach einer langgezogenen Rechtskurve links ab und folgen der Straße an der Bucht entlang bis zum Landgut *Hostrup*, wo Sie rechts nach **Lem**, dem Ende der Etappe, abbiegen. Dieser Ort verfügt über das *Smedenes Hus*, ein heimatge-

Im Freilichtmuseum Hjerl Hede

schichtliches Museum in Form einer Werkstatt mit tätigen Handwerkern, die die Entwicklung von der Schmiede zum Industriebetrieb zeigen (Mitte Juni-Mitte Aug mo-fr 11-17 h; Werkstatt mo/mi/fr 14-16 h).
Falls Sie bei *Rødding* (s. Etappe 17) die Burg *Spøttrup* besuchen wollen, können Sie auch am Landgut Hostrup geradeaus über Brodal, westlich an Lem vorbei, weiterfahren.

Camping: Limfjords *** (681), Ålbæk Strandvej 5, Spøttrup, ✆ 97560250, ✉ 97560654, 8 km nordwestl. am Limfjord.

Etappe 13:
Holstebro - Mejdal - Tvis - Hodsager - Over Feldborg - Egelund - Grønhøj - Finderup - Viborg (65 km)

Eine Queretappe für alle, die den Norden Jyllands nicht bereisen möchten.

Die Etappe beginnt im südöstlichen Vorort Mejdal (Campingplatz) und führt von dort aus geradewegs nach **Tvis**, wo die spärlichen Ruinen eines Zisterzienserklosters aus dem 13. Jh. liegen. Biegen Sie im Ort links ab, und radeln

Sie immer geradeaus Rchtg. Hodsager; bevor Sie dieses Dorf erreichen, müssen Sie an einer T-Mündung links über die *Storå* hinweg fahren. Am Dorfrand fahren Sie erneut links und gelangen zur Landstraße 185, in die Sie ebenfalls links (Rchtg. Holstebro) einbiegen. Nach etwa 1 km zweigt rechts eine Straße nach *Over Feldborg* ab, der Sie folgen; bei der Gabelung nach ca. 4 km rechts halten.

Camping: Haderup ** (672), Jens Jensens Vej, ✆ 97452188, Hütten, 8 km nördl. nahe der Str. 34.

In Over Feldborg kreuzen Sie leicht nach rechts versetzt die Hauptstraße und kommen nach 1 km zur 467, in die Sie links (Rchtg. Karup) einbiegen. Die Landstraße gelangt ca. 8 km nach der Kreuzung mit der Str. 34 an eine Abzweigung, an der es links nach *Egelung* (Rchtg. Haderup) geht. In Egelund fahren Sie rechts nach Høgild und dort links nach *Grønhøj.* Dort müssen Sie eine Risikoentscheidung fällen:

Entweder biegen Sie links auf die 186 Rchtg. Skive ein, verlassen die Landstraße aber am Ortsende schon wieder nach rechts auf eine Nebenstraße Rchtg. Mønsted. Nach ca. 5 km zweigt davon rechts, direkt vor einer Linkskurve, ein Fahrweg in den Forst *Finderup Plantage* ab - da dieser zeitweise militärisches Sperrgebiet ist, werden Sie möglicherweise gezwungen, zurückzufahren oder über Mønsted und die Hauptstraße 16 weiterzufahren. Falls der Forst passierbar ist, trifft der Fahrweg nach 4 km auf eine Nebenstraße, die geradeaus nach *Finderup* führt. Von dort geht es geradewegs weiter nach Viborg.

Oder Sie kreuzen in Grønhøj die Landstraße 186 und radeln geradeaus zur Str. 12, auf die Sie links einbiegen; nach 1½ bzw. 3½ km zweigen links Nebenstraßen nach *Finderup* ab, womit der Anschluß an obige Variante hergestellt ist.

Viborg, 30000 Einw., ist eine der ältesten Städte Dänemarks und war im Mittelalter Provinzhauptstadt Jyllands. Zwar ist die Stadt immer noch Bischofssitz, von den zahlreichen historischen Kirchen und Klöstern der Stadt ist aber nichts mehr erhalten. An der Stelle des alten Doms aus dem 12. Jh. wurde im 19. Jh. ein Neubau errichtet, der den Stil des Vorgängers nachahmt. Berühmt sind die Fresken des Doms, der in der Hauptsaison tägl. 9-17 h besichtigt werden kann, sonntags ab 13 h. Im Stadtzentrum befinden sich etliche alte Häuser, teils aus dem 16. Jh. Auch das Rathaus und das Gericht sind in solchen Gebäuden untergebracht.
Viborg liegt im wesentlichen westlich eines langgezogenen Sees, der von der Str. 16 in einen Nord- und einen Südteil gespalten wird.
In der Umgebung: Südlich der Stadt am Bruunshåbvej befindet sich ein schön gelegenes Gebiet mit Grabhügeln, beschildert als »Oldtidshøjene«.

Information: TB, Nytorv 5, 8800 Viborg, ✆ 86611666, ✉ 86600238, organisierte Radtouren erhältlich, u.a. den *Hærvej* zur deutschen Grenze.
Verkehrsverbindungen: Eisenbahn in Richtung Århus und Skive.
Unterkunft: Motel Viborg, Århus Landevej 5, ✆ 86639611, ✉ 86639589, 22 Zi.; Spar 10, Ålandsvej 2, ✆ 56612955, ✉ 86601202, 10 Zi.; Kongenshus Hotel, Skivevej 142, Daugbjerg, ✆ 97548125, 9 Zi.
Vandrerhjem: Vinkelvej 36, ✆ 86671781, ✉ 86671788, 122 Betten in 33 Räumen, Waschm./Trockenraum, März-Okt., östl. des Søndersø auf dem Hügel gelegen, zu erreichen von der Str. 16 Rchtg. Randers, gleich am See südl. (beschildert).
Camping: Sø *** (791), Vinkelvej, ✆ 86671311, ✉ 86873529, Waschm., Hü., April-Mitte Sept., am See unterhalb des VH, Zufahrt ebenfalls vom VH aus; Mønsted ** (790), Østermarksvej 4, ✆ 86646125, 12 km westl. (5 km nördl. der Etappe).
Fahrräder: ein halbes Dutzend Fahrradläden.

(In Gegenrichtung: Straße am westlichen Seeufer entlang südwärts folgen, gemäß der Beschilderung zur Str. 13 Rchtg. Vejle abbiegen und den Schildern Rchtg. Hald Ege [Koldingvej] folgen, nach der Unterquerung der Str. 13, aber noch vor der Auffahrt Rchtg. Vejle, rechts nach Finderup abbiegen.
Von Vandrerhjem/Campingplatz: am See entlang südwärts fahren, erste mögliche Straße rechts am Südufer des Sees entlang, am Straßenende rechts einbiegen, nach 200 m links und dann geradeaus bis zum Koldingvej, dort links bis zur Auffahrt Str. 13 [s.o.]).

Etappe 14:
Viborg - Vinkel - Mammen - Helstrup - Randers (48 km)

Eine etwas komplizierte Streckenführung mit dem Ziel, die Hauptstraße 503 zu vermeiden.

Vom südöstlichen Stadtrand Viborgs (Camping, Vandrerhjem) führt eine Straße südwärts in den Nachbarort *Bruunshåb*, der in den Windungen der Straße geradewegs durchfahren wird. Vorbei am Landgut *Randrup* verläuft die Strekke nach *Vinkel*. An der Gabelung in diesem Ort halten Sie sich halbrechts und gelangen so nach *Dalsgårde*, wo Sie in die aus Rchtg. Vejrum kommende Landstraße rechts einbiegen, nach wenigen hundert Metern aber gleich wieder links nach *Mammen* fahren. Dort radeln Sie links bis zum nördlichen Dorfrand und wählen dann die rechts abzweigende Nebenstraße nach *Lee*. Sie kreuzen die 575 und erreichen geradeaus das Dorf *Hjorthede*. Bei der Kirche biegen Sie rechts ab, kurz hinter dem Ortsende jedoch schon wieder links nach *Sønder Vinge*. Von hier an nutzen Sie die Landstraße, die im Bogen über *Lille Torup*, die beiden Teile von *Velling* und *Helstrup* führt. Kurz vor *Stevnstrup* mündet die Landstraße in die 575 nach Randers, das zusammen mit der 503 am westlichen Stadtrand erreicht wird.

Randers, 64000 Einw., ist eine insgesamt sehr moderne Handelsstadt an der Mündung der Gudenå in den Randers Fjord. Das Stadtzentrum mit seiner Fußgängerzone hat aber noch recht viele alte Häuser, so auch am Rathausplatz das älteste Haus der Stadt. Konserviert sind Teile der Vergangenheit im städtischen Museum (Stemannsgade 2, mo geschl.); interessanter sind wohl das *Dukkemuseet* (Spielzeugmuseum mit Puppensammlung) an der Brødregade (mo-sa) und das *Spejdermuseet* (Pfadfindermuseum) an der Vestergade 8A, nur sa 10-13 h und nach Vereinbarung.
Jeweils in der dritten Woche im August findet eine Art Lokalfestival statt, bei der außer jeder Menge Kultur und Unterhaltung auch vollkommen ausgebuchte Quartiere geboten werden; Reservierung ist unbedingt erforderlich.
In der Umgebung: Etwas südlich befindet sich »Gudenåcentralen«, ein Wasserkraftwerk beachtlicher Größe und damit für dänische Verhältnisse nahezu eine Kuriosität.

Information: TB, Erhvervenes Hus, Tørvebryggen 12, 8900 Randers, ✆ 86424477, ✉ 86406004, auch samstags, Radtourenvorschläge.
Verkehrsverbindungen: Eisenbahn nach Viborg, Ålborg und Århus.
Unterkunft: Det Ny Missionshotel, Østervold 42, ✆ 86437788, 20 Zi.
Vandrerhjem: Gethersvej 1, ✆ 86425044, ✉ 86419854, 124 Betten in 32 Räumen, ganzj., im Zentrum.
Camping: Fladbro *** (808), Hedevej 9, ✆ 86429361, 21 Hü. (früher Vandrerhjem), Waschm./Trockner, Fahrradverl., April-Mitte Okt., gelegen abseits der 525 Rchtg. Langå (= Etappenführung), vom Zentrum aus zu erreichen über die Beschilderung der Str. 16 Rchtg. Viborg, kurz vor der E45 links auf die 525 abbiegen.

Etappe 15:
Randers - Ålum - Tindbæk - Kvorning - Tjele - Vammen - Bjerregrav - Ålestrup (60 km)

Der erste Teil der Verbindung zum Limfjord.

Die Etappe beginnt in Randers auf der 503 (zweigt von der Str. 16 Rchtg. Viborg unmittelbar vor der E45 links ab) über *Tånum* und *Ålum* bis zum Landgut *Skjern*, wo die links schwenkende 503 nach halbrechts auf die 575 verlassen wird. Sie durchfahren das Dörfchen *Tindbæk* und biegen ca. 4 km danach auf eine Nebenstraße links nach *Kvorning* ab, wo Sie auf die Str. 16 treffen. Etwa 2 km lang bleiben Sie auf der Hauptstraße Rchtg. Viborg und biegen dann rechts auf eine Nebenstraße Rchtg. Vinge und zum Landgut *Flarupgård* ein. An der folgenden Kreuzung halten Sie sich rechts und gleich wieder links (also etwas versetzt geradeaus fahren) und gelangen auf eine kleine Straße, die bald zu einem Fahrweg wird und quer durch einen Wald führt; am Ende biegen Sie rechts in eine Nebenstraße ein, die nach wenigen Metern auf eine Landstraße (517) trifft. Halten Sie sich links, und Sie kommen unmittelbar darauf am

Landgut **Tjele** vorbei. Das ist ein Schloß aus dem 16. Jh., bei dem ein Flügel zur Besichtigung zur Verfügung steht (Führungen tägl. 11 & 14 h). Außerdem gibt es im Pförtnerhaus eine stilvoll eingerichtete Cafeteria; wer sich dort ins Gästebuch einträgt, wird beim nächsten Weihnachtsfest mit einer Postkarte bedacht.

Kartenskizze Etappen 14 & 15

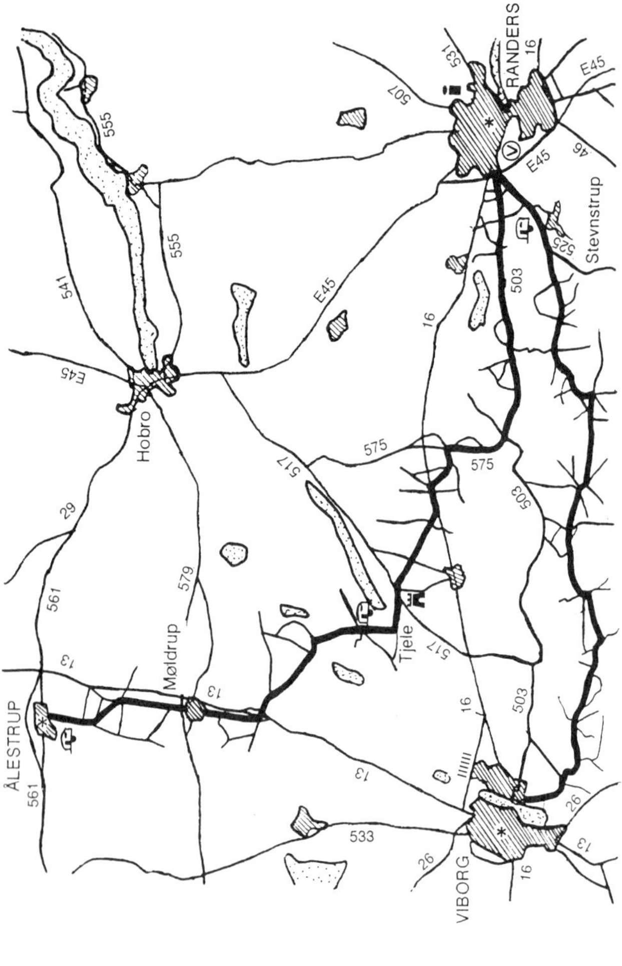

Camping: Tjele Langsø *** (798), Hobro Landevej 79, ✆ 86652312, ✉ 86652339, Waschm., Fahrradverl., Mitte April-Mitte Sept., großer Platz am See nördl. des Schlosses; Vammen ** (792), Langsøvej 15, ✆ 86690152, ✉ 86690358, Hü., Waschm., Fahrradverl., Ostern-Mitte Sept., östl. von Vammen (s. weiterer Streckenverlauf).

Zwischen der Einmündung von Fahrweg/Nebenstraße in die 517 und der Einfahrt zum Gut geht westwärts eine Nebenstraße nach *Vammen* und weiter durch *Hersom* nach *Bjerregrav* ab, in dessen Nähe das umfangreiche Ausgrabungsgebiet von **Hvolris** (Funde aus etlichen Zeitaltern) liegt. Die Straße führt unter der Str. 13 hindurch; biegen Sie an der nächsten Kreuzung rechts auf eine parallel verlaufende Nebenstraße ab. In diesem Bereich ist die Strecke als Radroute Viborg-Ålborg ausgeschildert.
Immer geradeaus geht es weiter durch *Møldrup*; noch vor Hvam biegen Sie links auf eine Nebenstraße nach *Gammel Hvam* und geradewegs weiter nach Ålestrup ab.

Ålestrup, 2500 Einw., ist eine Kleinstadt, die eigentlich keine touristische Erwähnung wert wäre, gäbe es hier nicht zum einen den Rosenpark mit über 15000 Rosen in 200 Sorten (Ende Juni-Mitte Sept. tägl., sonst mo/di geschl.) und zum anderen das *Danmarks Cykelmuseum* (Fahrradmuseum), eine recht ansehnliche technische Ausstellung vor allem von Gebrauchsrädern, aber auch von Kuriositäten: Sofaräder; ein Mixte-Holzrad mit Holzlenker, Holzschutzblech und Holzfelgen; ein Kindertandem; ein Behindertenrad mit Handkurbelbetrieb und Dreigangschaltung; ein Vermessungsfahrrad des geodätischen Instituts mit Wegstreckenzähler; Mopeds, darunter solche in Fahrradform mit dem Tank unter dem Gepäckträger und Motor an der Hinterradnabe. Die Sammlung wird erweitert durch Nähmaschinen und einige alte Radios. Sämtliche Ausstellungsstücke sind unrestauriert und auf die Räume einer alten Villa im Osten von Ålestrup verteilt (April-Okt. tägl. 10-17 h).

Information: TB, Torvet, 9620 Ålestrup, ✆ 98642322, ✉ 98642480.
Camping: Ålestrup * (930), Parkvænget 2, ✆ 98642522, Mitte April-Mitte Sept.

Etappe 16:
Ålestrup - Østrup - Farsø - Trend - Ranum (53 km)

Eine Zubringerstrecke zum Limfjord.

Entsprechend der Beschilderung Richtung Års fahren Sie aus Ålestrup hinaus über die hier als Umgehungsstraße ausgeführte 561 hinweg bis Østrup, dort nach links in den Ort, im Ortszentrum erneut links und schließlich links auf die Landstraße nach **Farsø** (3000 Einw.); dabei verläuft bis *Vognsild* ein Radweg neben der Straße. In Farsø wenden Sie sich an der 187 rechts, durchfahren das Städtchen bis fast zum nördlichen Stadtrand, wo Sie unmittelbar hinter dem auf der linken Seite liegenden Krankenhaus links Richtung Strandby abbiegen. Die von der Karte vorgegaukelte Möglichkeit, quer durch Farsø zu fahren, endet faktisch in einem Gewirr von Wohnstraßen; orientieren Sie sich also besser am Krankenhaus.

Information: TB, Torvet 1, 9640 Farsø, ✆ 98631686, ✉ 98633670.

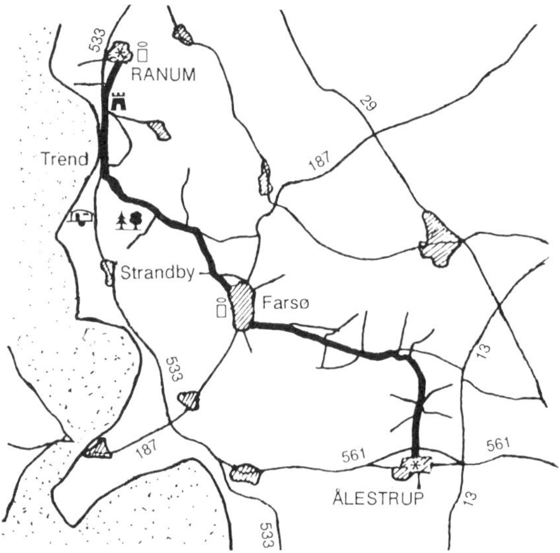

An der ersten Kreuzung hinter dem Ortsende haben Sie die Wahl, entweder geradeaus nach Trend zu fahren oder links nach *Strandby* abzubiegen; letzteres ist sinnvoll, falls Sie z.B. auf einem der dortigen Campingplätze übernachten wollen. In Strandby gibt es übrigens für die Größe des Ortes erstaunlich viele Lebensmittelgeschäfte.

Camping: Myrhøj *** (935), Løgstørvej 69, ✆/✉ 98636065, Hü., Waschm., April-Okt., ca. 1 km nördlich von Strandby an der 533; Ertebølle *** (933), Ertebøllevej 42, ✆/✉ 98636375, Waschm., Fahrradverl., Hü., April-Mitte Sept., 4 km nordwestl. von Strandby (hinter Myrhøj Camping links abbiegen); Trend ** (937), Trendvej 6, ✆ 98678250, Waschm., Hü., Fahrradverl., ganzj., in Trend an der 533.
Der letztgenannte Campingplatz ist natürlich besser über die Straße direkt nach Trend zu erreichen.

In *Trend* trifft die Streckenführung auf die 533, in die Sie rechts Rchtg. Løgstør einbiegen. Nach wenigen Kilometern können Sie die Landstraße kurz hinter der rechts liegenden Ruine der nie vollendeten Klosterkirche *Vitskøl* nach rechts verlassen und zum Endpunkt der Etappe, **Ranum**, fahren; falls Sie Ihre Tour nahtlos fortsetzen möchten, können Sie aber genauso gut auf der nur mäßig befahrenen 533 bleiben und Ranum rechts liegen lassen.

Information: Turist & Service Center. Vestergade 39, 9881 Ranum, ✆ 98676724, ✉ 98676985.
Unterkunft: Næsbydale Feriecenter, Næsbydalevej 15, ✆ 98677059, 5 Zi. & 9 Appartements.

Etappe 17:
Lem - Rødding - Krejbjerg - Vium - Nykøbing/Mors - Sønder Dråby (50 km)

Eine Strecke zur inmitten des Limfjords liegenden Insel Mors.

Von Lem aus radeln Sie genau nordwärts nach *Rødding*; wenn Sie kurz vor dem Ort links fahren, kommen Sie nach ca. 2 km zur Burg **Spøttrup**, der Burg des Bischofs von Viborg, im 15./16. Jh. erbaut und in den dreißiger Jahren restauriert, in der Hauptsaison zu besichtigen tägl. 10-18 h, in der Nebensaison bis 16 h, im Winter nur an Feiertagen.

Auch von der Burg aus gelangen Sie in einem Bogen nach Rødding, an dessen Nordende Sie rechts abbiegen und über *Krejbjerg* und Nørre Andrup zur 591 fahren, die Sie nördlich von Oddense erreichen. Biegen Sie links in die Landstraße ein; nach ca. 2 km treffen Sie bei Vium auf die Str. 26.

Eine Möglichkeit, die Hauptstraße bis zum Salling Sund zu vermeiden, ist der Umweg über *Roslev* und *Durup* nach *Glyngøre*; dazu kurz nach rechts auf der Str. 26 fahren und gleich links wieder nach Roslev abbiegen.

Vandrerhjem: Salling-Hallen, Viumvej 8, ✆ 97571385, ✉ 97572052, 36 Betten in 10 Räumen, Mitte Mai-Mitte Sept., Gruppen ganzj., in Sportzentrum Roslev.

Vom Ostrand Roslevs aus führt auf einer ehemaligen Eisenbahntrasse eine - geschotterte - »Muskelkraftstrecke« (Teil der Nationalroute 2, von Skive kommend) über Durup nach *Glyngøre* (Camping *** [682]); bei Regen bzw. im Falle fortschreitender Zerstörung des Belags durch Mopeds und Reiter ist ggf. Ausweichen auf die parallel laufenden Straßen sinnvoll.

Falls Sie nicht über Roslev fahren möchten, biegen Sie hingegen kurz vor der Str. 26 links ab auf ein kleines Sträßchen und radeln durch Hjerk nach Harre, wo es links auf der Str. 26 weitergeht. Bis hinter der Brücke über den Salling Sund bleiben Sie nun auf der Hauptstraße, nur für etwa 2 km können (und müssen - Kraftverkehrsstraße!) Sie die Str. 26 verlassen und parallel auf einer kleineren Straße fahren. Sofort hinter der Brücke wird die Str. 26 erneut zur Autostraße, so daß Sie die Abfahrt nach Nykøbing/Mors nicht verpassen können.

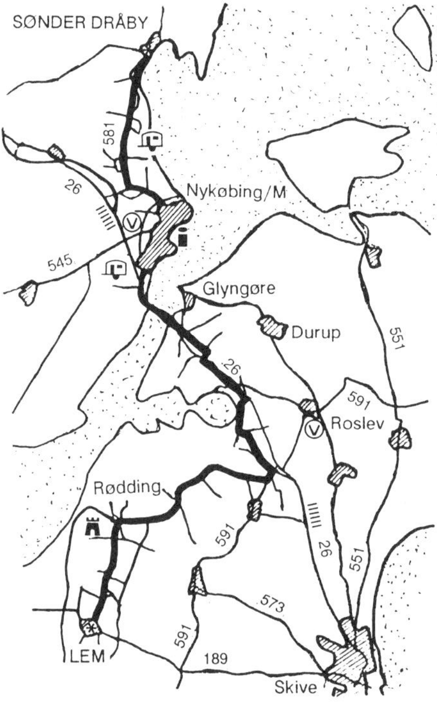

Nykøbing/Mors, 13000 Einw., ist die größte, da einzige Stadt der Insel. Seitdem die Sallingsundbrücke 1978 dem Verkehr übergeben wurde, ist Nykøbing voll an die dänischen Verkehrsströme angeschlossen, die sich vorher über ein halbes Dutzend Fährverbindungen abwickelten. Im Mittelalter zog die Stadt ihre Bedeutung aus dem Kloster *Dueholm*, das heute restauriert ist und das historische Regionalmuseum enthält.
Auf der anderen Seite der Str. 26 befindet sich unmittelbar hinter der Sallingsundbrücke der *Jesperhus* Blumenpark, eine große Parkanlage mit einer halben Million Pflanzen, einem Aquarium tropischer Fischarten und einem ganzen Arsenal an Freizeiteinrichtungen (Mai-Sept. tägl.).

Information: TB, Havnen 4, 7900 Nykøbing/Mors, ✆ 97720488.
Vandrerhjem: Morsø Vandrerhjem, Østerstrand, ✆ 97720617, 112 Betten in 22 Räumen, Feb.-Nov., am östlichen Ende des Hafenbeckens direkt am Limfjord.
Camping: Sallingsund *** (689), Sallingsundvej 106, ✆ 97720935, ✉ 97722540, Waschm., Ostern-Mitte Sept., südl. der Sallingsundbrücke an der früheren Fähranlegestelle; Jesperhus *** (687), Legindvej 30, ✆ 97723701, ✉ 97710255, Hü., Waschm., Fahrradverl., Ostern-Mitte Dez., sehr großer Platz nahe dem Blumenpark; Arnakke ** (688), Arnakkevej 33, Alsted, ✆ 97740193, sehr kleiner Platz ohne Einkaufsmöglichkeiten 7 km weiter nördlich an der Strecke.

In Nykøbing fahren Sie auf der 581 nordwärts weiter über Vodstrup (rechts abbiegen) und Tødsø nach **Sønder Dråby**, einem langgezogenen Ort am Limfjord, wo der Endpunkt der Etappe erreicht wird (nahtloser Anschluß an Etappe 18).

Etappe 18:
Sønder Dråby - Feggeklit - Arup - Øsløs - Fjerritslev (37 km)

Eine Etappe, die sich zur Vermeidung der Hauptstraßenstücke noch um ca. 10 km verlängern läßt.

Sie beginnt in Sønder Dråby auf der 581 nordwärts zum **Feggeklit** (Camping Gerlis ** [690] 6 km südwestl. bei Sejerslev), einer sehr schmalen Landzunge mit Steilküstencharakter, von der eine Fähre Sie samt Rad in fünf Minuten nach *Arup* übersetzt; die Fähre verkehrt den ganzen Tag über in kurzen Abständen.
Auf der anderen Seite des Feggesunds führt die 581 weiter nach Øsløs; nach ca. 3 km haben Sie die Möglichkeit, nach Vesløs abzubiegen und geradeaus über die Str. 11 / 29 hinweg nach Frøstrup zu fahren, wo Sie den Anschluß an Etappe 18 bekommen - auf diese Art vermeiden Sie das Hauptstraßenstück entlang dem Limfjord.
In **Øsløs** ist im Elternhaus des Dichters Johan Skjoldborg ein kleines Museum untergebracht. Sie überqueren in diesem Ort die Str. 11 / 29 und fahren parallel zur Hauptstraße ostwärts, bis Sie wieder auf diese stoßen.

Camping: Bygholm *** (659), Bygholmvej 27, ✆ 97993139, ✉ 97993802, Waschm., Fahrradverl., Hütten, ganzj., recht großer Platz an der Parallelstraße zur Str. 11 / 29.

Nachdem Sie auf die Hauptstraße gestoßen sind, fahren Sie immer auf ihr, anfangs unmittelbar am Limfjord entlang, ostwärts bis **Fjerritslev** (2500 Einw.), einem kleineren Verkehrsknotenpunkt zwischen Nordsee und Limfjord, in dessen Nähe eine ganze Reihe von Sumpf- und Dünengebieten - eine ungewöhnliche Kombination - Naturfreunden einiges bieten. Das Städtchen besitzt in einem alten Brauereihof ein Museum (Haus des TB; Mitte Juni-Aug mo-fr).

Information: TB, Østergade 1, 9690 Fjerritslev, ✆ 98211655, ✉ 98211571.
Unterkunft: mehrere Hotels/Pensionen in den Ferienorten an der Nordseeküste (s. Etappe 21).
Vandrerhjem: Han Herred Fritidscenter, Brøndumvej 14-16, ✆ 98211190, ✉ 98212522, 178 Betten in 42 Räumen, ganzj., nördl. des Stadtzentrums.
Camping: Svinkløv *** (, Svinkløvvej 541, ✆ 98217180, Waschm., Fahrradverl., Mai-Anf. Sept., 7 km nordöstl.

Kartenskizze Etappen 18 - 20

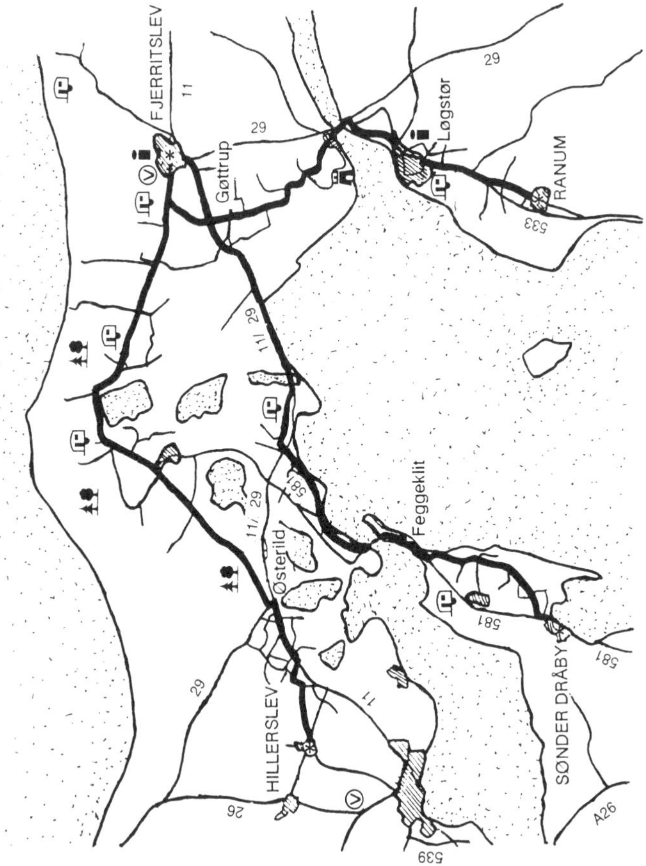

Etappe 19:
Ranum - Løgstør - Aggersund - Gøttrup - Fjerritslev (25 km)

Die Etappe beginnt in Ranum auf der Zufahrtsstraße zur 533 nach Løgstør, das nach etwa 10 km erreicht wird. Falls Sie den Ort nicht besuchen möchten, fahren Sie schon vorher in Ravnstrup rechts ab Rchtg. Ålborg/Aggersund (s.u.).

Løgstør, 4300 Einw., ist ein Städtchen direkt am Limfjord, das traditionell ein Fischerort war, heute wirtschaftliche Bedeutung vor allem als Handels- und Ferienstadt hat. In einem Haus am westlichen Stadtrand ist das *Limfjordmuseet* untergebracht, das die Fischerei- und Seefahrtsgeschichte der Stadt seit dem Mittelalter dokumentieren will (Mitte April-Okt sa/so, Mitte Juni-Aug tägl.).

Information: TB, Sønderport 2A, 9670 Løgstør, ✆ 98672399, ✉ 98672010.
Camping: *** (940), Granlyvej 6, ✆ 98671051, Waschm., Hütten, Mai-Aug., recht großer Platz im Südwesten der Stadt nicht weit vom Limfjordmuseum.

Von Løgstør aus fahren Sie auf der 533 nordostwärts zur Aggersundbrücke, die Sie auf der Str. 29 überqueren. Wenn Sie Ihren Blick dabei ostwärts richten, wird Ihnen zweifellos die Windmühlenanlage Nørrekær Enge auffallen - mit 78 Windrädern die größte Anlage Europas. Hinter der Brücke können Sie in Aggersund einen Abstecher zum westlich gelegenen Wikingerlager **Aggersborg** machen, der mit Abstand größten bisher entdeckten Anlage dieser Art in Dänemark; um das Jahr 1000 herum ist die Wikingerkaserne völlig zerstört worden, so daß die Reste nur aus der Luft noch gut erkennbar sind - man sollte also nicht zu viel von diesem Besuch erwarten.
Nach einem etwaigen Abstecher fahren Sie im Bogen nach Ullerup, wo Sie links nach Gøttrup abbiegen.

Falls Sie nicht nach Fjerritslev, sondern den Anschluß an die Etappe 19 nahtlos herstellen wollen, fahren Sie zurück nach Aggersund, biegen links in die Str. 29 ein und halten sich hinter dem Ort rechts entsprechend der Beschilderung Rchtg. Brovst; auf dieser Straße kommen Sie geradewegs (Str. 11 wird gekreuzt) nach *Tranum*, wo Sie auf die Streckenführung der Etappe 21 (s. dort) treffen.

Ansonsten verlassen Sie in Aggersund gleich nach der Brücke die Str. 29, fahren links nach Gøttrup und geradeaus weiter, über die Str. 11 / 29 hinweg bis zur Landstraße nach **Fjerritslev** (s. Etappe 18), in die Sie rechts einbiegen.

Etappe 20:
Hillerslev - Østerild - Vester Torup - Fjerritslev (40 km)

Eine Strecke entlang der Wald- und Dünenregion nahe der Jammerbugt, für die fast ausschließlich die alte Landstraße Thisted-Fjerritslev benutzt wird.

Die Etappe beginnt in Hillerslev auf der nordostwärts Rchtg. Kløv und Østerild führenden Nebenstraße; am Ende der Straße (T-Mündung) halten Sie sich links, an der nächsten Straße wieder rechts, wodurch Sie zur Str. 11 / 29 gelangen, in die Sie links einbiegen. Fahren Sie jedoch nicht auf der Hauptstraße an Østerild vorbei, sondern in den Ort hinein und geradewegs hindurch; die Fortsetzung ist die alte Landstraße nach Fjerritslev, die vorbei an *Frøstrup*, über *Vester Torup* und Klim nach **Fjerritslev** (s. Etappe 18) führt.

Camping an dieser Strecke: Bulbjerg ** (657), Skarreklit, Frøstrup, Hü., ✆ 97991128, westl. des Lund Fjord; Vester Torup *** (948), Thistedvej 546, ✆ 98225136, ✉ 98225512, Juni-Aug., Hü., beim gleichnamigen Motel westl. von Vester Torup, ca. 12 km vor Fjerritslev.

Børglumkloster

Etappe 21:
Fjerritslev - Slettestrand - Rimmehuse - Hune - Saltum - Ingstrup - Vrensted - Børglum (60 km)

Auf dem Weg in die Nordspitze Jyllands. Für Campingfreunde sei angemerkt, daß die gesamte Nordküste von Campingplätzen gespickt ist, nahezu jede Stichstraße zum Strand endet an einem Zelt- und Wagenlager. Von dieser Angebotsfülle ist deshalb hier nur eine Auswahl aufgeführt.

Die Strecke beginnt in Fjerritslev auf der Landstraße Rchtg. Svinklov und Slettestrand, die nordostwärts durch ein Dünen- und Waldgebiet führt. Nach ca. 8 km biegen Sie auf die Straße Rchtg. Slettestrand nach links ab und fahren in einem Bogen weiter nach Osten vorbei an **Tranum**.

Camping: Skovly-Tranum *** (870), Solsortevej 2A, ✆ 98235476, ✉ 98235600, Waschm., Mai-Aug., unmittelbar am Ortsrand; Tranum Klit *** (871), Sandmosevej 16, ✆/✉ 98235282, etwas nordöstl. der Strecke.

Fahren Sie geradeaus weiter bis zum Ende der Straße (T-Mündung), dort rechts und nach ca. 6 km links quer durch ein Waldgebiet, am Ende der Nebenstraße erneut links und immer der Straße nach über Rimmehuse nach *Hune*, einem zu dem Seebad **Blokhus** gehörenden Ort.

Information: TB, Støvevsvej 2, 9492 Blokhus, ✆ 98248511, ✉ 98248301.
Vandrerhjem: Kirkevej 26, ✆ 98249180, 100 Betten, Mai-Sept., in Hune die 559 kreuzen, VH liegt kurz hinter der Kirche.
Camping: sehr viele Plätze in Blokhus/Hune und Umgebung, darunter Rimmensgård *** (896) mit eigener Tennisanlage.

Von Hune aus fahren Sie entsprechend der Beschilderung Rchtg. Fårup, Saltum und Løkken nordostwärts und gelangen durch *Fårup* zur Straßenkreuzung an der *Saltum Kirke*, wo Sie rechts wenige Meter Richtung Brønderslev zurücklegen und dann links auf die Str. 55 Rchtg. Løkken einbiegen. Ca. 5 km bleiben Sie auf der Hauptstraße, fahren dann rechts nach Ingstrup hinein, durch den Ort hindurch Rchtg. Hjermitslev und biegen gleich hinter dem Ortsende links ab auf die Nebenstraße nach *Vrensted.*

Vandrerhjem: Vrensted Feriecenter, Skt. Thøgers Plads 2, ✆ 98889033, ✉ 98889233, 60 B., ganzj.

Dort erneut links einbiegen, und Sie erreichen im Dorfzentrum die Landstraße, die geradewegs zum **Børglumkloster** führt.
Dessen Name ist irreführend: es handelt sich nicht um ein Kloster, sondern um ein Herrenhaus und Landgut, das allerdings ein paar hundert Jahre lang als Kloster gedient hat. Eine Kirche aus dem 12. Jh. ist davon noch erhalten, wäh-

Kartenskizze Etappen 21 & 22

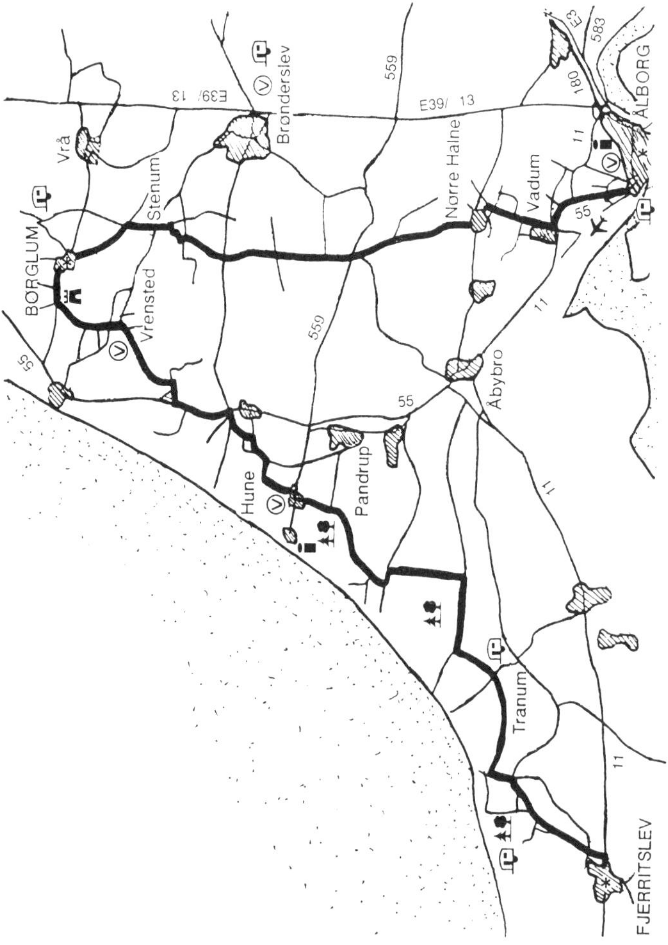

rend die restlichen Gebäude im 18. Jh. baulich vollkommen umgestaltet wurden. Man kann Kirche und Landgut besichtigen (Mai-Sept.), außerdem gibt es auf dem Gelände eine Keramikverkaufsausstellung. Wenige Meter außerhalb stehen eine alte Windmühle und eine Gaststätte in einer alten Schmiede.

Vom Landgut bis nach **Børglum**, dem Etappenende, sind dann nur noch ca. 3 km auf der Landstraße zurückzulegen.

Camping (Naturlagerplatz): Nielsen, Ø. Løthvej 64, ✆ 98994319 & 98994350, ca. 2 km östlich von Børglum, von der Straße Rchtg. Vrå abzweigend.

Etappe 22:
Børglum - Stenum - Store Vildmose - Nørre Halne - Vadum - Ålborg (43 km)

Südwärts durch eines der größten Torfmoore Jyllands.

Die Nebenstraße Rchtg. Stenum und Store Vester Linderup verläßt Børglum in südöstlicher Richtung. Nach knapp 5 km zweigt rechts die Straße nach *Stenum* ab. Vor der dortigen Kirche wenden Sie sich links, kreuzen die Landstraße Vrensted-Brønderslev und fahren weiter Rchtg. Øster Hjermitslev. Nach ca. 1½ km biegen Sie in der winzigen Siedlung *Tommerby* rechts ab Rchtg. Manna und folgen der Nebenstraße (ohne davon Rchtg. Tise abzubiegen) bis zur Kreuzung mit der Landstraße Manna-Brønderslev.

Vandrerhjem: Knudsgade 15, 9700 Brønderslev, ✆ 98821500, ✉ 98800120, 49 Betten, ganzj., beim Sportzentrum von Brønderslev, östlich der Strecke.
Camping: Møllerens Eng * (953), Brønderslev, Verwaltungseinheit mit dem VH, s.o.

Radeln Sie geradeaus weiter auf der Landstraße, die fast schnurgerade südwärts verläuft, Rchtg. Åbybro und Nørre Halne. Unmittelbar hinter der Kreuzung mit der 559 biegen Sie links ab nach *Nørre Halne*. Am dortigen westlichen Ortsrand stoßen Sie auf die Landstraße aus Rchtg. Åbybro, die Sie wenige Meter nach rechts versetzt kreuzen. Durch das Dorf hindurch fahren Sie im Verlauf der Straße geradeaus und weiter durch *Vadum* zur Str. 11, der Sie links (Radweg) nach Ålborg folgen.

Ålborg, 118000, mit dem Vorort *Nørresundby* 145000 Einw., ist Nordjyllands größte Stadt. Sie wurde während der Wikingerzeit gegründet und hat seitdem zu keiner Zeit etwas von ihrer Bedeutung eingebüßt. Vom mittelalterlichen Stadtbild ist leider nicht viel erhalten, weil Kriege im 16. und 17. Jh. beträchtliche Zerstörungen anrichteten. Die heutige Altstadt, die größtenteils zu einem Fußgängerzentrum umgewandelt wurde, besteht hauptsächlich aus Häusern der Renaissance und jüngerer Zeiträume. Eine ganze Reihe attraktiver Bürgerhäuser sind einen umfassenden Stadtbummel wert, den man sinnvollerweise per pedes absolviert. Aus dem Rahmen der übrigen historischen Gemäuer fällt eindeutig das optisch wenig auffällige *Heiliggeistkloster* aus dem 15. Jh., die älteste soziale Einrichtung Dänemarks: es wurde als Altersheim gestiftet und erfüllt noch heute diese Funktion.

Außerhalb des engeren Stadtkerns präsentiert sich Ålborg als sehr moderne Stadt mit etlichen Kulturtempeln, deren bedeutendster ohne Zweifel das *Nordjyllands Kunstmuseum* ist, ein großzügig geplanter Bau, der selbst schon ein Beispiel moderner Kunst ist. Das Museum liegt westlich des Stadtzentrums in einem Park, der auch den *Ålborgtårnet*, einen 105 m hohen Aussichtsturm, enthält. Südlich davon befindet sich in einer weiteren Parkanlage der Zoologische Garten der Stadt.
Im Vorort Nørresundby gibt es außer einer Dorfkirche des 13. Jh. ein stadtgeschichtliches Museum in einem alten Brauereihof und vor allem die Wikingergrabstätte *Lindholm Høje*, in den fünfziger Jahren ausgegraben, die aus etwa 700 Gräbern besteht. Grabfunde haben über die enormen Reichweiten der Wikingerfahrten Aufschluß gegeben. Lindholm liegt nordwestlich der Brücke von Ålborg (ganzj. gratis).

Information: TB, Østerågade 8, 9000 Ålborg, ✆ 98126022, ✉ 98166922, in der Hauptsaison auch sonntagvormittags. Man bekommt dort außer einer recht brauchbaren Karte mit Innenstadtplan eine Auswahl von Radtourenvorschlägen in und um Ålborg; das meiste Material liegt übrigens auch im VH aus.
Verkehrsverbindungen: Eisenbahn nach Hjørring und Hobro; Flughafen mit Flügen nach Kopenhagen westl. von Nørresundby.
Unterkunft: Preiswertestes Hotel: Sømandshjem, Østerbro 27, ✆ 98129900, ✉ 98117697, ✉ 98117697, 54 Z., ganzj.
Vandrerhjem: Fjordparken, Skydebanevej 50, ✆ 98116044, ✉ 98124711, 300 Betten, Feb.-Mitte Dez., beim Jachthafen am Limfjord.
Camping: Fjordparken *** (821), Verwaltungseinheit mit dem VH (s. dort), April-Okt.; Strandparken *** (822), Skydebanevej 20, ✆ 98127629, ✉ 98127673, Waschm., Hü., Fahrradverl., Mai-Mitte Sept., im Norden der Stadt an der Trabrennbahn; Lindholm * (825), Lufthavnsvej 27, ✆/✉ 98172683, Waschm., Ostern-Aug., in Nørresundby an der Straße zum Flugplatz.

Etappe 23:
Børglum - Sønder Harritslev - Hjørring - Tornby - Hirtshals - Uggerby - Tuen (58 km)

Die Etappe beginnt in Børglum auf der nordwärts führenden Nebenstraße nach Vejby und führt geradeaus weiter vorbei am Landgut Sejlstrup bis **Sønder Harritslev**, einem Dorf mit einer kleinen Kirche mit Balkendecke. Sie biegen dort im Dorfzentrum an einer unbeschilderten Kreuzung rechts in den »Åstrupvej« ein, der Sie geradewegs nach Hjørring bringt.

(In Gegenrichtung: In Hjørring auf der Str. 55 Rchtg. Løkken am Bahnhof vorbeifahren, danach zweite Abzweigung links ist der Åstrupvej.)

Hjørring, 25000 Einw., ist die wichtigste Stadt des *Vendsyssel*-Gebietes, wie diese nördlichste Region Jyllands heißt. Ein Museum zur Geschichte dieser Gegend ist während der Sommersaison täglich 10-17 h geöffnet. Der alte Stadtkern, der noch einige Häuser des 17. Jh. enthält, ist heute Teil der Einkaufs- und Fußgängerzone. Drei mittelalterliche Kirchen, die allerdings oft umgebaut wurden, sind trotz der Abrißeuphorie der Reformationszeit erhalten geblieben. - Das städtische Kunstmuseum legt den Schwerpunkt auf moderne dänische Kunst.

Information: TB, »Erhvervenes Hus«, Markedsgade 9, 9800 Hjørring, ✆ 98920232, ✉ 98920452.
Verkehrsverbindungen: Eisenbahn nach Frederikshavn und Ålborg sowie Privatbahn (mit Fahrradtransport) nach Hirtshals.
Vandrerhjem: Thomas Morildsvej 11, ✆ 98926700, ✉ 98901550, 118 Betten in 28 Räumen, März-Mitte Okt., Waschm./Trockner, Fahrradverl., bei den Vendiahallen (Sportzentrum) im Nordosten der Stadt gelegen.
Camping: *** (956), Idræts Allé 39, ✆ 98922282, ✉ 98910699, Ostern-Mitte Sept., im Westen der Stadt an der Straße Rchtg. Løkken.

In Hjørring wählen Sie im Zentrum gemäß der Beschilderung die alte Landstraße nach Hirtshals; der Fernverkehr wird heute über die E39 / 13 östlich an Hjørring vorbeigeführt.
Auf dieser Straße gelangen Sie durch Vidstrup nach **Tornby**, einem Dorf mit einer romanischen Quadersteinkirche, die auch Runenzeichen enthält. Die Umgebung des Ortes steht unter Naturschutz. Etwa auf halbem Weg zwischen Tornby und Hirtshals liegt links an der Straße eine Fahrradwerkstatt.

Hirtshals, 8000 Einw., hat Bedeutung als Fischerei- und Hafenstadt gewonnen, seit 1930 ein moderner Hafen eingeweiht werden konnte. Von hier existieren auch Fährverbindungen nach Norwegen. Sehenswert sind der fast 60 m hohe Leuchttum im Westen (nahe von Vandrerhjem/Campingplatz) und das moderne *Nordsøcentret* im Osten der Stadt, in dem außer Forschungseinrichtungen das Nordseemuseum für Fischerei und Meeresforschung, ein Salzwasseraquarium und ein Seehundbecken untergebracht sind.

Information: TB, Nørregade 40, 9850 Hirtshals, ✆ 98942220, ✉ 98945820.
Verkehrsverbindungen: Eisenbahn (Privatbahn mit Fahrradtransport) nach Hjørring; Fähren nach Kristiansand, Eggersund, Stavanger und Bergen.
Vandrerhjem: Kystvejen 53, ✆ 98941248, 72 Betten in 16 Räumen, März-Nov., im Westen der Stadt, aus Rchtg. Hjørring kommend noch vor dem Ortseingang links Rchtg. Leuchttum fahren.
Camping: Tornby Strand *** (965), Strandvejen 13, ✆ 98977877, ✉ 98977881, Waschm., Hü., ganzj., 5 km südl. der Stadt an der Straße aus Hjørring; Hirtshals *** (963), Kystvejen, ✆ 98942535, ✉ 98943343, Hü., Waschm., Fahrradverl., Mai-Mitte Sept., 200 m vom VH entfernt; Kjul *** (964), Kjulvej 12, ✆ 98949103, Hü., 4 km östl. bei Uggerby an der weiteren Etappenführung.

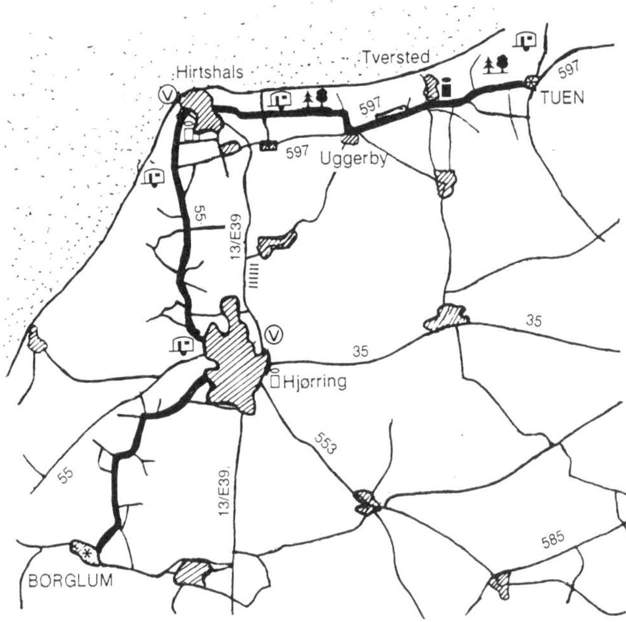

Zur Weiterfahrt orientieren Sie sich am Nordsøcentret: fahren Sie am Hafen entlang zum Centret, und verlassen Sie die dort vorbei führende E39 / 13 Rchtg. Hjørring unmittelbar hinter dem Centret auf den links abzweigenden »Lilleheden Skovvej«. Fahren Sie auf dieser Nebenstraße immer geradeaus durch Wald und Heide bis zum Ende (T-Mündung), wenden sich dort rechts nach **Uggerby**, wo Sie links auf die 597 einbiegen.

(In Gegenrichtung: Ab Uggerby Rchtg. Uggerby Strand fahren, dann links gemäß der P⁻schilderung nach Hirtshals abbiegen.)

Die 597 bringt Sie geradewegs über den Südrand von Tversted nach **Tuen**, dem Endpunkt der Etappe. Nördlich des letzten Teilstücks liegt ein schöner Mischwald, durch dessen Ausläufer im übrigen Etappe 24 verläuft.

Information: TB, Østervej 10, Tversted, 9881 Bindslev, ✆ 98931126, ✉ 98931121.
Camping: Aabo *** (968), Tversted, ✆ 98931234, ✉ 98931888, Hü., Waschm., Fahrradverl., Ostern-Mitte Sept., in Tversted westl. der Hauptstraße; Tannisby Strand ***, Tversted, ✆ 98931250, ✉ 98931286, Waschm., Fahrradverl., Ostern-Mitte Sept., östl. der Dorfstraße in Tversted; Skiveren *** (989), Niels Skiverensvej 7, ✆ 98932200, ✉ 98932160, Waschm., Ostern-Ende Sept., ca. 5 km nördl. von Tuen.

Etappe 24:
Tuen - Råbjerg Kirke - Hulsig - Skagen (30 km)

Eine Etappe zur Nordspitze Mitteleuropas, die in umgekehrter Richtung genauso und bis Tuen gefahren werden sollte. Die sich nach der Karte anbietende Direktverbindung von Råbjerg Kirke südwärts bis Blæsbjerg, die von manchen Radwanderführern auch empfohlen wird, ist nur für hartgesottene Geländefahrer anzuraten, da sie über weite Teile (entgegen der Generalkarte) aus einem Schotterweg besteht, der aufgrund starken Autoverkehrs in höchst erbärmlichem Zustand ist.
Die Streckenführung ist hier weitgehend identisch mit der nationalen Route 1.

Die Strecke beginnt in Tuen auf der nordwärts durch Wald und Heide führenden Nebenstraße Rchtg. Skiveren, von der Sie am Ende (T-Mündung) rechts nach **Råbjerg Kirke** abbiegen. Die Kirche *(s. Foto)* ist ein gut erhaltener Bau aus dem 13. Jh., tagsüber für Besucher geöffnet und mit einem Picknickplatz direkt daneben. Fahren Sie geradeaus weiter immer an einem Heide- und Dünengebiet vorbei ostwärts, bis Sie unmittelbar vor der Ostseeküste auf die Str. 40 stoßen. Biegen Sie links ein Rchtg. Skagen, nach ca. 4 km geht rechts ein als Fahrradroute nach Skagen beschilderter Weg ab. Das ist der »Hulsigsti«, ein speziell für den nichtmotorisierten Verkehr angelegter Weg, der nach dem kleinen Ort benannt ist, an dem er seinen Anfang nimmt.

Camping: Bunken *** (988), Bunken Klitplantage, ✆ 98487180, südl. von Hulsig.

Ein lohnender Abstecher bietet sich zur westlich von Hulsig gelegenen *Råbjerg Mile* an, der größten Wanderdüne Dänemarks, die nur zu Fuß erkundet werden kann und darf.

Ansonsten bringt Sie der Hulsigsti geradewegs nach Skagen, der nördlichsten Stadt Mitteleuropas.

Skagen, 12000 Einw., ist ein Fischereihafen, dessen ungewöhnliche geografische Lage zwischen Nord- und Ostsee einen besonderen Anziehungspunkt darstellt. Die alten Ortsteile am Skagerrak (*Gammel Skagen*), heute wieder mit einem alten Namen als *Højen* bezeichnet, sind von Meer und Sand stetig bedrängt und teilweise zugeschüttet bzw. zerstört worden, so daß die Stadt sich ausschließlich am Kattegat ausgebreitet hat. In Mode kam Skagen im 18. Jh., als dänische Maler, u.a. wegen der besonderen Lichtverhältnisse, hier eine Art Künstlerkolonie schufen. Die Werke der Skagener Maler können in immerhin drei örtlichen Museen betrachtet werden.
Ein historisches Freilichtmuseum (*Fortidsminder*) befaßt sich mit den Lebensbedingungen der Bewohner in diesem entlegenen Landstreifen. Bei Højen ist ein eindrucksvolles Beispiel der Macht des Sandes zu sehen (Juni-Aug): die »tilsandede kirke« (versandete Kirche), die im 18. Jh. vom Flugsand regelrecht zugeschüttet wurde.
Etwa 4 km nördlich von Skagen befindet sich die Landspitze von *Grenen*, wo Nord- und Ostsee aufeinandertreffen und je nach Stromrichtung unterschiedliche Teile der Küstenlinie freilegen. In den Dünen ist der Dichter Holger Drachmann, im 19. Jh. ein führendes Mitglied der Skagener Künstlergruppe, beigesetzt.

Information: TB, Sct. Laurentiivej 18, 9990 Skagen, ✆ 98441377, ✉ 98450294.
Verkehrsverbindungen: Eisenbahn (Privatbahn mit Fahrradtransport) nach Frederikshavn.
Vandrerhjem: Ny Vandrerhjem, Rolighedsvej 2, ✆ 98442200, ✉ 98442255, 128 Betten, Feb.-Nov., im Ort; Højensvej 32, ✆ 98441356, ✉ 98450817, 128 Betten, Feb.-Nov., in Højen, 3 km westl. von Skagen, vom »Hulsigsti« aus auch direkt zu erreichen.
Camping: Østerklit *** (994), Flagbakkevej 53, ✆ 98443123, Waschm., Anf. Mai-Anf. Sept., zwischen Eisenbahn und Hulsigsti nahe der versandeten Kirche; Poul Eeg *** (991), Batterivej 21, ✆ 98441470, Mitte Mai-Aug., am Nordrand von Skagen; Grenen *** (992), Fyrvey 16, ✆ 98442546, Hü., Fahrradverl., Mai-Aug., großer Platz in Grenen.

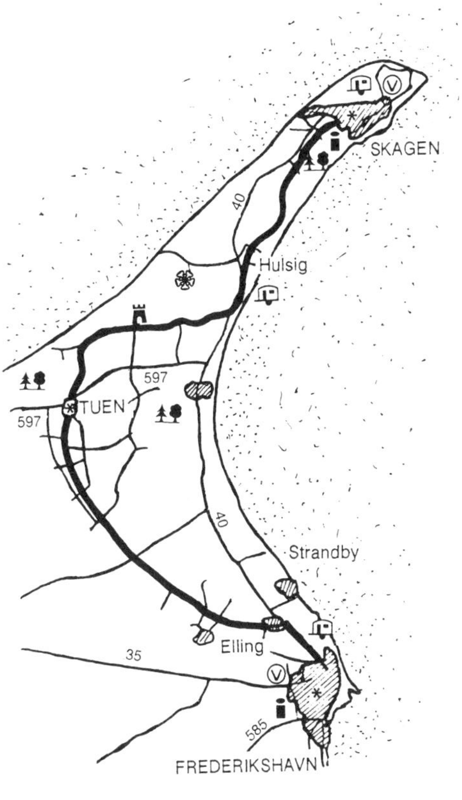

Etappe 25:
Tuen - Blæsbjerg - Elling - Frederikshavn (24 km)

Die erste der an der Ostküste Jyllands nach Süden führenden Etappen.

Sie beginnt in Tuen auf der Landstraße, die immer geradeaus über *Blæsbjerg* bis Elling führt, wo sie auf die Str. 40 nach Frederikshavn trifft (parallel zur Hauptstraße läuft ein Radweg).

Falls Sie ohne Besichtigungen oder Einkäufe gleich zum VH fahren möchten, können Sie vor Elling, am Ende des Wäldchens, rechts in eine Nebenstraße nach Mariendal einbiegen. Überqueren Sie die Bahnlinie und wenden Sie sich gleich danach links auf die parallel zur Eisenbahn verlaufende Straße; sobald links eine Unterführung liegt, fahren Sie rechts zur Str. 35, in die Sie links einbiegen. Nach ca. 1½ km liegt links die Zufahrtstraße zum Vandrerhjem.

Frederikshavn (gesprochen »Frederikshaun«), 28000 Einw., ist die wichtigste Hafen- und Fährstadt Nordjyllands; sieben Fährverbindungen nach Norwegen, Schweden und zur Insel Læsø sorgen für regen Betrieb im Hafen. Als einziger Rest der früheren Stadtbefestigung ist ein runder Pulverturm erhalten, der heute eine Waffensammlung beherbergt (April-Okt. tägl. 10-17 h). Interessanter ist aber das südlich der Stadt im Herrenhaus *Bangsbo* gelegene Museum mit einer Wagensammlung, einem Wikingerschiff des 12. Jh., einer ungewöhnlichen Haarschmucksammlung und einer Abteilung über den dänischen Widerstand im Zweiten Weltkrieg, die die größte ihrer Art außerhalb Kopenhagens ist (ganzj. 10-17 h).
Das Frederikshavn Kunstmuseum rühmt sich der größten Exlibris-Sammlung Dänemarks.
Die südwestlich der Stadt gelegenen touristischen Sehenswürdigkeiten liegen ohnehin am Verlauf der Etappe 26 und sollten nicht getrennt davon besucht werden, da die Hügel westlich von Frederikshavn, die dabei erklommen werden müssen, zu den steilsten und längsten Steigungen in Jylland zählen.

Information: TB, Brotorvet 1, 9900 Frederikshavn, ✆ 98423266, ✉ 98421299.
Verkehrsverbindungen: Eisenbahn nach Hjørring sowie Privatbahn mit Fahrradtransport nach Skagen; Fähren nach Læsø, Göteborg, Frederikstad, Moss, Oslo und Larvik.
Vandrerhjem: Fladstrand, Buhlsvej 6, ✆ 98421475, ✉ 98426522, 130 Betten in 24 Räumen, Feb.-Mitte Dez., wegen der Fährverbindungen stark frequentierte, etwas ungemütliche Anlage nahe der Str. 35 Rchtg. Hjørring.
Camping: Nordstrand *** (980), Apholmenvej 40, ✆ 98429350, ✉ 98434785, Hü., Waschm., April-Sept., großer Platz am nordöstl. Stadtrand.

Etappe 26:
Frederikshavn - Gærum - Øster Vrå - Hellum - Klokkerholm - Ørum - Grindsted - Vodskov - Ålborg (78 km)

Die Etappe beginnt in Frederikshavn auf der südwestwärts den Hügel hinaufführenden 585, einer langen, recht beachtlichen Steigung, auf der man zudem stets mit Gegenwind rechnen darf. Auf der ersten Hügelkuppe steht links der Aussichtsturm *Cloostarnet*. Hinter dem Dorf *Gærum* liegt rechts neben der Straße das Steinzeitgrab **Blakshøj**, eines der größten Hünengräber Jyllands.

Kartenskizze Etappen 26 & 27

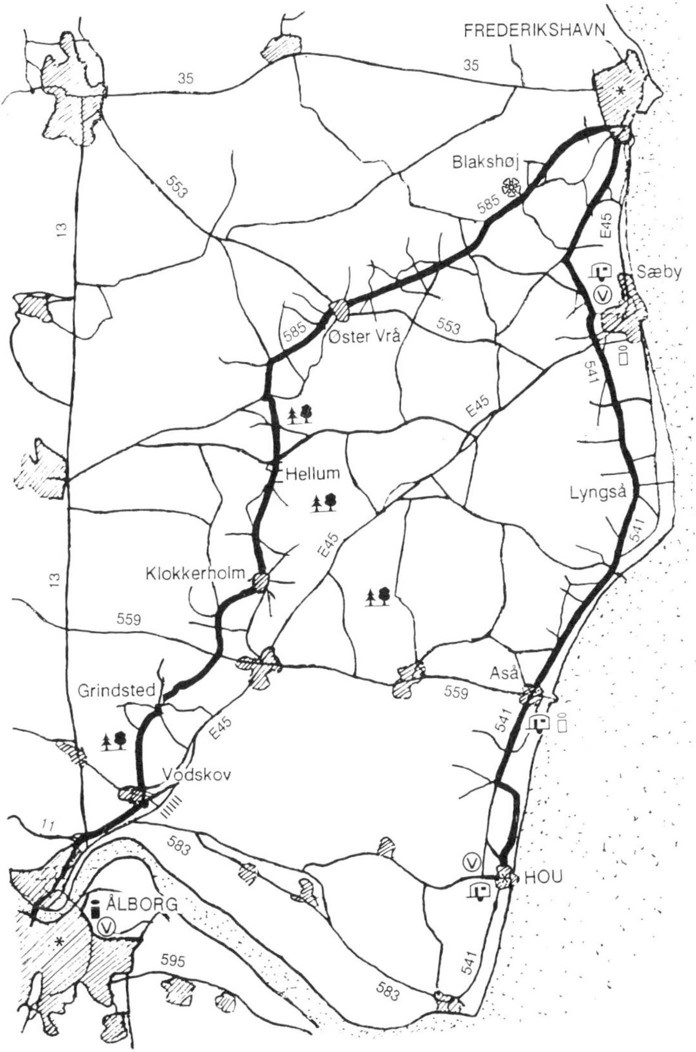

Nach 23 km wird das Städtchen *Øster Vrå* erreicht und durchfahren.
Danach geht es erneut einige Hügel hinauf, und in Kirkholt biegen Sie dann links ab auf eine unnumerierte Landstraße Rchtg. Hjallerup, der Sie durch Hellum bis *Klokkerholm* folgen. Am südlichen Ortsende biegen Sie dort rechts ab nach *Ørum*; kurz vor dieser Siedlung treffen Sie auf eine andere Landstraße, auf der Sie südwärts nach *Ravnstrup* fahren. Dort wird die 559 (Hjallerup-Tylstrup) gekreuzt; die Strecke verläuft geradeaus weiter nach *Grindsted.*

Kurz vor diesem Dorf biegen Sie an einer T-Mündung links ein (*in Gegenrichtung: am Nordrand von Grindsted nicht Rchtg. E45 abbiegen, sondern eine Straße weiter rechts*), im Ort rechts durch das Naturschutzgebiet *Hammer Bakker*, wodurch Sie geradewegs nach *Vodskov* gelangen.

(In Gegenrichtung: Am Ortseingang von Vodskov links von der 180 Rchtg. Hammer Bakker in den Kirkevej abbiegen, immer geradeaus bis Grindsted.)

Unterkunft: Vodskov Kro, Smedepladsen 3, 9310 Vodskov, ✆ 98293072, 5 Zi.

In Vodskov endet die Nebenstraße an der 180, die Sie rechts nach *Nørresundby* und schließlich zur Brücke nach **Ålborg** bringt (s. Etappe 22); zwischendurch ist ein Abstecher zur Wikingergrabstätte *Lindholm Høje* (s. dort) möglich.

Etappe 27:
Frederikshavn - Haldbjerg - Understed - Lyngså - Aså - Hou (43 km)

Der erste Teil der Ostküstenstrecke nach Randers, anfangs etwas hügelig - ansonsten müßte die Hauptstraße E45 benutzt werden.

Die Etappe beginnt in Frederikshavn auf der Straße Rchtg. Hørby, zu Anfang identisch mit der Straße zum Herrenhaus Bangsbo. Die Landstraße führt über die südlich von Frederikshavn liegenden Hügel vorbei an Haldbjerg bis hinter das Dörfchen Understed, nach dem Sie links auf eine Nebenstraße Richtung Sæby abbiegen. Je nach Lust und Laune können Sie am Herrensitz Sæbygård weiter nach Sæby fahren oder rechts abbiegen Rchtg. Lyngså.

Sæby, 7500 Einw., ist eine Kleinstadt mit Badeortcharakter und ohne die Fährhafenhektik der Nachbarstadt Frederikshavn. Vom Karmeliterkloster des 15./16. Jh. ist nur die Kirche erhalten, die mit schönen Fresken und einem alten Gestühl aufwarten kann (so geschl., gratis). Der an der Abzweigung aus Rchtg. Understed gelegene Herrensitz *Sæbygård* ist ein gut erhaltener Renaissancehof und kann Juni-Aug. besichtigt werden (14-17 h).

Information: TB, Krystaltorvet 1, 9300 Sæby, ✆ 98461244, ✉ 98461881.
Vandrerhjem: Sæbygårdvej 32, ✆ 98463650, ✉ 98467030, 156 Betten, ganzj., an

der Straße zum Sæbygård.
Camping: Gustav ** (841), Ålborgvej 60, ✆ 98467974, ✉ 98467630, Ostern-Mitte Sept., Hü., am Südrand der Stadt nahe der E45; drei weitere Plätze an der E45 nördlich der Stadt.

Falls Sie einen Abstecher nach Sæby gemacht haben, fahren Sie dort zum Hafen und dann auf der Straße entlang der Küste südwärts über Solsbæk bis *Voerså*, wo Sie wieder auf den Etappenverlauf treffen.
Ansonsten biegen Sie am Sæbygård rechts ab, fahren geradeaus bis zur E45 und darüber hinweg auf die 541, die Sie geradewegs über *Lyngså* und *Voerså* nach **Aså** bringt, einem Fischerort (1500 Einw.) mit Jachthafen.

Information: TB, Skippergade 15, 9340 Aså, ✆/✉ 98851153.
Camping: Aså *** (850), Vodbindervej, ✆ 98851340, ✉ 98850038, Hü., Waschm., Ostern-Ende Okt., am Südrand des Ortes.

Wenige Kilometer südlich durchfahren Sie das Dörfchen **Gerå** (1800 Einw.), wo es ein Bernsteinmuseum (Mitte Mai-Mitte Sept., so geschl.) gibt - Bernstein wird in Vendsyssel recht häufig gefunden. In *Melholt*, wiederum etwa 3 km weiter, biegen Sie links ab auf eine Nebenstraße, die in Küstennähe nach **Hou** verläuft, wo die *Kjæsmindesamling* ein Puppenmuseum darstellt (Juli-Sept.).

Vandrerhjem: Hou Feriecenter, Søndergade 18, ✆ 98253212, ✉ 98253090, 85 Betten, ganzj., Waschm./Trockner, mitten im Ort.
Camping: Hou Strand ** (854), Søndergade 16, Hü., Waschm., Fahrradverl., ganzj., Verwaltungseinheit mit dem VH; Lagunen *** (852), Lagunen 8, ✆ 98253055, ✉ 98753066, Hü., Waschm., Ostern-Mitte Okt., großer, gut unterteilter Platz 3 km südl. am Meer.

Etappe 28:
Hou - Hals - Dokkedal - Øster Hurup - Skelund - Visborg - Hadsund (43 km)

Das Mittelstück der Küstenstrecke Frederikshavn-Randers.

Die Etappe beginnt in Hou auf der südwärts führenden 541 nach **Hals**, wo der Anschluß nach Süden über eine Fährverbindung (5 Minuten Fahrzeit) hergestellt wird.

Information: TB, Havnegade 2, 9370 Hals, ✆ 98251433, ✉ 98251450.
Camping: Hals *** (853), Strandvejen 14, Hals, ✆ 98251425, ✉ 98252134, Waschm., Hü., Ostern-Sept., am Nordostrand von Hals; Egense Kyst *** (836), Kystvejen 6, ✆ 98311887, Hü., Waschm., ganzj., südl. des Fähranlegers auf der anderen Seite des Langerak.

Auf der 541 geht es weiter südwärts durch Egense und *Dokkedal* (Camping *** [835]), vorbei am größten Moor Dänemarks, *Lille Vildmose*, bis **Øster Hurup**

(900 Einw.), einem Ferienzentrum mit »Sommerland«, einem Freizeitpark mit allem Drum und Dran.

Information: TB, Kystvejen 34, Øster Hurup, 9560 Hadsund, ✆ 98588211, ✉ 98588800.
Camping: Toft *** (922), ✆ 98588032, ✉ 98588773, riesiger Platz mit allem Komfort, also auch Waschm., Fahrradverl., Hü., Ostern-Anf. Sept., 2 km nördl. des Ortes direkt am Strand; Øster Hurup *** (923), Kystvejen 70, ✆ 98588051, ✉ 98588776, Waschm., April-Sept., kleiner Platz am südl. Ortsrand.

In Øster Hurup biegen Sie rechts ab auf die Straße Rchtg. Solbjerg, verlassen diese aber nach ca. 5 km nach links auf eine Nebenstraße Rchtg. Veddum und Skelund, jene wiederum nach ca. 3 km auf eine Straße nach Skelund. In diesem Ort fahren Sie geradeaus ins Zentrum, halten sich dort an der T-Mündung rechts, danach wieder links, und Sie gelangen nach etwa 2 km zurück zur 541, die Sie über den Ortsrand von Visborg geradewegs zum Etappenende nach **Hadsund** (5400 Einw.) bringt. Dieser Ort liegt sehr schön am Mariagerfjord und verfügt über die einzige Brücke über den Fjord östlich von Hobro.

Information: TB, Storegade 20, 9560 Hadsund, ✆ 98572066, ✉ 98575066.
Vandrerhjem: Stadionvej 33, ✆/✉ 98574345, 48 Betten in 12 Räumen, Fahrradverl., ganzj., neben dem Campingplatz am östlichen Stadtrand.
Camping: Hadsund ** (920), Verwaltungseinheit mit dem VH, Hü., April-Okt., s.o.

Als Querverbindung von Hadsund zur Umkehrung der Etappe 29 bietet sich ggf. die Nutzung der asphaltierten Fahrradstraße (Teil der Nationalroute 5) an, die auf einer ehemaligen Eisenbahntrasse im Bogen vorbei an Visborg über Skelund, Veddum, Solbjerg und Bælum nach *Kongerslev* verläuft; Anschluß ist vorläufig noch über die Nebenstraßen zum Gut Lindenborg (s. Etappe 29) erforderlich.

Etappe 29:
Ålborg - Nøvling - Gunderup - Blenstrup - Sejlstrup - Store Arden - Stenstrup - Monstrup - Hobro (56 km)

Eine schöne Nebenstraßenstrecke durch die Himmerland-Region.

Der Anfang ist einfacher, als man es ansonsten in Großstädten gewohnt ist. Gleich ob man vom VH oder aus dem Stadtzentrum kommt, muß man den Straßenzug Vestre Allé - Ny Kærvej ostwärts fahren; am Ende geht rechts die Zufahrt zur Autobahn Rchtg. Hobro ab. Folgen Sie dem daneben verlaufenden Radweg, der Sie im Bogen über die Autobahn hinweg führt. Von dort an geht es immer geradeaus: über Gug und die Ausläufer von Visse nach Nøvling und weiter nach **Gunderup**, einem Dorf mit einer Kirche so ungewöhnlicher Größe, daß diese auch »Himmerland Dom« genannt wird. Im Ort fahren Sie links zur 507, in die Sie rechts einbiegen Rchtg. Blenstrup.

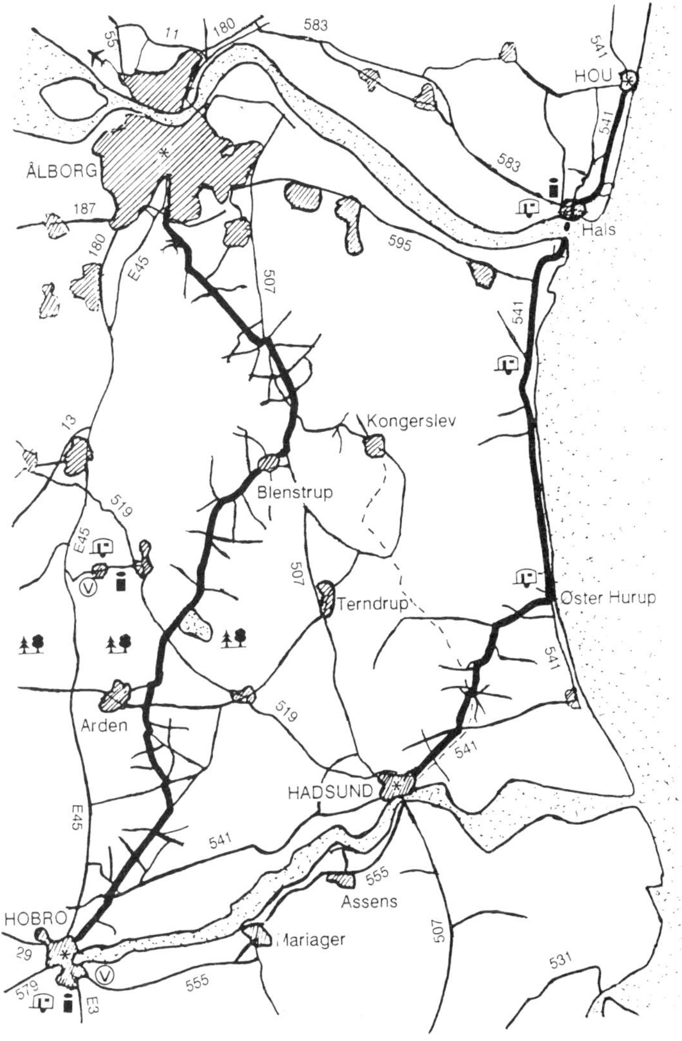
ÅLBORG
HOU
Hals
Kongerslev
Blenstrup
Terndrup
Øster Hurup
Arden
HADSUND
Assens
HOBRO
Mariager
583
541
55
11
180
187
E45
507
595
13
519
555
29
579
E3
531

(In Gegenrichtung: Nøvling ist schon ab der 507 ausgeschildert.)

Die 507 führt vorbei am Landgut *Lindenborg*, das aber nicht zu besichtigen ist; hier ist ggf. die Querverbindung nach Kongerslev zur Fahrradstraße nach Hadsund (s. Etappe 28) möglich.
Vor Blenstrup verlassen Sie die Landstraße, fahren in den Ort hinein und biegen dort rechts ab nach Askildrup, geradeaus weiter nach Sejlstrup und Asp, vorbei am Madum Sø (von der Straße aus fast nicht zu sehen), kreuzen die Landstraße 519 und folgen der Beschilderung Rchtg. Arden, bis links die Abzweigung nach Store Arden erscheint.

Falls Sie im Waldgebiet von *Rebild-Skørping* das Vandrerhjem bzw. einen Campingplatz aufsuchen möchten, müssen Sie bereits in Sejlstrup rechts abbiegen.

Information: Rebild-Skørping TB, Jyllandsgade 1, Torvet, 9520 Skørping, ✆ 98392222, ✉ 98391949.
Verkehrsverbindungen: Eisenbahn in Skørping nach Ålborg und Hobro.
Vandrerhjem: Cimbrergården, Rebildvej 23, ✆ 98391340, ✉ 98392740, 100 Betten in 20 Räumen, März-Okt., Fahrradverl., in Rebild nahe der Landstraße.
Camping: Safari *** (915), Rebildvej 17A, Rebild Bakker, ✆ 98391110, ✉ 98391794, Hü., ganzj.; 2 Plätze in Skørping.

In Ålborg

Auch im Falle eines Abstechers nach Rebild fahren Sie weiter über *Store Arden*; an der Kreuzung mit der Landstraße Astrup-Arden geht es leicht nach rechts versetzt weiter. Folgen Sie zuerst der Beschilderung Rchtg. Rostrup, biegen Sie dann rechts ab nach *Stenstrup*; bei der T-Mündung nahe dem Höhenpunkt 87 m (auf der Færdselskort/Generalkarte eingezeichnet) ist wieder Rchtg. Rostrup beschildert. In Stenstrup folgen Sie für wenige Meter nach rechts der Landstraße Rchtg. Vebbestrup und Doense, verlassen sie aber sofort wieder nach links in eine unbeschilderte Nebenstraße, über die Sie *Monstrup* erreichen. Dort biegen Sie rechts in die Landstraße von Rostrup nach Hobro ein; hinter dem links liegenden Ort Valsgård trifft die Straße auf die 541 geradewegs nach Hobro.

Hobro, 8700 Einwohner, ist eine Kleinstadt am westlichen Ende des *Mariagerfjords*, deren Innenstadt (Fußgängerzone) auf einem Hügel liegt. Der interessanteste Punkt der Stadt befindet sich aber etwa 3 km südwestlich von Hobro: das Wikingerlager *Fyrkat*, mit etwa 120 m Durchmesser die kleinste der in Dänemark entdeckten Wikingerburgen und die einzige, in der außer Kriegern auch deren Familien lebten. Ein Langhaus der Zeit ist neben dem Ausgrabungsgelände rekonstruiert worden (April-Okt.). Außerdem steht in unmittelbarer Nähe noch eine Wassermühle, die auf historisch authentischen Grundmauern aus Steinen erbaut wurde, die von gleichartigen Mühlen auf Fyn stammen (April-Okt).

Information: TB, Store Torv, 9500 Hobro, ✆ 98525666, ✉ 98523466, Fahrradverm.
Verkehrsverbindungen: Eisenbahn nach Randers und Ålborg.
Vandrerhjem: Amerikavej 24, ✆ 98521847, ✉ 98511847, 116 Betten in 19 Räumen, Feb.-Nov., beim Sportzentrum (Cafeteria) südl. des Fjords.
Camping: Gattenborg *** (911), Skivevej 35, ✆ 98523288, ✉ 98542580, Hü., Waschm., April-Sept., großer Platz im Westen der Stadt.

Etappe 30:
Hobro - Gettrup - Svenstrup - Kjellerup - Gassum - Randers (36 km)

Mit einem Abstecher nach Mariager kann diese Etappe noch um ca. 5 km verlängert werden.

Die Strecke beginnt in Hobro auf der E45 Rchtg. Randers, von der Sie nach links auf die 555 Rchtg. Mariager abbiegen. Falls Ihnen der kleine Umweg lohnend erscheint, bleiben Sie bis **Mariager** auf dieser Straße. Dieser Ort hat ein sehr schönes Stadtbild mit vielen Fachwerkhäusern aus dem 18. Jh. und einer restaurierten Klosterkirche. Von Mariager wählen Sie dann die geradlinige Landstraße nach Randers.

Information: TB, Torvet 1 B, 9950 Mariager, ✆ 98541377, ✉ 98541614.
Unterkunft: Motel Dania, Daniavej 45, Assens, ✆ 98583504, preiswert.
Camping: Mariager *** (918), Ny Havnevej 5A, ✆ 98541342, ✉ 98542580, Hütten, April-Okt.

Ansonsten biegen Sie hinter dem Ortsende von Hobro rechts von der 555 ab auf die Nebenstraße nach *Gettrup* und weiter nach *Tørslev*, wo Sie leicht nach rechts versetzt weiterfahren über *Svenstrup* zum Landgut *Kjellerup*, das direkt an der Einmündung in die Landstraße liegt. Sie wenden sich nach rechts und gelangen auf dieser Straße geradewegs durch Gassum, Hvidsten und Bjergby nach **Randers** (s. Etappe 14), wo die Etappe endet.

Kartenskizze Etappen 30 & 31

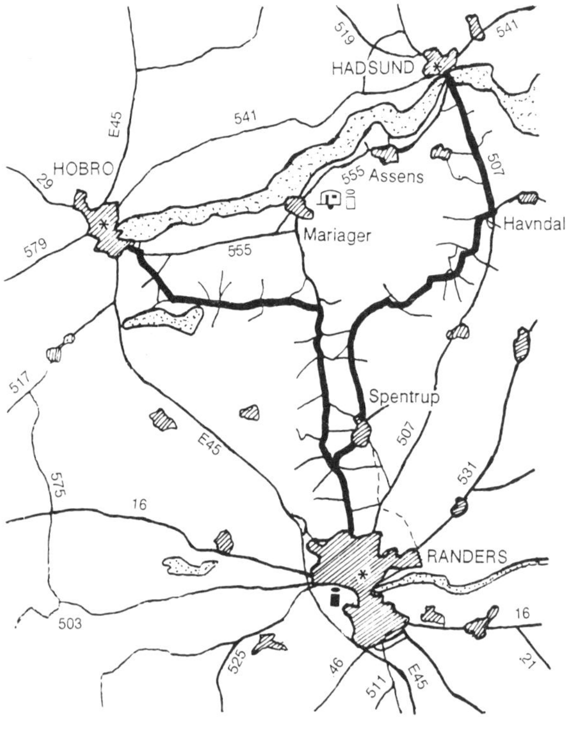

Etappe 31:
Hadsund - Enslev - Spentrup - Randers (37 km)

Das südliche Teilstück der Küstenstrecke von Frederikshavn.

Anfangs wird die Straße 507 benutzt, die nach dem Überqueren des Mariagerfjords über die Brücke nach *Sønder Hadsund* in leichtem Bogen Rchtg. Randers führt. Nach ca. 10 km biegen Sie dann rechts ab nach *Kastbjerg*, wo am anderen Dorfende links die Nebenstraße über *Øster Kondrup* nach *Enslev* abzweigt. Radeln Sie geradewegs durch das Dorf und weiter nach *Kærby*; fahren Sie links hinein in den Ort und erneut links wieder hinaus nach *Dyrby* und weiter nach *Spentrup*. Dort halten Sie sich vor der Kirche rechts, kurz darauf halb links, um so nach *Bjergby* zu gelangen, wo Sie auf die Landstraße nach **Randers** (s. Etappe 14) stoßen.

Etappe 32:
Randers - Hadsten - Hinnerup - Søften - Århus (42 km)

Eine etwas hügelige Strecke und nur für Schnellverbindungen sinnvoll - die Djursland-Rundfahrt (Etappe 33) ist ungleich reizvoller. Es gibt zudem die Möglichkeit, Etappe 33 zur Tagesetappe zu verkürzen (s. dort).

In Randers ist in jedem Fall das Durchfahren des Stadtzentrums nötig, da die Hauptdurchgangsstraße im Bereich des Zentrums als Autostraße ausgelegt ist. Folgen Sie der Beschilderung Rchtg. Grenå/Ebeltoft bis zur parallel zur Autostraße verlaufenden Fußgänger-/Radfahrerbrücke über die Gudenå. Nach dem Überqueren der Flußmündung fahren Sie geradeaus weiter auf der 511, die hier als Zubringer zur E45 Rchtg. Århus dient. Bleiben Sie immer auf der 511, und Sie gelangen über *Hadsten*, eine Stadt von etwa 10000 Einwohnern, zu einer Straßenkreuzung bei Haldum, an der Sie links nach *Hinnerup* (Camping Hår ** [705] nordöstl.) und weiter nach *Søften* abbiegen. Diese Landstraße endet direkt an der E45, der Sie nach rechts bis Århus folgen; ein Radweg steht neben der Straße zur Verfügung.

Århus, 270000 Einw., ist die zweitgrößte Stadt Dänemarks, von den Wikingern gegründet und vor allem aufgrund ihres Hafens stetig angewachsen. Mit ihrem Reichtum an allerlei Kulturtempeln läßt sich hier mehr als nur ein Tag - auch bei Regen - sinnvoll verbringen.
Reste der ersten Wikingersiedlung sind in den sechziger Jahren bei einem Bankneubau entdeckt worden; im Keller der Andelsbank auf dem Clemenstorv im Stadtzentrum ist ein kleines Museum eingerichtet.

Es versteht sich von selbst, daß Århus über eine ganze Reihe von historischen, naturgeschichtlichen und sonstigen Museen verfügt; aus der Fülle des Angebotes seien hier nur einige Spezialitäten erwähnt: Das größte Feuerwehrmuseum der Welt, das in einem alten Straßenbahndepot eingerichtet worden ist, enthält über 80 Fahrzeuge, darunter Handwagen, Pferdegespanne und alte Feuerwehrspritzen (ganzj. tägl. 10-17 h). Das vorgeschichtliche Museum Moesgård verfügt als Attraktion über die einzige vollständig erhaltene Moorleiche Dänemarks aus der Eisenzeit; es liegt etwas südlich der Stadt (tägl. 10-17 h, im Winter mo geschl.). Jährlich Ende Juli dient es als Schauplatz für ein »Wikingertreffen«, eine Art Kostüm-Volksfest. Das Schmuckstück unter den Museen in Århus ist zweifellos *Den gamle By* (die alte Stadt), eine rekonstruierte Provinzstadt des frühen 19. Jh., die aus ca. 75 Fachwerkhäusern aus ganz Dänemark errichtet worden ist; sie liegt im westlichen Stadtzentrum und ist im Sommer 10-17 h geöffnet, im Winter teilweise kürzer (Rabatt auf VH-Ausweis).
Unter den Kirchen der Stadt ragen zwei im wahrsten Sinne des Wortes heraus, zwei gotische Bauwerke: der Dom, die längste Kirche Dänemarks, und die Frauenkirche, die eigentlich aus drei Kirchen besteht. 1955 fand man nämlich bei Ausgrabungen unter der Krypta eine kleine Steinkirche aus dem 11. Jh., die mittlerweile restauriert worden ist. Als dritter Teil des Komplexes ist der ehemalige Kapitelsaal der Mönche, die die Frauenkirche um 1500 erbaut haben, ebenfalls zur Kirche geweiht worden. Dom und Frauenkirche stehen direkt im Stadtzentrum und können im Sommer werktags 10-16 h besichtigt werden, samstags teils nur bis 14 h.

Information: TB, Rådhuset, 8000 Århus C, ✆ 86121600, ✉ 86129590, in der Hauptsaison auch sonntags; brauchbarer Prospekt über Sehenswürdigkeiten und recht guter Stadtplan. Außerdem weniger guter Fahrradstadtplan mit Sehenswürdigkeiten und Radwegen; Tourenbeschreibungen mit gutem Kartenteil für die Umgebung; Fahrradkarte für den Amtsbezirk Århus.
Verkehrsverbindungen: Eisenbahn in alle dänischen Großstädte; Schnellbusse u.a. nach Kopenhagen; Flughafen bei Ebeltoft (s. Etappe 33); Fähre nach Kalundborg.
Unterkunft: Über 20 Hotels aller Preisklassen, außerdem Privatzimmervermittlung durch das TB (bis zu 1 Monat im voraus).
Vandrerhjem: Pavillonen, Marienlundsvej 10, ✆ 86167298, ✉ 86105560, 126 Betten in 35 teils riesigen Räumen, 15.1.-15.12., im nordöstl. Vorort Risskov im Wald gelegen oberhalb des Strandbades, vom Zentrum aus zu erreichen über die Hauptstraße Rchtg. Grenå; Århus City Sleep In, Havnegade 20, ✆ 86192255, ✉ 86191811, zentral gelegene Massenunterkunft.
Camping: Århus Nord *** (694), Randersvej 400, Lisbjerg, ✆/✉ 86231133, Waschm., ganzj., 9 km nördl. an der E45 unweit der Einmündung der Landstraße aus Søften; Stautrup * (695), Ormslevvej 295, Stautrup, ✆/✉ 86283340, ganzj., kleiner Platz ca. 5 km südwestl. nahe der E45; Blommehaven *** (695), Ørneredevej 35, Højbjerg, ✆ 86270207, ✉ 86274522, Waschm., Hü., Mitte April-Mitte Sept, riesiger Platz im Süden der Stadt an der Bucht.

Kartenskizze Etappen 32 & 33

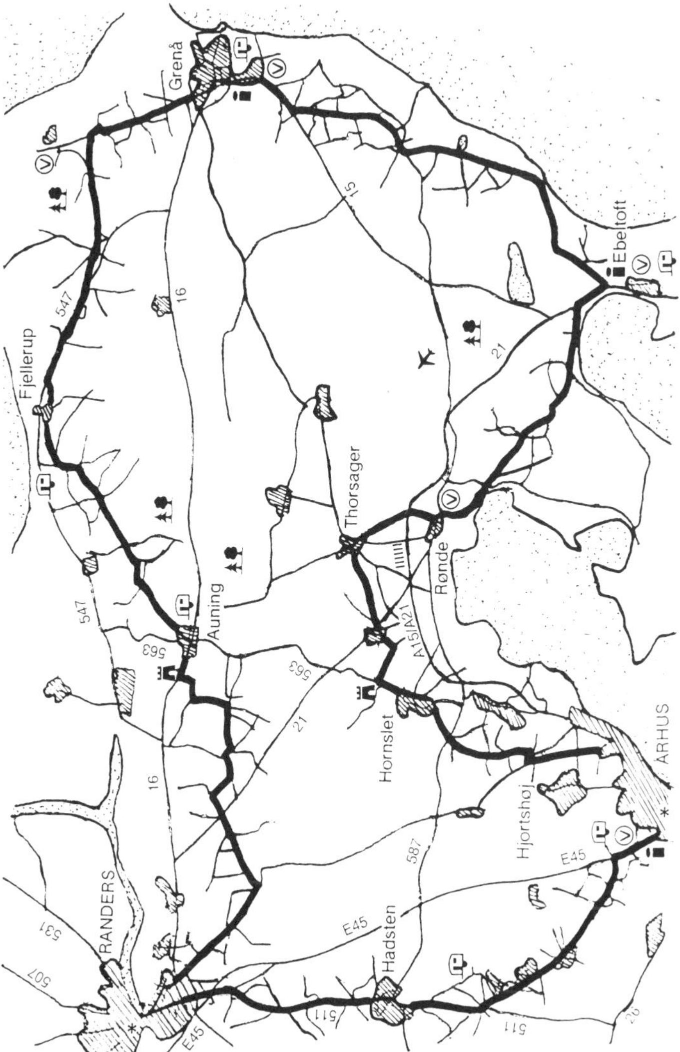

Etappe 33: Djursland-Rundfahrt
Randers - Årslev - Øster Alling - Gammel Estrup - Auning - Fjellerup - Glesborg - Veggerslev - Grenå - Ålsø - Balle - Dråby - Ebeltoft - Grønfelt - Rønde - Thorsager - Mørke - Rosenholm - Hornslet - Krajbjerg - Hjortshøj - Egå - Århus (160 km)

Eine ausführliche Rundfahrt durch eine der attraktivsten Regionen Jyllands, Abkürzungen sind möglich (s.u.). Aufgrund der im Küstenbereich hohen Campingplatzdichte sind Zeltplätze nur in Auswahl aufgeführt.

Die Etappe beginnt in Randers genau wie Etappe 32; nach dem Überqueren der *Gudenå* biegen Sie aber gleich links auf die anfangs unbeschilderte Straße Rchtg. Grenå ab. Nach ca. 2 km zweigt davon rechts eine beschilderte Nebenstraße nach *Årslev* ab, dort fahren Sie links nach *Hørning*. In diesem Ort geht es um etwa 100 m nach links versetzt weiter auf dem »Landevej« nach *Mosekær*, diese Strecke ist erst ab der Kreuzung mit der Str. 21 beschildert. Dort rechts und nach 3 km wieder links (T-Mündung) nach *Fløjstrup* und Vester Alling, wo Sie links nach *Øster Alling* abbiegen. In diesem Dorf wählen Sie die nach links führende, unbeschilderte Straße nach *Liltved* und an der dortigen T-Mündung die Straße rechts nach **Gammel Estrup**. Die Nebenstraße trifft direkt gegenüber dieses Landguts auf die Str. 16. Das Gut beherbergt zwei interessante Museen: das *Landbrugmuseum* (Landwirtschaftsmuseum) und das *Herregårdmuseum* (Herrenhausmuseum, ein recht instruktiver Einblick in die Lebensweise der bäuerlichen Oberschicht Jyllands, mit einer Mischung aus bemalten Bauernschränken und neureichem Pseudo-Adel; wo dem Landadel das Geld für teure Repräsentationseinrichtung fehlte, wurde improvisiert, Tapeten, Holzstrukturen und Ornamente einfach aufgemalt.) Beide Museen sind Mai-Sept. tägl. 10-17 h geöffnet, das Herrenhausmuseum ist ansonsten montags geschlossen.

Die Str. 16 bringt Sie von Gammel Estrup zur Nachbarstadt *Auning*, wo im Zentrum eine beschilderte Nebenstraße nach *Gjesing* links abzweigt.

Camping: Auning ** (814), Reimersvej 13, ✆ 86483397, Waschm., Fahrradverl., Mitte April-Mitte Sept., am Rand von Auning direkt neben der Straße.

(Falls Sie die Etappe zur Tagesstrecke verkürzen wollen, können Sie in Auning südwärts auf die 563 Rchtg. Hornslet abbiegen, wodurch Sie am Schloß Rosenholm [s.u.] den Anschluß an die Streckenführung bekommen.)

Durch Gjesing fahren Sie geradeaus hindurch, halten sich hinter dem Ort links nach *Nørager*, dort fahren Sie rechts in den Ort, gleich wieder links abbiegend Rchtg. Havhuse, nach 2 km rechts abbiegen nach **Fjellerup**. An dieser Straße

befindet sich nach etwa 1 km eine Ansammlung von Vorzeitgräbern, beschildert mit »Stendysserne«, etwa 500 m abseits in einem Wald.
Die Region von Fjellerup ist ein beliebtes Feriengebiet; am Strand existieren immerhin vier Campingplätze - suchen Sie sich einen aus.
Die Etappe führt durch Fjellerup geradeaus hindurch und trifft östlich des Dorfs auf die 547, der Sie nach rechts nach *Glesborg* folgen. Fahren Sie entweder durch diesen Ort hindurch, oder biegen Sie gleich dahinter links ab nach Rimsø und weiter nach Veggerslev. Dort treffen Sie auf eine Landstraße, die Sie durch Thorsø nach Grenå bringt.

(In Gegenrichtung: In Grenå die Landstraße Rchtg. Gjerrild/Stokkebro bis hinter Veggerslev nehmen.)

Grenå, 18000 Einw., ist die östlichste Stadt Jyllands. Sie verfügt über ein hübsches altes Stadtzentrum mit Fachwerkhäusern; in einem alten Bürgerhaus am Marktplatz ist heute ein Regionalmuseum untergebracht, das auch Wert auf die Fischfang-Vergangenheit der Stadt legt (Juni-Aug. tägl. außer mo 10-16 h, während des restlichen Jahres kürzere Öffnungszeiten).

Information: TB, Torvet 1, 8500 Grenå, ✆ 86321200, ✉ 86327028, in der Hauptsaison auch sonntags sowie Sommerfiliale im Hafen.
Verkehrsverbindungen: Eisenbahn nach Århus, Fähren nach Varberg und Helsingborg (Schweden), zur Insel Anholt und nach Hundested auf Sjælland.
Vandrerhjem: Djursvold, Dyrehavevej 9, Gjerrild, ✆ 86384199, ✉ 86384302, 92 Betten in 23 Räumen, ganzj., in einem ehemaligen Lokschuppen 10 km nördl. von Grenå an der Straße nach Nordstrand, westl. von Gjerrild/Stokkebro; Grenå Idrætscenter, Ydesvej 4, ✆ 86326622, ✉ 86321248, 150 Betten in 26 Räumen, ganzj., südl. der Str. 16 Rchtg. Hafen.
Camping: Fornæs *** (721), Stensmarkvej 36, ✆ 86332330, ✉ 86332423, Hü., Waschm., Fahrradverl., April-Sept., 5 km nördl. der Stadt; Polderrev *** (722), Fuglsangvej 58, ✆ 86321718, ✉ 86309555, Hü., Waschm., Fahrradverl., ganzj., riesiger Platz am Strand südlich von Grenå.

In Grenå benutzen Sie die Str. 15 Rchtg. Århus für wenige Kilometer und nehmen in Ålsø links die Landstraße nach Balle, wo Sie rechts auf die Dorfstraße einbiegen, am Ortsende jedoch erneut links auf eine Nebenstraße ausweichen, die immer geradeaus mitten durch das Landgut *Rugård* (Camping *** [712] südöstl.), vorbei am Hügel *Jernhatten*, durch Holme nach *Dråby* (große Kirche des 12. Jh.) verläuft; dort halten Sie sich rechts nach Ebeltoft.

Ebeltoft, 12000 Einw., ist ein malerisches Landstädtchen mit teilweise dekorativem, aber fahrradfeindlichem Kopfsteinpflaster und etlichen schönen Häusern. Drei Gebäude des 17. Jh. mit zeitgenössischer Einrichtung sind im Sommer zu besichtigen, außerdem ist im Alten Rathaus (Fachwerkhaus aus dem 18. Jh. mit Gefängniskeller des 16. Jh.) ein Museum zu sehen, das außer volkskundlichen Sammlungen aus Djursland auch Abteilungen für Archäologie und für Thailand (!) - die Stiftung eines Privatmannes - enthält. Ein internationales Glasmuseum kann (ganzj. tägl. 10-17 h) besucht werden; in der Nähe ist ein Glashütte tätig, die in den Sommermonaten das Handwerk auch in Aktion vorführt. Die zum Museumsverband gehörenden Ausstellungen verfügen in der Sommersaison über eine gemeinsame - ermäßigte - Eintrittskarte.

Neben der spätgotischen Kirche aus dem 15. Jh. ist im alten Pfarrhof ein privates Puppenmuseum mit über 500 Exponaten eingerichtet worden, das Mai-Sept. ebenfalls 10-17 h (Mai und Okt. Mittagspause) besucht werden kann.

Im Trockendock liegt die Fregatte *Jylland*, das älteste noch erhaltene dänische Holzschiff und gleichzeitig das älteste Kriegsschiff der Welt, das 1864 an der Schlacht um Helgoland beteiligt war; das 1994 restaurierte Schiff kann ganzjährig besichtigt werden. Auf einer Mole beim Fährhafen dient eine Aufreihung von 16 Windmühlen nicht nur der Dekoration.

Rein nostalgischen Charakter haben die Ebeltofter Wächter, die zur Freude der Touristen die Nachtwächtertradition vergangener Jahrhunderte fortsetzen und abends mit Laterne und Gesang durch das Städtchen ziehen.

Von höchst moderner Dekadenz gekennzeichnet ist hingegen die neueste Attraktion Ebeltofts: die Exportklinik (!) »Mermaid«, die sich explizit an ausländische Kundschaft wendet...

Information: TB, Strandvejen 2, 8400 Ebeltoft, ✆ 86341400, ✉ 86340528, im Sommer auch Sonntag; Radtourenvorschläge, Privatzimmervermittlung.

Verkehrsverbindungen: Fähre nach Sjællands Odde; Flughafen Tirstrup 13 km nördl., tägl. Flüge nach Kopenhagen, häufige nach London, Stavanger, Oslo, Frankfurt, Stockholm und Göteborg.

Vandrerhjem: Søndergade 43, ✆ 86342053, ✉ 86342077, 74 Betten in 20 Räumen, März-Okt., in der südlichen Ortshälfte.

Camping: Mols *** (711), Dråbyvej 13, ✆ 86341625, ✉ 86340832, Hü., Waschm., ganzj., am nördl. Stadtrand; Vibæk ** (713), Nordre Strandvej 23, ✆ 86341214, Hütten, Waschm., ganzj., nördl. des Ortes direkt am Strand; außerdem noch sechs andere Plätze in der Umgebung.

Fahrradvermietung: Drevland Rejsebureau, Jernbanegade 10, ✆ 86343344; Ebeltoft Cykel- og Maskinforr., Nørreallé 5, ✆ 86344777.

Von Ebeltoft aus wenden Sie sich wieder nordwärts; nach etwa 3 km auf der Str. 21 Rchtg. Tåstrup biegen Sie links ab auf eine Landstraße, die durch die schöne Hügelkette der *Mols Bjerge* bei Grønfelt hindurch nach Rønde führt. An dieser Straße liegt auch das Dorf *Femmøller*, dessen Name (»fünf Mühlen«) die kornverarbeitende Vergangenheit widerspiegelt.

Die Einwohner der mit Naturschönheiten gesegneten Halbinsel Mols, die *Molboer*, haben in Dänemark übrigens die gleiche Bedeutung wie die Schildbürger in Deutschland.

In **Rønde** treffen Sie auf die Str. 15 / 21 Rchtg. Århus. Genau östlich dieser Kreuzung liegt das örtliche Vandrerhjem.

Information: TB, Ceresvej 2, 8410 Rønde, ✆/✉ 86372366.
Vandrerhjem: Kaløvej 2, ✆ 86371108, 42 Betten in 5 Zi. und 2 Hü., April-Sept.

Leicht nach links versetzt kreuzen Sie die Str. 15 / 21 und fahren weiter nach **Thorsager**, wo die einzige Rundkirche Jyllands (12. Jh.) steht. An der Abzweigung westlich der Kirche halten Sie sich links nach *Mørke*, fahren geradewegs durch diesen Ort und biegen am Ortsende links ab auf die Nebenstraße nach **Rosenholm**. Das ist ein in Privatbesitz befindliches Renaissanceschloß, das nur während der dänischen Schulferien der Öffentlichkeit zugänglich ist. Neben dem Eingang befindet sich eine auch sonst geöffnete Cafeteria zur Versorgung abgekämpfter Radtouristen.

Am Schloß Rosenholm biegen Sie links auf die 563 nach *Hornslet* ab, durchfahren den gesamten Ort und wählen am südlichen Ortsrand (nicht vorher abbiegen, Beschilderung führt in die Irre!) die Nebenstraße nach Krajbjerg, kreuzen dort leicht nach rechts versetzt die 587 und radeln weiter über Hesselballe nach *Hjortshøj*. Da die innerörtlichen Straßen dort kompliziert geführt sind, biegen Sie am Ende der Nebenstraße aus Rchtg. Hesselballe rechts ab und fahren zur wenige hundert Meter weiter verlaufenden Landstraße, die Sie links durch *Egå* und zur Str. 15 bringt.

Schloß Rosenholm

Entsprechend der Fahrradbeschilderung kreuzen Sie die Hauptstraße und folgen den Schildern durch den Vorort Risskov nach **Århus** (s. Etappe 32); die Radroute führt dabei unmittelbar an der Bucht entlang zum Zentrum.

(In Gegenrichtung: In Århus am Hafen entlang Rchtg. Grenå; sobald die Straße sich vom Hafen entfernt, geht rechts eine ausgeschilderte Fahrradroute ab, der bis zur Kreuzung mit der Str. 15 gefolgt wird.)

Falls Sie gleich zum VH fahren möchten, können Sie von dem Radweg am Hafen entlang ohne den Umweg durch das Zentrum dorthin gelangen, wenn Sie am Strandbad scharf rechts auf den Waldweg (kurzfristig steilen Hügel hinauf schieben) vorbei an der Gaststätte »Jettestue Frederiksbjerg Kro« zur oberhalb des Kro liegenden Straße und dann den Berg hinauf fahren. Das VH liegt unmittelbar am Ende dieser Zufahrtstraße.

Etappe 34:
Viborg - Rindsholm - Sønder Rind - Rødkærsbro - Levring - Nørskovlund - Lemming - Sejling - Silkeborg (40 km)

Eine Verbindung über kleine Nebenstraßen ins Seengebiet bei Silkeborg.

In Viborg fahren Sie zur am See entlang laufenden Straße und folgen ihr südwärts, unterqueren die Autostraße 26 / 52 (Radfahrverbot) und radeln immer zwischen Hauptstraße und Eisenbahnstrecke, bis im Vorort *Rindholm* eine Nebenstraße nach links, über die Str. 26 / 52 hinweg, nach *Sønder Rind* führt.

(Falls Sie vom VH aus aufbrechen, fahren Sie immer geradeaus südwärts bis hinter Bruunshåb und biegen dann rechts nach Sønder Rind ab.)

Fahren Sie durch das Dorf, und wählen Sie die halbrechts verlaufende Straße über Brandstrup (dort rechts abbiegen) nach *Rødkærsbro*, das Sie auf der Str. 26 durchfahren. Am Ortsausgang fahren Sie rechts auf die Landstraße über Elsborg nach Levring, biegen links an der T-Mündung Rchtg. Ans ein, nach wenigen hundert Metern gleich wieder rechts auf die unbeschilderte Nebenstraße nach *Hindbjerg*. Im Bereich dieser Häuseransammlung müssen Sie erst rechts, dann gleich wieder links fahren, nach weiteren 2 km an der Kreuzung rechts nach Nørskovlund. Dort kreuzen Sie leicht nach links versetzt die Landstraße, fahren etwa 2 km geradeaus bis zu einer T-Mündung, an der es links nach *Lemming* weitergeht. Folgen Sie der Beschilderung durch *Sejling* nach *Balle Kirkeby*, wo Sie links auf die Str. 52 nach Silkeborg abbiegen.

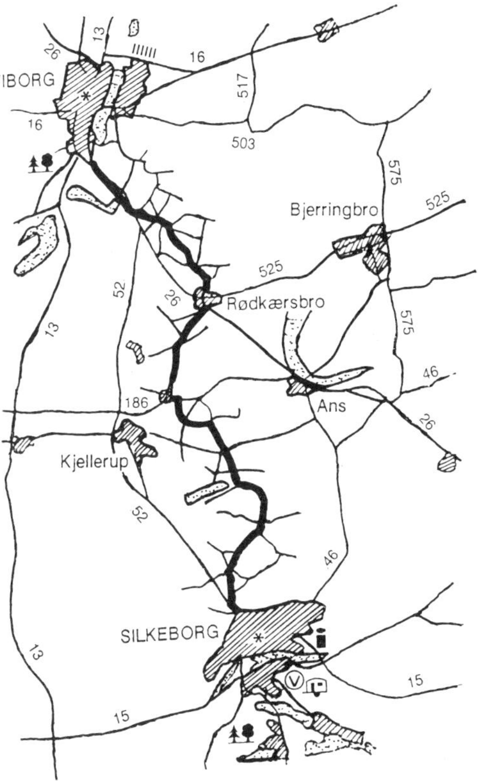

Silkeborg, 46000 Einw., liegt am Rande einer äußerst reizvollen Wald-, Hügel- und Seenlandschaft, die auch der Hauptanziehungspunkt für Touristen ist. Wer sich vom Fahrradfahren etwas erholen möchte, kann die Seen mit einem Ausflugsdampfer befahren (Rabatt auf VH-Ausweis; in der Regel können Räder darauf mitgenommen werden), aber wer ein wenig physische Anstrengung nicht scheut, wird auch auf dem Drahtesel auf seine Kosten kommen. Stilvollstes Exemplar unter den Ausflugsschiffen ist wohl der Raddampfer *Hjejlen* von 1861, der immer noch mit der Originalmaschine verkehrt.

Silkeborg ist erst in den letzten hundert Jahren von einem verschlafenen Dorf zu seiner heutigen Ausdehnung angewachsen; dementsprechend gibt es kaum historische Gemäuer. Spärliche Überreste des alten Schlosses befinden sich nahe der Brücke über den Langsø; in einem Herrenhaus des 18.

Jh. ist das kulturhistorische Museum der Stadt untergebracht, das u.a. den Kopf des »Tollundmannes«, einer Moorleiche, enthält. In einem Park am Rande der Stadt steht ein hochmodernes Kunstmuseum, das rund 7000 Kunstwerke enthält, die der Maler Ansger Born im Laufe seines Lebens gesammelt und testamentarisch seiner Heimatstadt vermacht hat. Beide Museen sind ganzj. di-so geöffnet.
Freunde technischer Museen werden einen Ausflug ins 15 km nordöstlich gelegene Automobilmuseum von *Gjern* als lohnend empfinden, dessen 130 Fahrzeuge im Sommer tägl. 10-18 h besichtigt werden können.

Information: TB, Godthåbsvej 4, 8600 Silkeborg, ✆ 86821911, ✉ 86810983.
Verkehrsverbindungen: Eisenbahn Richtung Århus, Horsens und Herning.
Vandrerhjem: Åhavevej 55, ✆ 86823642, ✉ 86812777, 106 Betten in 26 Räumen, März-Nov., südl. des Langsø direkt an dem Fuß-/Radweg über die Gudenå.
Camping: Indelukket *** (741), Vejlsøvej, ✆ 86822201, ✉ 86805027, Hü., Waschm., Mitte März-Sept. im Süden der Stadt westl. der Gudenå, zu erreichen von der Straße Rchtg. Horsens; Silkeborg Sø ***, Århusvej 51, ✆ 86822824, ✉ 86804457, Hü., Waschm., Mitte März-Sept., am Südufer des Langsø an der Straße Rchtg. Århus.

Etappe 35:
Silkeborg - Bryrup - Brædstrup - Østbirk - Horsens (60 km)

Eine von zwei Alternativstrecken nach Horsens; in diesem Fall die steigungsarme Variante. Sie kann ab Brædstrup auch mit Etappe 37 zu einer Verbindung nach Vejle kombiniert werden.

Für diese Etappe wird Dänemarks längster Radweg benutzt, der auf der Trasse einer stillgelegten Eisenbahnlinie verläuft und deshalb nur sehr geringe Steigungen aufweist; mit durchgehender Asphaltierung dürfen Sie aber nicht rechnen, denn der Weg ist als *natursti* gehalten und auch für Wanderer gedacht. Der teils schlechte Zustand macht die Nutzung bei viel Gepäck zu einem echten Problem.

Der Weg beginnt in Silkeborg am westlichen Stadtrand südlich der Kreuzung Vesterled/Kroghsvej. Er ist auf der Færdselskort bzw. Generalkarte streckenweise durch eine gestrichelte Linie erkennbar, im übrigen aber durchgehend beschildert; es gibt auch ein Faltblatt mit Karte, allerdings nur in Dänisch.
Berührt bzw. durchfahren werden nacheinander *Virklund, Them* und *Bryrup* (in diesem Bereich wird eine Straße über einen Hügel benutzt, weil auf der alten Eisenbahntrasse hier eine kleine Museumsbahn fährt).

Information: TB, Østervang 1, 8654 Bryrup, ✆/✉ 75756900, im Sommer.
Vandrerhjem: Rast, Vellinvej 53, Katrinedal, ✆/✉ 75756146, 62 Betten in 13 Räumen, März-Sept., ca. 4 km nördlich von Bryrup an der Landstraße, zu erreichen auch von der Radroute aus über die Nebenstraße durch Vorret.

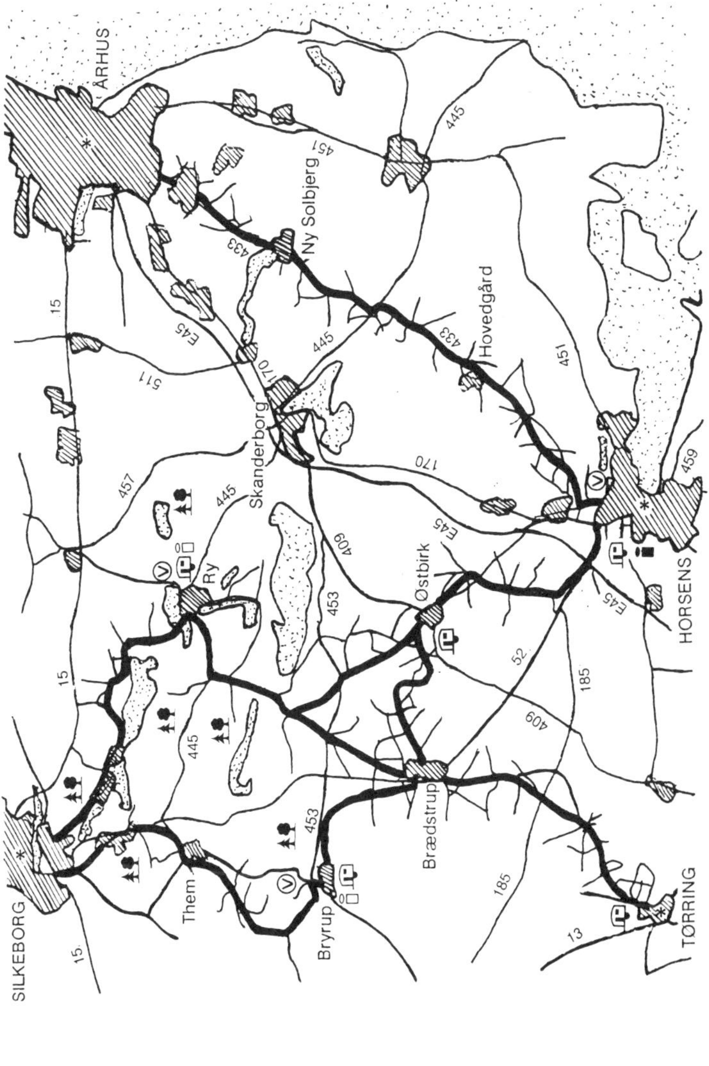
ÅRHUS
Ny Solbjerg
Hovedgård
Skanderborg
Ry
Østbirk
HORSENS
SILKEBORG
Them
Bryrup
Brædstrup
TØRRING
15
E45
511
457
445
433
451
170
409
453
52
185
459
13

Camping: Bryrup *** (758), Hovedgaden 58, ✆ 75756780, ✉ 75756603, Waschm., Fahrradverl., April-Mitte Sept., im Süden des Ortes.

Die Strecke verläuft auf der regionalen Radroute 31 weiter durch *Brædstrup* und *Østbirk*, bevor der Radweg hinter *Lund* in die Str. 52 mündet, die gleich darauf die neue Autobahn E45 überquert und den nordwestlichen Stadtrand von Horsens erreicht.

Camping: Vestbirk *** (783), Møllehøjvej 4, ✆ 75781292, ✉ 75780211, Mitte April-Mitte Sept.

Horsens, 55000 Einw., ist eine typische dänische Provinzstadt, die schon im Mittelalter im Handel eine bedeutende Rolle spielte. Im 18. Jh. wurden etliche Patrizierhäuser von reichen Kaufleuten errichtet, die teilweise noch erhalten sind. Aus dieser Zeit stammt auch der heutige Bau des Schlosses *Bygholm* (als Hotel genutzt) im Westen der Stadt nahe der E45 mit seinem schönen Park, aus dem Stadtzentrum am leichtesten über die Beschilderung zum TB zu finden. Älter sind hingegen die zwei Kirchen der Stadt aus dem 13. Jh., allerdings in späteren Zeiten mehrfach umgebaut. Außer dem üblichen stadtgeschichtlichen Museum verfügt Horsens noch über ein Handwerks- und Industriemuseum (Gasvej 17, im Sommer tägl. außer montags 10-17 h) sowie ein 1992 durch einen Anbau kräftig erweitertes und aufgewertetes Kunstmuseum (Carolinelundvej 2, mo geschl.).

Information: TB, Søndergade 26, 8700 Horsens, ✆ 75623822, ✉ 75626151, Fahrradvermietung.
Verkehrsverbindungen: Eisenbahn Rchtg. Silkeborg, Århus und Vejle.
Unterkunft: Hotel Dagmar, Smedegade 68, ✆ 75625755, ✉ 75625720, 28 Zi.; Motel Thorsvang, Vejlevej 58, ✆ 75642530, ✉ 75647720, 24 Betten.
Vandrerhjem: Flintebakken 150, ✆ 75616777, ✉ 75610871, 108 Betten in 27 Räumen, Mitte Jan.-Mitte Dez., im Nordosten der Stadt am Nørrestrand.
Camping: Bygholm Sø ** (770), Lovbyvej, ✆ 75613101, östl. der Stadt; Husodde ** (771), Husoddevej 85, ✆ 75657060;

Etappe 36:
Silkeborg - Ry - Gammel Rye - Østbirk - Lund - Horsens (55 km)

Die Alternativstrecke zur Etappe 35; diese Variante durchfährt einen Großteil des Seengebietes, nimmt dabei aber einige Hügel in Kauf.

In Silkeborg wählen Sie vom Zentrum die Zufahrtstraße zur Str. 52 Rchtg. Horsens, biegen aber unmittelbar vor der Eisenbahnlinie links auf eine Radweg-Brücke über die *Gudenå*, vorbei am Vandrerhjem, ab. Hinter dem Fluß geht es in einer Linkskurve um 180° auf die andere Seite der Eisenbahnlinie und dann immer zwischen den Schienen und dem Fluß südostwärts durch Sejs nach

Svejbæk; die Straße kreuzt dort erneut die Bahnlinie und führt in einer beachtlichen Steigung auf den bewaldeten Hügel hinauf und wieder hinab durch Laven Stationsby nach **Ry**, einem kleinen, aber beliebten Ferienort.

Information: TB, Klostervej 3, 8680 Ry, ✆ 86893422, ✉ 86893552.
Vandrerhjem: Knudhule, Randersvej 88, ✆ 86891407, ✉ 86892870, 113 Betten in 30 Räumen, Cafeteria, Waschm./Trockner, Jan.-Nov., am Ostufer des Knudsø an der Straße Rchtg. Randers.
Camping: die Strecke ist von Campingplätzen reichlich gesäumt, davon zwei große Plätze am See bei Ry.

In Ry wählen Sie die 445 Rchtg. Them, verlassen diese nach 4 km nach links, sobald dort ein Dorf auftaucht; trotz fehlenden Ortsschildes handelt es sich dabei um *Gammel Rye*. Fahren Sie auf der 461 durch den Ort und geradeaus weiter, bis die Straße links nach *Østbirk* abknickt.

Camping: Vestbirk *** (783), Møllehøjvej 4, ✆ 75781292, ✉ 75780211, Hü., 4 km westl. an der Etappenführung.

In diesem Dorf treffen Sie auf die Streckenführung der beschilderten Radroute von Silkeborg nach **Horsens** (s. Etappe 35).

Etappe 37:
Silkeborg - Ry - Gammel Rye - Sønder Vissing - Brædstrup - Åle - Tørring (60 km)

Eine Anschlußverbindung zur Etappe 40 nach Vejle.

Die Strecke benutzt bis Gammel Rye die Führung der Etappe 36, biegt aber nicht links nach *Østbirk* ab, sondern führt geradeaus weiter über *Sønder Vissing* nach *Brædstrup*, wo ein Anknüpfungspunkt an Etappe 35 besteht. Es geht durch das Städtchen, unter der Str. 52 hindurch und geradewegs weiter durch Hårup und Åle nach **Tørring**, einem kleinen Ort an der Str. 13.

Camping: Tørring ** (600), Bredgade 67, ✆ 75802085, Mai-Aug., direkt im Dorf an der Gudenå, auch auf Kanucamper eingestellt.

Etappe 38:
Århus - Ny Solbjerg - Hovedgård - Horsens (42 km)

Eine Schnellverbindung ohne besonderen Reiz - attraktive Nebenstraßenstrekken bieten sich leider nicht an.

Die Etappe beginnt in Århus auf der 433, die abgesehen von einigen Radrouten-Umleitungen durchgehend benutzt wird. Im Zentrum ist sie am besten zu finden, indem man den Schildern Rchtg. Vejle folgt, bis die Beschilderung zur 433 nach Hovedgård und Horsens abzweigt. Falls Sie an Kreuzungen ohne Beschilderung vorbeikommen: der »Jyllandsvej« führt geradewegs zur 433.

Die Straße erreicht mit fast lückenloser Bebauung *Tranbjerg*, danach ist streckenweise eine parallel verlaufende Radstrecke nach *Solbjerg* ausgeschildert, die sinnvollerweise auch benutzt wird. Ab Ny Solbjerg führt aber kein brauchbarer Weg mehr an der 433 vorbei, die *Hovedgård* passiert und erst am Stadtrand von **Horsens** (s. Etappe 35) auf die 170 aus Rchtg. Skanderborg trifft.

Etappe 39:
Holstebro - Sørvad - Vildbjerg - Skibbild - Snejbjerg - Herning - Skjellund - Vovlund - Brande (70 km)

Das erste Teilstück der Verbindung Holstebro-Vejle.

Die Etappe beginnt in Holstebro auf der Str. 11 Rchtg. Skjern, biegt aber bereits ca. 3 km südlich der Stadt am Landgut *Krogsdal* links auf eine Nebenstraße nach *Sørvad* ab. Der Ort wird geradeaus durchfahren; Sie kreuzen nach ca. 10 km die 467 und radeln weiter bis *Vildbjerg* (TB); dieses Städtchen rühmt sich des größten Sportzentrums Dänemarks, verfügt aber auch über ein kulturhistorisches Museum in einer alten Schmiede. Dort wenden Sie sich kurz vor dem Bahnhof (T-Mündung) rechts, wodurch Sie auf die Straße nach *Skibbild* gelangen. In diesem Ort wechseln Sie auf die Seite nördlich der Bahnlinie und biegen dann am Dorfrand rechts ab auf eine parallel zur Bahnlinie südostwärts verlaufende Nebenstraße (Rchtg. Tjørring). Die Straße endet an einer T-Mündung direkt vor einem kleinen See; biegen Sie dort rechts ab nach *Snejbjerg*, wo Sie auf die Str. 15 nach Herning stoßen.

(In Gegenrichtung: Von Herning aus über die Str. 15 durch fast lückenlose Bebauung nach Snejbjerg fahren, dort vor der Kirche rechts ab auf die Nebenstraße Rchtg. Gødstrup und Tjørring.)

Herning, 30000 Einw., ist eine recht junge Stadt im Zentrum Jyllands und ein wichtiger Verkehrsknotenpunkt. Sie kann sich zweier unmittelbar nebeneinander liegender Kunstmuseen (tägl. außer mo 10-17 h) und zweier weiterer Museen (ebenfalls jeweils mo geschl.) rühmen. Neben dem Stadtmuseum, das auch einen Bauernhof enthält, liegt desweiteren ein Fotomuseum zur Entwicklung von Technik und Kunst der Fotografie.

Information: TB, Bredgade 2, 7400 Herning, ✆ 97124422, ✉ 97124805.
Verkehrsverbindungen: Eisenbahn Rchtg. Holstebro, Skjern, Silkeborg und Vejle; Flugplatz Skinderholm 5 km nördlich.

Vandrerhjem: Holingknuden 2, ✆ 97123144, Feb.-Nov.
Camping: Herning Park *** (621), Ringkøbingvej 86, ✆ 97120490, ✉ 97215422, Hü., April-Sept., am Westrand der Stadt nahe der Str. 15.

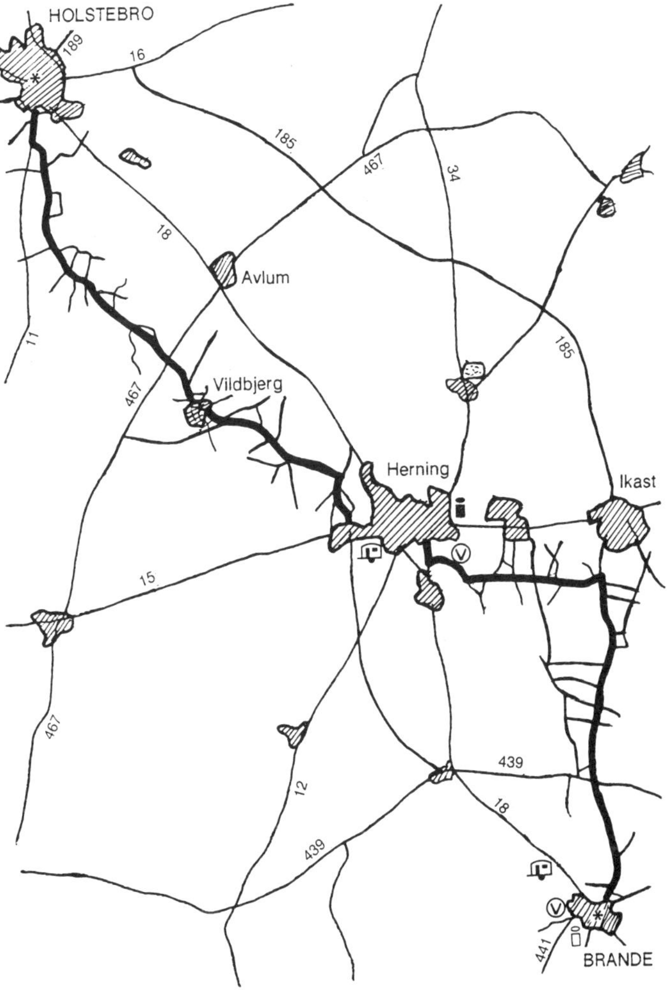

In Herning wählen Sie aus dem Zentrum den südwärts über die Eisenbahn führenden Vejlevej (Zubringer zur Str. 18). Kurz bevor die Hauptstraße erreicht wird, knickt nach links eine Nebenstraße ab, die anfangs um 180° dreht und dann im Bogen Rchtg. Nørre Kollund verläuft. Nachdem die Straße sich einer Eisenbahnstrecke genähert hat, geht links eine Abzweigung Rchtg. Skjellund/Ikast/Isenvad ab. Fahren Sie auf dieser Strecke immer geradeaus durch *Skjellund* hindurch, bis die Straße an einer T-Mündung endet; dort wenden Sie sich nach rechts Rchtg. Fasterholt. Diese Straße bringt Sie dann geradeaus zwischen Wäldern hindurch, vorbei an Fasterholt und über eine Kreuzung mit der 439 direkt nach **Brande** (8000 Einw.), einem schön gelegenen, modernen Städtchen in ruhiger Umgebung, das über ausgezeichnete Wassersportmöglichkeiten (Kanu) verfügt. Das örtliche Museum (so/mo geschl.) widmet sich vor allem der bäuerlichen Textilfertigung.

Information: TB, Stationsvej 1, 7330 Brande, ✆ 97181608, ✉ 97183424, Fahrradverm.
Verkehrsverbindungen: Eisenbahn Rchtg. Herning und Vejle.
Vandrerhjem: Dr. Arendsvej 2, ✆ 97182197, 54 Betten in 11 Räumen, März-Nov., Gruppen ganzj., zwischen der Brande Å und der Str. 18.
Camping: ** (616), Herningvej 107, ✆/✉ 97181049, April-Sept., 3 km nördl. an der Str. 18, von Fasterholt aus auch direkt über eine Nebenstraße zu erreichen.

(In Gegenrichtung: In Brande zuerst Rchtg. Ejstrup halten, aber noch im Stadtgebiet links abbiegen Rchtg. Harrild und Fasterholt/Ikast.)

Etappe 40:
Brande - Thyregod - Tørring - Ildved - Vejle (55 km)

Über Nebenstraßen vom Zentrum Jyllands zur Ostküste.

Die Etappe beginnt in Brande unmittelbar östlich der Bahnlinie, wo von der 411 Rchtg. Ejstrup nach rechts eine direkt entlang der Eisenbahn verlaufende Nebenstraße nach *Thyregod* abzweigt.

Vandrerhjem: Løveparkvej 2, Givskud, ✆ 75730500, Feb.-Nov., südöstlich von Give.
Camping (Naturlagerplatz): Thomas Mathiasen, Thyregodvej 170, ✆ 97180678, zwischen Brande und Thyregod.

Die Straße wechselt hinter dem Ort auf die Südseite der Bahnlinie und trifft im Zentrum von Thyregod auf eine Abzweigung (gegenüber der Kirche) Rchtg. Vesterlund. Folgen Sie der Strecke über die 441 hinweg, und biegen Sie direkt hinter der Brücke über die Landstraße rechts ab nach Sejrup, Nørre Kollemorten, Vonge und *Tørring* (s. Etappe 37); die Etappe führt auf diesem Teilstück u.a. zwischen einigen Waldstücken hindurch.

In Tørring wählen Sie am südwestlichen Ortsrand, am Landgut *Stovgård*, die von der Str. 13 südwärts führende Nebenstraße über *Ildved* (ab Str. 13 beschildert) und folgen dann der Beschilderung durch Sandvad nach Vejle. Die letzten 10 km dieser Strecke verlaufen hinunter ins Tal der Grejs Å, eine lange, entspannende Abfahrt - und in Gegenrichtung entsprechend lange bergauf.

Vejle, 50000 Einw., ist eine Handels- und Industriestadt am Einschnitt des Vejle Fjord und von Hügeln weitgehend eingeschlossen. Auch innerstädtisch stellt manche Steigung Anforderungen an die Waden eines Radtouristen. Die mittelalterlichen Bauten der Stadt fielen fast vollständig im 16. und 17. Jh. dem »warmen Abriß« zum Opfer. Und das älteste Bauwerk, die St. Nikolaj Kirke aus dem 13. Jh., ist im 19. Jh. durch Umbauten stark verändert worden. Ein paar Erinnerungsstücke an die Stadtgeschichte kann man im lokalen Museum noch betrachten.
Eine der reizvollsten Sehenswürdigkeiten der Umgebung ist zweifellos das Tal der *Grejs Å* nach Norden, das deshalb auch von den Streckenführungen dieses Buches durchlaufen wird.

Information: TB, Søndergade 14, 7100 Vejle, ✆ 75821955, ✉ 75822011.
Verkehrsverbindungen: Eisenbahn Richtung Fredericia, Herning und Horsens; Flughafen in Billund, ca. 30 km westlich (s. Etappe 42).
Vandrerhjem: Gl. Landevej 80, ✆ 75825188, ✉ 75831783, 120 Betten in 23 Räumen, 15.1.-15.12., Waschm./Trockner, am südöstl. Ortsrand auf dem Berg, nahe der Str. 18 unmittelbar vor der Autobahnauffahrt auf die E45 - ein ausgesprochenes *drive-in*-Vandrerhjem. An der Tankstelle um die Ecke gibt es ein eingeschränktes Lebensmittelangebot (Milch u.ä.).
Camping: *** (593), Helligkildevej 5, ✆/✉ 75823335, Waschm., Mitte April-Mitte Sept., im Nordosten der Stadt zwischen der E45 und dem Hafen am Rand eines kleinen Waldgebietes.

Etappe 41:
Horsens - Hatting - Løsning - Øster Snede - Grejs - Vejle (33 km)

Über Nebenstraßen Richtung Süden.

In Horsens beginnt die Etappe auf der Straße Rchtg. Uldum (am einfachsten vom TB aus zu finden) und führt vorbei an *Bygholm* (s. Etappe 35) westwärts bis *Hatting*. Dort biegen Sie am Ortsende links ab nach *Eriknauer*, wo Sie sich Rchtg. Løsning halten, am Dorfende aber entgegen der Beschilderung (führt auf die andere Eisenbahnseite) nicht links abbiegen, sondern geradeaus über die unbeschilderte, schmale Dorfstraße immer an der Eisenbahnlinie entlang bis *Løsning* fahren.

(In Gegenrichtung: In Løsning Rchtg. Horsens fahren, vor der Eisenbahnüberführung entgegen der Beschilderung links abbiegen auf die unbeschilderte

Dorfstraße nach Eriknauer.)

In Løsning rechts Rchtg. Lindved radeln, am Gut *Agersbøl* aber links abbiegen nach *Grejs* und geradeaus durch den Ort ins Tal der Grejs Å zur Landstraße nach **Vejle** (s. Etappe 40), dem Etappenziel. Die Steigungen auf die Hügel auf beiden Seiten des Flüßchens haben es durchaus in sich, so daß in Gegenrichtung der Kondition des Radlers einiges abverlangt wird.

Etappe 42:
Hejnsvig - Billund - Gødsbøl - Smidstrup - Kuldbjerg - Brandbjerg - Grejsdal - Vejle (52 km)

Die Anschlußstrecke an Etappe 5.

Sie beginnt in Hejnsvig auf der Nebenstraße, die unproblematisch direkt nach Billund führt.

Billund, 7000 Einw., verdankt seine Bedeutung ausschließlich einem einzigen Industriebetrieb: den Lego-Werken. Der weltbekannte Spielzeughersteller unterhält hier nicht nur seine Produktionsstätten, sondern auch das *Legoland* mit einem großen Freigelände, das außer einer Miniaturstadt aus Legosteinen auch diverse Innenausstellungen enthält, darunter solche mit Puppen, mechanischem Spielzeug und das riesige Puppenhaus *Titania's Palace*, das vor etlichen Jahren aus Irland herübergeschafft wurde. Der Firmenname *Lego* ist übrigens eine Abkürzung der dänischen Wörter für das Motto »Spiele gut«; das Freigelände ist geöffnet April-Sept. tägl. 10-20 h, die Innenausstellung zusätzlich bis Mitte Dez. tägl. 10-17 h, ansonsten können nur die Innenausstellungen und nur an Wochenenden besichtigt werden (Eintritt dkr 100). Kinder dürfen sich auch praktisch mit Lego-Steinen austoben.
Eine neue Attraktion des Komplexes ist das *Center Mobilium*: eine Kombination von Automobilmuseum, Luftfahrtmuseum und »Falck«-Museum (Sammlung von Rettungsfahrzeugen), im Sommer tägl.; im Winter nur sa/so geöffnet

Information: TB, Legoland, 7190 Billund, ✆ 75331926, ✉ 75353179.
Verkehrsverbindungen: Flughafen für Mitteljylland mit täglichen Flügen nach Kopenhagen liegt direkt bei der Stadt.
Vandrerhjem: Billund Feriecenter, Ellehammers Allé, ✆ 75332777, Mitte Jan.-Mitte Dez.
Camping: FDM *** (606), Ellehammer Allé 2, ✆ 75331521, ✉ 75353736, Hü., Waschm., Fahrradverl., Ende April-Mitte Sept., recht großer Platz zwischen Stadt und Flughafen.

Kartenskizze Etappen 40 - 42

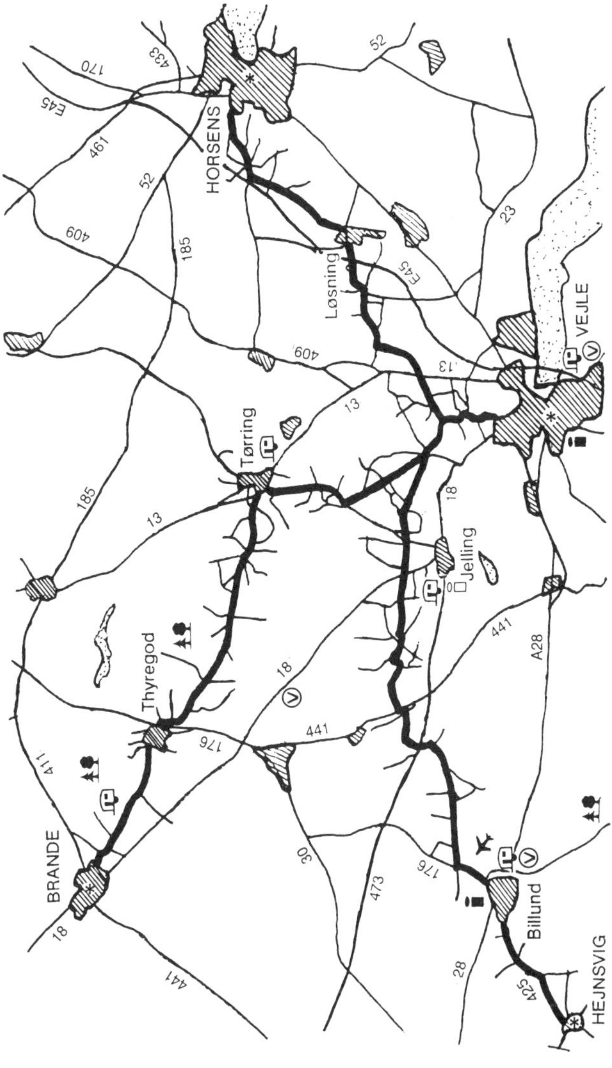

In Billund wenden Sie sich auf die 176 Rchtg. Give, die Sie nach ca. 3 km an einer Kreuzung nach rechts auf eine Nebenstraße verlassen, die durch *Gødsbøl* führt; danach biegen Sie links ab und fahren durch ein Waldgebiet nach *Lindeballe*, wo Sie leicht nach rechts versetzt die 473 kreuzen und geradeaus weiter nach *Smidstrup* radeln. Dort halten Sie sich am Ortseingang links, sofort wieder rechts zur 441, dort links und gleich wieder rechts auf die Nebenstraße nach *Tofthøj*. Hinter diesem Dorf biegen Sie halblinks ab nach Kuldbjerg und fahren immer geradeaus bis zur Einmündung auf die Str. 18.

An der Abzweigung nach Kuldbjerg haben Sie die Alternative, geradeaus weiter nach *Jelling* zu fahren und sich die dort vorhandenen Runensteine aus der Wikingerzeit anzusehen. Da Sie dann aber sinnvollerweise über die Str. 18 bis Vejle fahren müßten, ist davon eher abzuraten.

Information: TB, Gormsgade, 7300 Jelling, ✆ 75871301, ✉ 75821011.
Unterkunft: Tøsby Kro, Bredsten Ldv. 12, 7300 Jelling, ✆ 75881130, 7 Zi.
Camping: Friluftsbadet *** (609), Mølvangvej, Jelling, ✆ 75871653, ✉ 75872082, Hü.

An der Einmündung auf die Str. 18 wird die Hauptstraße (leicht nach rechts versetzt) gekreuzt, und Sie fahren weiter Rchtg. Hygum; vor diesem Ort muß erneut eine Landstraße leicht nach links versetzt gekreuzt werden. Von *Hygum* aus führt die Strecke geradeaus durch *Brandbjerg* bis zur Landstraße durch das Tal der Grejs Å nach **Vejle** (s. Etappe 40).

Etappe 43:
Hejnsvig - Vorbasse - Veerst - Kolding (48 km)

Diese Nebenstraßenstrecke kann z.B. zur Verknüpfung einer Sønderjylland-Umrundung mit einer Fyn-Tour eingesetzt werden.

Sie beginnt in Hejnsvig auf der Straße 469 Rchtg. Vorbasse bzw. Kolding, verläßt aber schon am Ortsrand die Hauptstraße wieder nach rechts auf eine Nebenstraße, die über *Klink* nach *Nebel* führt. Dort ist Aufmerksamkeit erforderlich: am Abzweig Rchtg. Fromssejr rechts halten und in den *Okslundvej* abbiegen, kurz darauf links in den *Rugbjergvej* nach *Vorbasse*.

Camping: Vorbasse *** (475), Drivvejen 28, ✆ 75333693, ✉ 75333933 Hü., ganzj.

Hier radeln Sie zunächst links bis zur 469, auf dieser rechts Rchtg. Kolding durch den Ort, biegen kurz hinter dem Ortsende links ab nach *Fitting* und fahren geradeaus weiter Rchtg. Vester Torsted. An der 4 km später erreichten Kreuzung halten Sie sich rechts (Rchtg. Bække), um so die 417 zu erreichen. Die Landstraße kreuzen Sie etwas nach links versetzt und kommen nach weiteren ca. 6 km in das Dorf *Veerst*, wo Sie links abbiegen nach *Jordrup*. In diese schon etwas größere Ortschaft radeln Sie nach links hinein und wählen dort die rechts abzweigende Nebenstraße in das benachbarte *Fynslund*, wo die Etappe erneut links schwenkt und durch *Vrå* nach *Højrup* führt. Südlich davon überqueren Sie auf einer Brücke die E20 und biegen direkt danach links ab auf die parallel verlaufende Landstraße nach Kolding.

Kolding, 60000 Einw., ist eine von Hügeln umgebene Stadt am gleichnamigen Fjord, die im Mittelalter Grenzfestung zum südlich liegenden Herzogtum Schleswig war. In der Altstadt (Fußgängerzone) ist noch eine ganze Reihe prachtvoller alter Häuser erhalten, darunter an der Helligkorsgade zwei Giebelhäuser. Das Schloß *Koldinghus* wurde 1808 im Zuge der napoleonischen Kriege von dort einquartierten spanischen Soldaten durch etwas zu eifriges Heizen der Wachstube zu einem Opfer der Flammen gemacht; Ende des 19. Jh. ist ein Teil der ehemaligen Festung restauriert und mittlerweile als Museum hergerichtet worden (im Sommer tägl. 10-17 h, im Winter eingeschränkt; Ermäßigung auf VH-Ausweis). Ein neues Kunstmuseum namens »Trapholt« in einem Parkgelände mit Fjordblick ist ebenfalls täglich geöffnet. Der große Botanische Garten (*Geografiske Have*) mit einem berühmten Rosengarten ist während der Saison je nach Tageslichtdauer bis maximal 20 h geöffnet.
Im Hafen ist ein ehemaliges sowjetisches U-Boot der »Whisky-Klasse« verankert und kann besichtigt werden; es entspricht dem Typ, der sich in früheren Jahren häufig in den schwedischen Schären herumtrieb.

Information: TB, Akseltorv 8, 6000 Kolding, ✆ 75532100, ✉ 75524838, sonntags geschl.
Verkehrsverbindungen: Eisenbahn Richtung Fredericia, Esbjerg und Flensburg.
Vandrerhjem: Ørnsborgvej 10, ✆ 75509140, ✉ 75509151, 100 Betten, 15.1-15.12., auf einem Hügel oberhalb des Stadtzentrums, weniger steile Anfahrt über Straßenzug Vejlevej-Islandsvej-Gøhlsmannsvej.
Camping: Vonsild *** (361), Vonsildvej 19, ✆ 75534725, ✉ 75524529, Hü., Waschm., Fahrradverl., ganzj., im Süden der Stadt nahe der 170.

Etappe 44:
Vejle - Klattrup - Tiufkær - Håstrup - Møsvrå - Eltang - Kolding (32 km)

Eine Verbindung zwischen zwei größeren Städten auf kleinsten Nebenstraßen.

Falls Sie im Vejler Zentrum starten, wählen Sie dort die 170 Rchtg. Højen, verlassen diese aber noch vor dem Tal der Højen Å nach links auf eine Nebenstraße namens »Grønlandsvej«.

Vom Vandrerhjem aus erreichen Sie diesen Weg einfacher, indem Sie auf der E133 Rchtg. Middelfahrt die Autobahn E45 überqueren und dann die zweite nach rechts abgehende Straße wählen. Sie durchfahren den Vejler Vorort *Vinding* und gelangen geradeaus unter der E45 hindurch zum Grønlandsvej, in den Sie links einbiegen.

Radeln Sie auf der Nebenstraße immer geradeaus bis *Klattrup* und leicht nach links versetzt weiter bis *Tiufkær*. Dort fahren Sie etwa 50 m nach rechts und dann gleich wieder links nach *Håstrup*, wo Sie der Beschilderung Rchtg. Fredericia bis zum Ortsende folgen. (Geradeaus geht es dort weiter nach Fredericia, s. Etappe 45.) Biegen Sie am Ortsrand auf den unbeschilderten »Møsvråvej« ab nach *Møsvrå* und verlassen die dort rechts abknickende Straße geradeaus auf den »Nørre Stenderupvej« nach *Nørre Stenderup*. Sie fahren rechts in die Straße Rchtg. Eltang, biegen aber nicht links in den Ort ein, sondern radeln geradeaus weiter bis zur 161, die Sie rechts nach **Kolding** (s. Etappe 43) bringt.

(In Gegenrichtung: In Kolding auf der 161 Rchtg. Middelfart bis hinter den links liegenden Autobahnanfang fahren, dort entsprechend der Beschilderung links abbiegen nach Nr. Stenderup, den Schildern folgen und immer geradeaus bis Håstrup.)

Dem wichtigsten Wirtschaftsfaktor Koldings gewidmet...

Kartenskizze Etappen 43 - 46

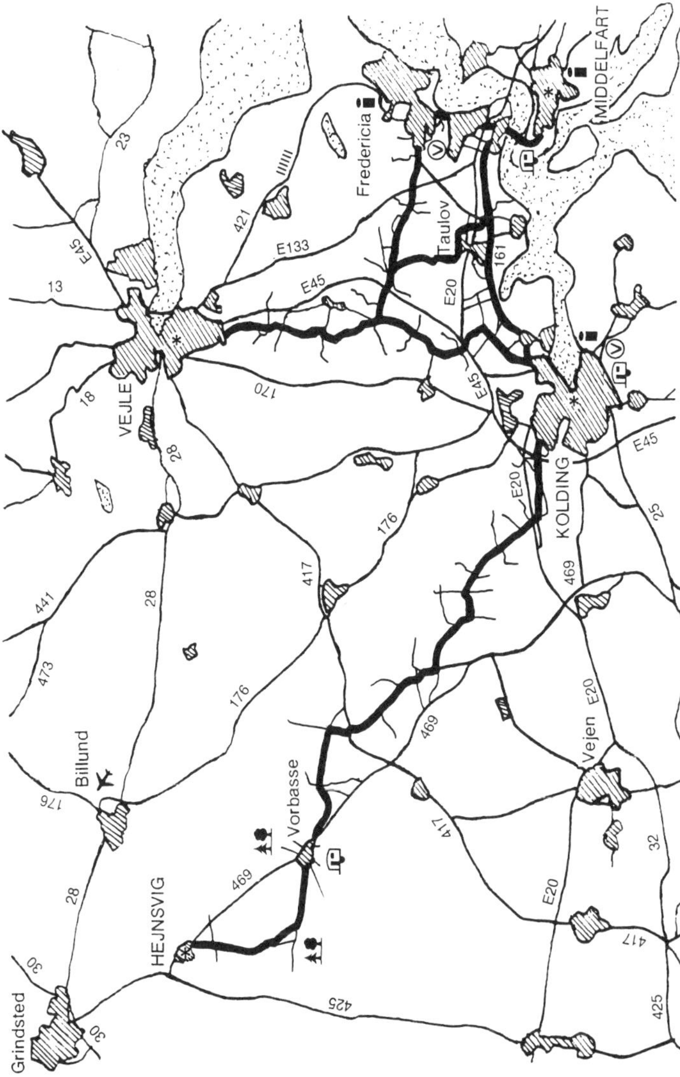

Etappe 45:
Vejle - Middelfart

Über den Kleinen Belt nach Fyn - in zwei Varianten: »mit und ohne« Fredericia.

a) Vejle - Håstrup - Herslev - Fredericia - Middelfart (45 km)

Bis Håstrup folgen Sie Etappe 44, biegen dort aber nicht Rchtg. Kolding ab, sondern bleiben auf der Straße gemäß der Beschilderung Rchtg. Fredericia bis *Herslev*, wobei die Autobahn E45 überquert wird. Folgen Sie den Schildern durch *Tolstrup* bis Fredericia.

Fredericia, 35000 Einw., heute eine Handelsstadt und ein bedeutender Verkehrsknotenpunkt, war früher eine wichtige Festung, die von mehr als nur einer unfreundlichen Kanonenkugel beschossen worden ist. Dementsprechend sind von den früheren Befestigungen auch weniger Gebäude als vielmehr die umfangreichen Wallanlagen übrig geblieben, die heute größtenteils bewachsen sind und lediglich noch als Spazierwege dienen. Unter den wenigen alten Gemäuern Fredericias wären die Hauptwache, das Stadttor (*Prinsenport*) und drei Kirchen des 17./18. Jh. zu erwähnen. Das städtische Museum verfügt in seinen fünf Gebäuden über mehrere Sammlungen, darunter eine von Lampen- und Kerzenständern.

Information: TB, Danmarksgade 2A, 7000 Fredericia, ✆ 75921377, ✉ 78930377.
Verkehrsverbindungen: Eisenbahn Rchtg. Odense, Kolding und Vejle.
Unterkunft: Fredericia Sømandshjem, Gothersgade 40, ✆ 75920199, ✉ 75932590, 30 Zi.; Hotel Snoghøjgård, Gl. Færgevej 2, Snoghøj, ✆ 75942225, 15 Zi.
Vandrerhjem: Pro Pace, Skovløbervænget 9, ✆ 75921287, ✉ 75932905, 112 Betten in 18 Räumen, Fahrradverl., Jan.-Nov., im Süden der Stadt nahe der 421.
Camping: Sønderskov *** (588), Kærnehuset, Sønderskovvej 61, ✆ 75942147, Ende April-Mitte Sept., südl. der Stadt zwischen 161 und dem Kleinen Belt beim Vorort Snoghøj.

Von Fredericia aus fahren Sie auf der 421 südwärts bzw. benutzen den beschilderten Radweg nach Middelfart. Über die *Gl. Lillebæltsbroen* überqueren Sie den Kleinen Belt und erreichen als erste Stadt auf Fyn Middelfart. Kurz nach der Beltüberquerung besteht die Möglichkeit, rechts zum Schloß **Hindsgavl** aus dem 18. Jh. zu fahren, heute ein Kongreßzentrum mit öffentlich zugänglichem Park; in einer Scheune des Schlosses sind Teile des Middelfarter Museums untergebracht, darunter eine Sammlung von Hüten (gratis).

Middelfart, 13000 Einw., ist der frühere Fährort für die Verbindungen über den Kleinen Belt. Seitdem der Massenverkehr die nördlich gelegene neuere Autobahnbrücke benutzt, hält sich der Durchgangsverkehr weitgehend aus dem Ort heraus. In Hafennähe findet sich eine Kirche aus dem 16. Jh., bei der in einem Fachwerkhaus der gleichen Zeit ein stadtgeschichtliches Museum (Mai-Sept. tägl.) untergebracht ist.
Eine Außenstelle des Museums befindet sich in der ehem. Scheune des Schlosses *Hindsgavl* auf der westl. vorgelagerten Halbinsel (Mai-Sept. tägl., sonst nur werktags; gratis).
In der Umgebung: In *Gamborg*, 5 km südöstl. (an Etappe 53), ist im Sommer an Wochenenden eine Kunstausstellung zu besichtigen, die im Stall des Gutshofes *Abilgård* untergebracht ist.

Information: TB, Havnegade 10, 5500 Middelfart, ✆ 64411788, ✉ 64413485, Fahrradvermietung.
Verkehrsverbindungen: Eisenbahn Rchtg. Fredericia und Odense.
Unterkunft: Byggecentrum, Hindsgavl Allé 2, ✆ 64411441, ✉ 64415014, 70 Zi., starke Rabatte im Sommer.
Camping: Hindsgavl ** (262), Søbadvej 10, ✆/✉ 64415542; Gals Klint ** (268), Gals Klintvej 11, ✆ 64412059, Ostern-Sept.; beide westl. der Stadt am Kleinen Belt.

b) Vejle - Håstrup - Herslev - Taulov - Middelfart (40 km)

Bis Herslev ist die Streckenführung mit Etappe 42a identisch. Hinter dem Ort biegen Sie jedoch rechts ab nach *Højrup* und weiter nach *Taulov*, wo Sie am Bahnhof vorbei fahren und sich gleich dahinter rechts halten. Sie kreuzen die Eisenbahnstrecke, unterqueren die Autobahn E20, fahren links zur Landstraße, dort rechts bis zur 161, in die Sie links einbiegen. Nach der Überquerung der Beltbrücke gelangen Sie nach **Middelfahrt** (s.o.).

Etappe 46:
Kolding - Taulov - Middelfart (23 km)

Eine reine Zubringeretappe, für die durchgehend die 161 benutzt wird.

In Ermangelung geeigneter Nebenstraßen müssen Sie die Landstraße bis zur Überquerung der Beltbrücke befahren; kurz vor und unmittelbar hinter der Brücke liegen Campingplätze (s. Etappe 45, Fredericia bzw. Middelfart). Da der Fernverkehr im wesentlichen über die Autobahn E20 fließt und man zudem an verschiedenen Stellen schöne Ausblicke auf den Kleinen Belt hat, ist die Strecke nach **Middelfart** (s. Etappe 45) genußreicher, als man vermuten sollte - weshalb auch die nationale Radroute 6 diesen Weg nimmt.

Etappe 47:
Gram - Store Nustrup - Sommersted - Ødis - Kolding (47 km)

Die Verlängerung von Etappe 2 in Richtung auf den Kleinen Belt.

Am Südostende von Gram beginnt die Nebenstraße Rchtg. *Store Nustrup.* Gleich hinter der Kirche in *Lille Nustrup* halten Sie sich links, kreuzen die nordöstlich an Store Nustrup vorbeiführende Landstraße und fahren geradeaus weiter nach *Sommersted* und vollständig durch diesen Ort hindurch. Am nordöstlichen Ortsende wählen Sie an der Kreuzung die links Rchtg. Vamdrup verlaufende Landstraße.
Zu Übernachtungszwecken (s.u.) oder zum Besuch der *Wikingerspiele* (erste zwei Juliwochen) lohnt sich ggf. ein Abstecher zum nordwestl. gelegenen **Jels**.

Information: Jels TB, Den Gammle Mølle, Jels Møllegade 5, 6630 Rødding, ✆ 74552110, ✉ 74553277, Fahrradvermietung, so geschl.
Vandrerhjem: Jels Idrætscenter, Ørstedvej 10, ✆ 74552869, ✉ 74553107, 98 Betten in 19 Zi., neben der Sporthalle, ganzj.
Camping: Jels Sø ** (477), Søvej 34, ✆ 74552238, ✉ 74553338, April-Sept., einfacher Platz ca. 7 km westl. beim Freibad Jels.

An der Gabelung nach gut 2 km halten Sie sich rechts weiter Rchtg. Vamdrup, verlassen aber unmittelbar danach die Landstraße auf eine rechts abzweigende Nebenstraße. Gleich darauf wieder links und dann immer geradeaus bis zu einer T-Mündung, an der Sie rechts nach *Højrup* gelangen. Erneut erzwingt eine T-Mündung einen Richtungswechsel - diesmal nach links - auf die Landstraße durch *Ødis-Bramdrup* und *Ødis*, die schließlich unter der Autobahn E20 hindurch führt und an der früheren Hauptstraße (heute: 170) endet. Nach links erreichen Sie durch den Vorort *Vonsild* (Camping) geradlinig das Etappenziel **Kolding** (s. Etappe 43).

Etappe 48:
Kolding - Sønder Bjert - Hejls - Fjelstrup - Haderslev - Åbenrå (65 km)

Diese Etappe führt u.a. über den höchsten Punkt Südjütlands.

Sie beginnt in Kolding auf der Str. 25 Rchtg. Flensburg am Hafen, führt einen Hügel hinauf und biegt dann links ab auf eine Landstraße Rchtg. Sønder Stenderup. (Wer sich den Hügel ersparen möchte oder ohnehin im Koldinger Zentrum startet, kann aus dem Stadtinneren die Sydbanegade Rchtg. Sr. Stenderup nehmen, bis davon nach ca. 4 km die Straße nach Sr. Bjert abzweigt, s.u.). Nach etwa 4 km trifft die Nebenstraße auf die andere, aus dem Koldinger Zen-

trum kommende; biegen Sie links ein und gleich danach wieder rechts ab nach *Sønder Bjert*. In einer langen, nicht zu steilen Steigung geht es dann hinauf zum **Skamlingsbanke**, dem höchsten Punkt Südjütlands, dessen stolze 113 m Meereshöhe durch die Existenz eines Restaurants, diverser Spazierwege und eines aus 25 Steinblöcken bestehenden Denkmals für die Vereinigung Jyllands gekrönt wird. Ein ausgezeichneter Fleck für eine Rast. Ein einfacher Campingplatz (* [369]) befindet sich übrigens direkt dabei (April-Okt.).
Bei der Abfahrt Rchtg. Sjølund biegen Sie in *Grønninghoved* links ab Rchtg. Hejls und treffen nach ca. 2 km wieder auf die Landstraße, die Sie links nach *Hejls* und dem Küstenvorort *Hejlsminde* bringt.

Information: TB, Kongensgade 5, 6070 Christiansfeld, ✆ 74561630, ✉ 74563218.
Camping: Hejlsminde *** (379), Gendarmvej 3, ✆ 75574374, ✉ 74574626, Hü., Waschm., Fahrradverl., Ostern-Mitte Sept., am Strand.

Fast schnurgerade führt die Landstraße südwärts über Fjelstrup nach Haderslev.

Haderslev, 31000 Einw., ist eine sehr alte Stadt, die durch ihre Lage im von Deutschen wie Dänen beanspruchten Sønderjylland (= Nordschleswig) eine Vergangenheit unter wechselnden »Besitzern« erlebt hat. Aus der preußischen Besatzungszeit findet man etliche interessante Ausstellungsstücke im Museum an der Dalgade (im Nordosten der Stadt), das im übrigen ein bemerkenswert gut gemachter und durchdachter Kulturtempel ist. Der Besuch des Museums lohnt nicht nur an Regentagen (mo geschl.); ein kleines, aber ebenfalls sehenswertes Freilichtmuseum gehört zum Komplex und ist im (niedrigen) Eintrittspreis einbegriffen.
Das Stadtzentrum von Haderslev weist etliche hübsche alte Häuser und den Dom des 15.-17. Jh. ebenso auf wie gute Einkaufsmöglichkeiten, ein dekoratives Flüßchen und einen sich unmittelbar westlich anschließenden See. Ein restauriertes Bürgerhaus von 1577 in der Slotsgade 20, das auch eine Keramiksammlung enthält, kann in der Hauptsaison tägl., sonst nur di/do/sa/so (wechselnde Öffnungszeiten) besichtigt werden. Nur während der Hauptsaison zugänglich ist die Schleswigsche Wagensammlung von Pferdefahrzeugen aller Art; das gleiche gilt für das Feuerschiff aus dem 19. Jh. im Hafen, auf dem dann auch wöchentlich Liederabende stattfinden.
In der Umgebung der Stadt sei besonders auf das südöstlich liegende *Starup* hingewiesen, wo sich eine frühmittelalterliche Kirche mit einem davor stehenden Runenstein befindet.

Information: TB, Sønderbro 3, 6100 Haderslev, ✆ 74525550, ✉ 74534667.
Verkehrsverbindungen: Eisenbahn Rchtg. Vojens.
Vandrerhjem: Erlevhus, Erlevvej 34, ✆ 74521347, 102 Betten in 30 Räumen, Feb.-Nov., Gruppen ganzj., im Südwesten der Stadt am Südufer des Haderslev Dam.

Kartenskizze Etappen 47 & 48

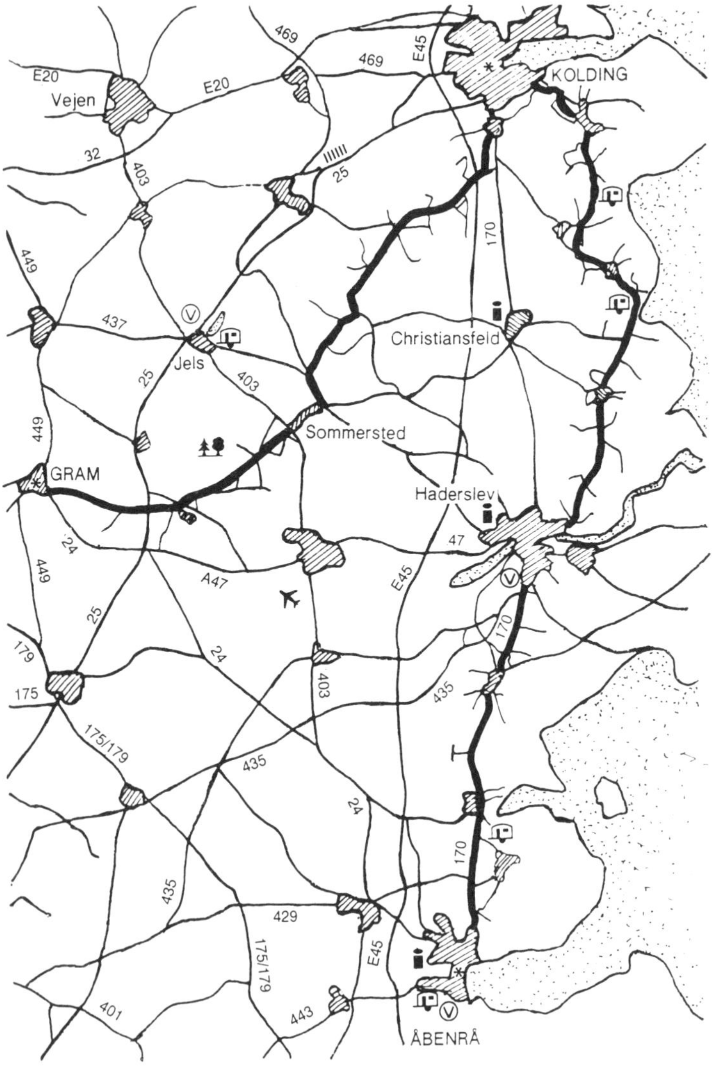

Südlich von Haderslev ergibt sich leider keine sinnvolle Möglichkeit, die 170 zu umgehen; zwar ist wegen der parallel laufenden Autobahn E45 der Verkehr hier nicht allzu stark, da die Straße aber vor dem Autobahnbau die Hauptstraße von Flensburg nach Kolding war, ist sie unangenehm breit ausgebaut und recht uninteressant geführt. Auch ein Ausweichen auf westlich der E45 gelegene Nebenstrecken ist nicht sinnvoll, da dabei Schotterwege einerseits und im grenznahen Bereich stark befahrene Landstraßen andererseits wenig Freude aufkommen lassen. Fazit: an der 170 führt kein Weg vorbei, sie wird bis Åbenrå durchgehend benutzt. Kurz vor dem Etappenziel ist hinter *Genner* (Camping ** [392]) ggf. ein Abstecher nach *Løjt Kirkeby* (s.u.) möglich.

Åbenrå, 22000 Einw., häufig noch »Aabenraa« geschrieben, ist eine alte Hafen- und Handelsstadt am gleichnamigen Fjord, die über eine recht ansehnliche Altstadt mit etlichen hübschen Giebelhäusern verfügt. Außerdem gibt es hier einige individualistische Museen sehr unterschiedlicher Richtung: eine Sammlung von Gemälden dänischer Herrscher im Rathaus (am *Store Torv*) für diejenigen, die die heimische Regenbogenpresse vermissen; eine umfangreiche Flaschenschiffsammlung im städtischen Museum (H.P. Hanssens Gade 33B, mo geschl., auf VH-Ausweis gratis); eine Möbel- und Arbeitsgeräte-Sammlung im *Jacob Michelsen Gård* (Toften 37B, auf Voranmeldung beim Städt. Museum).
Das im 19. Jh. restaurierte Wasserschloß *Brundlund* aus dem 15. Jh., am Südrand des Stadtzentrums gelegen, dient heute der Stadtverwaltung als Amtssitz.

In der Umgebung: In *Løjt Kirkeby*, nordöstl. von Åbenrå, verdient die Kirche einen Besuch, die außer einer prachtvollen Freskenausstattung einen imposanten Flügelaltar (16. Jh.) aufweisen kann.

Information: TB, H.P. Hanssens Gade 5, 6200 Åbenrå, ✆ 74623500, ✉ 74630744, Juni-Aug. auch samstags, Fahrradverl.; detaillierte Radtourenbeschreibung zu den beschilderten Routen der Umgebung für dkr 20.
Verkehrsverbindungen: Eisenbahn Rchtg. Rødekro.
Unterkunft: Hotel Royal, Nørre Torv 1, ✆ 74620330, ✉ 74629436, 8 Zi.; Missionshotellet, Klinkbjerg 20, ✆ 74630091, 18 Zi.; Privatzimmervermittlung durch das TB.
Vandrerhjem: Sønderskovvej 100, ✆ 74622699, ✉ 74622939, 82 Betten in 14 Räumen und 4 Ferienhütten, Waschm., März-Okt., Gruppen ganzj., am südl. Stadtrand von der 170 direkt zu erreichen über den Radweg vom südlich Hafenrand, Betriebseinheit mit dem Campingplatz.
Camping: ** (393), Hütten, zur JH gehörig, s.o.

Im Freilichtmuseum Haderslev

Etappe 49:
Åbenrå - Kruså (24 km)

Eine Strecke, die Anschauungsunterricht für die erstaunliche Fähigkeit von Straßenplanern ist, eine Strecke durch ein landschaftlich reizvolles Gebiet so zu führen, daß man so gut wie nichts davon sieht. Aber als Zubringer zur deutschen Grenze ist sie leider unvermeidbar.

Wer zu Beginn oder Ende einer Jyllandrundfahrt lieber noch einen Schlenker über die Halbinsel Sundeved/Als im Osten machen möchte, nehme die Landstraße über Varnæs nach *Blans*, wo Anschluß an Etappe 50 hergestellt wird.

Ansonsten begibt man sich in Åbenrå zur 170 nach **Kruså** (s. Etappe 1) und erreicht dort den Anschluß über die deutsch-dänische Grenze.

Camping: Lundtoft Skovcamping ** (395), Lundtoftvej 26, Kliplev, © 74687889, Hü., Mitte April-Mitte Okt., auf halber Strecke nahe der Straße.

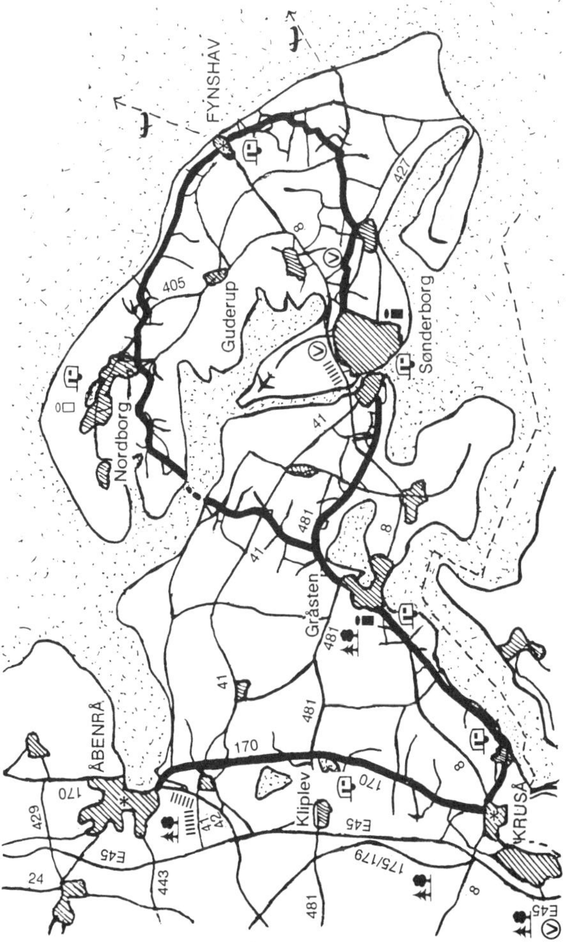
FYNSHAV
Nordborg
Guderup
405
427
8
Sønderborg
41
481
Gråsten
ÅBENRÅ
170
Kliplev
E45
175/179
KRUSÅ
429
24
443
41
42

Etappe 50:
Kruså - Kollund - Gråsten - Blans - Mjels - Svenstrup - Fynshav (56 km)

Eine Strecke quer über die Halbinsel Sundeved/Als mit Anschluß zur Fähre nach Fyn; in Kombination mit Etappe 47 alternativ als Rundtour einzusetzen. Die gesamte Südküste von Sundeved und die Nordostküste von Als sind übersät mit Campingplätzen, die deshalb hier im einzelnen nicht aufgeführt werden.

In Kruså wählen Sie die Str. 8 Rchtg. Sønderborg, verlassen sie aber am Stadtrand schon wieder auf die rechts abzweigende Landstraße nach *Kollund*. Die Straße verläuft immer an der Förde entlang und stößt am Stadtrand von *Rinkenæs* (Camping s. Gråsten) auf die Str. 8, der Sie durch den Ort und die sich fast lückenlos anschließende Bebauung von Alnor folgen. Die Radwege führen in diesem Bereich teils etwas von den zugehörigen Straßen fort, die (Rad-)Beschilderung Rchtg. Gråsten (*bzw. in Gegenrichtung Kruså*) ist jedoch zuverlässig. Fahren Sie nicht über die Egernsundbrücke, sondern biegen Sie links ab nach Gråsten.

Gråsten, 6000 Einw., liegt an einer Bucht der Flensburger Förde (Nybøl Nor), die nur durch den engen Egernsund Verbindung mit der Ostsee hat. Das am nördlichen Ortsrand gelegene Schloß dient der Königinwitwe Ingrid im Sommer als Residenz. Es stammt in seiner heutigen Form aus dem 18. Jh., nur die Kirche aus dem 17. Jh. hat einen Brand 1757 überstanden und ist später lediglich aus- und umgebaut worden. Die Schloßkirche und der Park können bei Abwesenheit der Königsfamilie besichtigt werden (nur im Sommer).
In der Borggade kann ganzj. täglich ein kleines Papiermuseum besucht werden.

Information: TB, Kongevej 71, 6300 Gråsten, ✆ 74650955, ✉ 74653513.
Verkehrsverbindungen: Eisenbahn Rchtg. Tinglev und Sønderborg; Schiffe nach Glücksburg/Deutschland (Ausflugsdampfer, meist mit Fahrradtransport).
Camping: Rinkenæshus * (413), Sejrvej 41-43, Rinkenæs, ✆ 74651808, ganzj., Hütten; Lærkelunden *** (412), Nederbyvej 17-25, Rinkenæs, ✆ 74650250, ✉ 74650225, Ostern-Okt.; zwischen Rinkenæs und Nordborg/Als keine Zeltplätze mehr.

Folgen Sie der Landstraße (481) am Schloß vorbei nach *Aksbøl*, und biegen Sie dort links ab auf die Straße, die über *Ullerup* und *Blans* zur Fähre nach Ballebro führt. Diese Schiffsverbindung nach Nord-Als verkehrt über 30 mal täglich, so daß Sie mit keiner nennenswerten Wartezeit rechnen müssen. Auf der Insel Als angekommen radeln Sie geradeaus bis *Mjels*, wo Sie rechts abbiegen nach *Oksbøl*. Halten Sie sich erneut rechts Rchtg. Guderup, falls Sie nicht einen Abstecher in das Städtchen **Nordborg** machen möchten; dort gibt es eine hübsche Dorfkirche des 12. Jh., das Schloß am Langesø ist heute eine Schule. Das TB in Nordborg verleiht auch Fahrräder (Lavensby Strand Camping *** [435] nördlich an der Küste).

Falls Sie jedoch gleich weiter Rchtg. Fynshav fahren wollen, so bleiben Sie etwa 2 km auf der Straße Rchtg. Brandsbøl, halten sich aber noch vor dem Ort links und fahren durch *Lunden* bis zur 405, in die Sie rechts nach *Svenstrup* einbiegen. Im Dorfzentrum nehmen Sie dann die links abzweigende Nebenstraße in den Wald *Nørre Skov*. Im Wald müssen Sie sich an allen Gabelungen links halten (außer an der Zufahrt zum Leuchtturm bei *Helleved*) und gelangen dadurch geradewegs nach **Fynshav**.

Das ist eigentlich ein völlig unbedeutender Ort, nimmt jedoch seit 1967 eine wichtigere Stellung ein, da seitdem hier die Fähre nach Fyn abgeht (8-22 h, alle zwei Stunden, in Gegenrichtung jeweils eine Stunde früher). Lohnend ist ein Ausflug in das westlich gelegene Dorf *Notmark*, wo es eine ungewöhnliche Kirche und ein altes, restauriertes Fachwerk-Pfarrhaus stehen. Etwas südlich von Fynshav befindet sich der *Høgebjerg*, mit 81 m die höchste Erhebung weit und breit.

Information: TB, Storegade 28, 6440 Augustenborg, ✆ 74471720.
Camping: Lillebælt ** (440), Nedergade 39, ✆ 74474840, Waschm., Mitte April-Sept., großer Platz im Süden von Fynshav abseits der Straße Rchtg. Skovby; Naldmose *** (441), Naldmose 12, ✆ 74474249, ✉ 74474016, ganzj., Hü., im Norden des Ortes.

Etappe 51:
Kruså - Gråsten - Sønderborg - Tandslet - Fynshav (63 km)

Die Alternative zur Etappe 50 und auch in Kombination damit als Rundtour zu nutzen.

Bis Gråsten folgt die Strecke der Etappe 50, biegt dann aber nicht Rchtg. Ullerup/Avnbøl ab, sondern führt auf der 481 um die Bucht des *Nybøl Nor* herum durch *Nybøl* nach **Dybbøl**.

Dieser Ort taucht in deutschen Geschichtsbüchern unter dem Namen Düppel auf und ist berühmt wegen der Rolle, die die *Düppeler Schanzen* in den preußisch-dänischen Kriegen des 19. Jh. gespielt haben. Heute sind die Schanzen ebenso wie die Windmühle Teile eines viel besuchten Nationalparks. Die Mühle, bei der sich ein Informationszentrum (deutschsprachige Vorführung tägl. 15.30 h) befindet, kann besichtigt werden (April-Sept.); sie liegt auf einem Hügel von 68 m Höhe, der eine rasante Abfahrt hinunter nach Sønderborg bietet.

Sønderborg, 30000 Einw., liegt zum größten Teil bereits auf der Insel Als, die mit dem Festland durch eine Brücke verbunden ist und ohnehin nur so geringen Abstand davon aufweist, daß der Inselcharakter kaum zu erkennen ist. Entstanden ist die Stadt um das 1160 begonnene Schloß am Hafen, das heute diverse Museen regionaler Bedeutung enthält (im Sommer tägl. 10-17 h, im Winter kürzere Öffnungszeiten). Zum Schloß gehört auch eine Renaissancekapelle von 1570. Ansonsten verfügt die Stadt kaum über ältere Bauwerke, da sie durch ihre exponierte Lage nahe der deutschen Grenze des öfteren unfreundliche Besucher mit zerstörerischen Neigungen hatte.
Jeweils am zweiten Sonntag im Juli beginnt das dreitägige Ringreiterfest, eine Art modernisiertes Ritterturnier, wie es im Sommer auch in vielen anderen Städten Südjütlands abgehalten wird. Hier nehmen seit fast 100 Jahren stets etwa 400 Reiter daran teil; der Rest der Bevölkerung tummelt sich in Kneipen und anderen gastlichen Stätten.
In der Umgebung: In *Augustenborg* (6 km nordöstlich abseits der weiteren Etappenführung) ist als Erbe der dortigen Herzöge ein Ensemble von Schloß samt Kirche und Park aus dem 18. Jh. in die radtouristische Gegenwart gerettet worden.

Information: TB, Rådhustorvet 7, 6400 Sønderborg, ✆ 74423555, ✉ 74425747, Fahrradverm., so geschl.
Verkehrsverbindungen: Eisenbahn via Fredericia nach Kopenhagen; Flugplatz nördl. mit mehreren Verbindungen tägl. nach Kopenhagen; unregelmäßig Ausflugsschiffe (mit Fahrradtransport) nach Neukirchen und anderen Zielen in Deutschland.
Unterkunft: Arnkilhus, Arnkilgade 13, ✆ 74422336, 13 Zi.
Vandrerhjem: Kærvej 70, ✆ 74423112, 200 Betten in 34 Räumen, Feb.-Nov., Gruppen bis Mitte Dez., Waschm./Trockner, Fahrradverl., nördl. des Stadtzentrums; Abildgården, Mommarksvej 17/22, Vollerup, ✆ 74423990, ✉ 74425290, 150 Betten in 52 Räumen, ganzj., 2 km östl. an der weiteren Etappenführung.
Camping: Vemmingbund ** (419), Vemmingbund Strandvej 5, Broager, ✆ 74488939, Mitte April-Mitte Sept., westlich von Dybbøl; Sønderborg ** (431), Ringgade 9, ✆/✉ 74424189, Waschm., April-Mitte Sept., im Süden der Stadt an der Bucht; Madeskov *** (430), Madeskov 9, ✆ 74421393, Mitte März-Ende Okt., nordöstlich nahe der weiteren Streckenführung.

Die Etappe führt auf der Landstraße Rchtg. Mommark nach Osten aus der Stadt, durchläuft den Vorort *Vollerup* (VH s.o.), biegt bei *Hørup* nach links Rchtg. Tandslet und Mommark ab und erreicht *Over Tandslet*. Dort biegen Sie links ab nach *Ertebjerg* (beschildert) und folgen der Straße bis zur kreuzenden Landstraße, in die Sie links abzweigen. An dieser Kreuzung fehlen die Hinweisschilder; die Landstraße nennt sich »Ostkystvej« (*in Gegenrichtung korrekt »Tandslet« beschildert*).
Die Landstraße nach Fynshav kommt kurz darauf an einer Abzweigung vorbei, die einen Abstecher zu den Megalithgräbern von *Blommmeskobbel* ermöglicht. Warnung: der Schotter-Anweg ist weit, und die prähistorischen Steine sind äußerst schwer zu finden.

Auf den Schanzen von Dybbøl

In **Fynshav** (s. Etappe 50) bietet sich mit der Fähre nach *Bøjden* der Anschluß zu den Strecken auf Fyn; ca. 2 km vor dem Fährhafen passieren Sie die höchste Erhebung der Insel Als, den 81 m hohen *Høgebjerg*.

Etappe 52:
Middelfart - Båring - Brenderup - Korup - Odense (53 km)

Für diese Strecke wird durchgehend die alte Landstraße nach Odense benutzt, während der Autoverkehr sich heute über die Autobahn E20 wälzt; da außerdem die Landstraße 161 eine geradlinigere Verbindung darstellt, ist hier nicht mit viel Autoverkehr zu rechnen.

Vom Ostrand des Stadtzentrums wählen Sie den als Abzweigung des *Odensevej* (Verlängerung der innerörtlichen Hauptgeschäftsstraße) nordostwärts aus der Stadt führenden *Jyllandsvej* (Rchtg. Røjle) und biegen am Stadtrand rechts auf den *Bogensevej* ab, der Sie unter der Autobahn hindurch, an Vejlby vorbei, direkt nach *Båring* (Camping ***) bringt. Die Landstraße trägt von dort an die Nummer 317, von der Sie nach einigen Kilometern rechts auf die 303 nach

Brenderup, Harndrup und weiter nach *Morud* abbiegen. Bei diesem Dorf liegt das Gut *Langesø* aus dem 18. Jh. mit einem dazugehörigen Blumenpark. Vom Gut existiert eine durchgehende Radroute bis Odense (Teil der Nationalroute 6), die jedoch bis Korup auf größtenteils unbefestigten (und teils steilen) Wegen verläuft. Folgen Sie deshalb der 303 noch bis ins Zentrum von *Korup*, fahren Sie dort rechts Rchtg. Blommenslyst. Am südlichen Ortsrand führt die Straße über eine Fuß-/Radwegunterführung hinweg; unmittelbar danach biegen Sie links ein in den *Korup Trærvej*, der seine Fortsetzung als asphaltierter Radweg nach Odense nimmt und dabei in *Pårup* an einer auf einem Hügel liegenden alten Kirche vorbeiführt.

(In Gegenrichtung: In Odense vorm Bahnhof stehend links halten und an der nächsten Kreuzung rechts in den Rugårdsvej [Rchtg. Flughafen] fahren, unmittelbar hinter der Eisenbahnunterführung rechts entsprechend der Beschilderung zum »Langesøsti«.)

Odense, 170000 Einw., ist eine der vier echten Großstädte Dänemarks und konnte 1988 tausendjähriges Stadtjubiläum feiern. Die zentrale Lage auf Fyn bewirkt zudem eine Position als Verkehrsknotenpunkt. Der Autoverkehr kann erst seit einiger Zeit, nach Fertigstellung der Umgehungsautobahn E20, einen Weg um die Stadt herum nehmen. Odense ist sehr weitläufig angelegt, aber das alte Stadtzentrum nimmt nur wenige Straßenzüge ein, die heute meist Fußgängerzonen (Fahrradverkehr erlaubt) sind. Besonders viele Bürgerhäuser des 16. und 17. Jh. stehen in der Møntestræde, von denen die meisten als Museen hergerichtet sind. Berühmtester Sohn der Stadt ist der Dichter Hans Christian Andersen, dem deshalb in seinem angeblichen Geburtshaus und einigen Anbauten ein Museum gewidmet ist. Ein weiteres Künstlermuseum ist dem Komponist Carl Nielsen zugedacht; es befindet sich in einem Konzerthausanbau (tägl.).
Außer dem üblichen Stadt- und Regionalmuseum (*Møntergården*, Sammlungen teilweise ausgelagert zum Schloß *Hollufgård* im äußersten Südosten der Stadt) bietet Odense einige Besonderheiten, die wohl für jeden Geschmack etwas bieten werden:
In der *Brandt's Passage*, einer umgebauten ehemaligen Textilfabrik mit interessanter Architektur, gibt es außer einer Kunsthalle (1988 zum »Europäischen Museum« gekürt) und einem Fotokunst-Museum im 3. Stock ein Grafisches Museum über die Entwicklung des grafischen Gewerbes. Technische Museen existieren desweiteren mit dem *Europäischen Automobilmuseum* (5 km östl., Sommerferien tägl., sonst nur so) und dem recht großen *DSB Jernbanemuseum* (Eisenbahnmuseum der dänischen Staatsbahn). Unter den historischen Häusern Odenses ragen zwei Kirchen (St. Albani und St. Knud) heraus. Und das Kleinod der Stadt ist zweifellos das im Süden (nahe der Streckenführung der Etappe 54) gelegene Freilichtmuseum *Den fynske landby* (= das fünische Dorf), dessen 24 Häuser im Sommer durch Handwerker etc. belebt werden.

Information: TB, Rådhuset, 5000 Odense C, ✆ 66127520, ✉ 66127586, im Sommer auch sonntags.
Verkehrsverbindungen: Eisenbahn nach Fredericia, Kopenhagen und Svendborg; Flugplatz 15 km nördl. mit Flügen nach Kopenhagen und Samsø.
Unterkunft: Etliche Hotels in Odense haben im Sommer ermäßigte Tarife. Buchung über das TB ist daher dringend zu empfehlen. Der KFUM & KFUK (CVJM) betreibt eine einfache Unterkunft als »Interpoint Centre«, Rødegårdsvej 91, ✆ 66142314.
Vandrerhjem: Kragsbjerggården, Kragsbjergvej 121, ✆ 66130425, ✉ 65912863, 168 Betten in 25 Räumen, Mitte Feb.-Nov., Gruppen bis 15.12., alter Gutshof südlich des Stadtzentrums.
Camping: DCU ** (241), Odensevej 102, ✆ 66114702, ✉ 65917343, Hü., Waschm., Ostern-Sept., in der Nähe des Freilichtmuseums, trotz Waldlage laut wegen der nahen Hauptstraße.

Etappe 53:
Middelfart - Udby - Hjorte - Kaslunde - Glamsbjerg - Gummerup - Nørre Broby - Brobyværk - Vantinge - Ringe (70 km)

Zum geografischen Mittelpunkt Fyns.

Die Etappe beginnt in Middelfart noch vor den Eisenbahnunterführungen, wo von der 161 rechts der »Assensvej« abzweigt, der Sie durch den Vorort Skrillinge und *Udby* (Unterkunft s. Middelfart, Etappe 45) zur Einmündung in die 313 Rchtg. Assens bringt. Folgen Sie der Landstraße durch die *Ørslev Bjerge* bis *Hjorte*, wo links eine Nebenstraße Rchtg. Kerte und Årup führt.

Wenn Sie dieser Straße weiter folgen, gelangen Sie nach **Årup**, wo es Übernachtungsmöglichkeiten gibt. Etwas nördlich des Städtchens befindet sich Schloß *Erholm*, dessen Park zugänglich ist; samstags gibt es eine Weinprobe im Schloß.

Unterkunft: Årup Kro, Bredgade 10, 5560 Årup, ✆ 6441013, 5 Zi.
Vandrerhjem: Årup Hallen, Skolegade 3, ✆ 64431328, 65 Betten in 12 Räumen, 15.1.-15.12.

Ansonsten biegen Sie von der Straße Rchtg. Kerte am Ortsende von *Hjærup* rechts ab Rchtg. Barløse, nach einem knappen Kilometer wieder links nach *Kaslund*. In diesem Dörfchen halten Sie sich zuerst rechts, dann geradeaus Rchtg. Ørsted und treffen nach ca. 5 km auf eine sternförmige Kreuzung, die Sie minimal nach rechts versetzt kreuzen und der 329 nach *Glamsbjerg* folgen. Diese Straße führt durch ein hügeliges Waldgebiet; durchfahren Sie Glamsbjerg bis zur Landstraße 168, die Sie links (Rchtg. Odense) einschlagen, nach wenigen hundert Metern aber wieder nach rechts Rchtg. Fåborg verlassen. Sie kommen an einem kleinen, einfach ausgestatteten *Campingplatz* (* [284], Mai-Mitte Sept.) vorbei und biegen dann links ab auf eine Nebenstraße über Hørup nach *Nørre Broby*. Durchfahren Sie den Ort bis zur Kreuzung der Straßen Odense-Hårby und Tommerup-Brobyværk, wo Sie leicht nach links versetzt kreuzen und die 335 nach *Brobyværk* (auch *Sønder Broby* genannt) wählen.

(In Gegenrichtung von Brobyværk kommend die Landstraße Odense-Hårby ebenfalls leicht nach links versetzt kreuzen - es gibt auch eine geradeaus führende Straße [Rchtg. Tommerup] - und durch Nørre Broby fahren.)

Unterkunft: Brobyværk Kro, Marsk-Billesvej 15, ✆ 62631122, ✉ 62632122, 20 Zi.
Vandrerhjem: Naturskolen Lærkedal, Præstesskovvej 17, ✆ 64752175, keine Gästeküche, ganzj.; Fynske Friluftsgård Trente Mølle, Trentevej 7, Ny Stenderup, ✆ 62618733, ganzj., ca. 6 km südlich.

In Brobyværk schließt sich geradeaus die 323 Rchtg. Ringe an, die Sie nach 5 km links auf den »Gelskovvej« verlassen, vorbei an dem gleichnamigen Landgut fahren und geradeaus nach *Sallinge* gelangen. Dort radeln Sie 50 m weit nach rechts durch den Ort, kreuzen die Str. 43 und erreichen nach ca. 2 km *Sallinge Mark*, wo Sie links abbiegen und durch *Vantinge* nach *Gestelev* und weiter nach Ringe kommen.

Ringe, 4200 Einw., ist eine zentral gelegene Kleinstadt, die sich hervorragend als Ausgangspunkt für Rundtouren in alle Gegenden Fyns eignet. Sie ist von etlichen Wäldern und einer großen Anzahl von Schlössern und Herrensitzen umgeben, darunter *Egeskov* (s. Etappe 57), ca. 7 km südlich. Ringe selbst verfügt über eine Dorfkirche von ca. 1100 mit eckigem Turm und über ein kleines lokales Museum (Juni-Mitte Aug.).

Information: Midtfyns TB, Algade 42, 5750 Ringe, ✆ 62622323, ✉ 62623623, Fahrradvermietung.
Verkehrsverbindungen: Eisenbahn nach Odense und Svendborg.
Vandrerhjem: Midtfyns Fritidscenter, Floravej 19, ✆ 62622151, ✉ 62622154, 50 Betten in 14 Räumen, Schwimmbad gleich nebenan, im Norden der Stadt.
Camping: ** (312), Verwaltungseinheit mit dem VH, s.o., April-Mitte Sept., kleinerer Platz.

Etappe 54:
Odense - Nørre Lyndelse - Freltofte - Gestelev - Ringe (25 km)

Vom kulturellen zum geografischen Zentrums Fyns.

Die Etappe beginnt auf der Hauptstraße Str. 9 bzw. Str. 43 (Rchtg. Fåborg), führt, ggf. vorbei am Freilichtmuseum, auf dem »Stenløsevej« zum Vorort Hjallese, kreuzt die Autobahn E20 und bleibt bis *Nørre Lyndelse* auf der Str. 43.

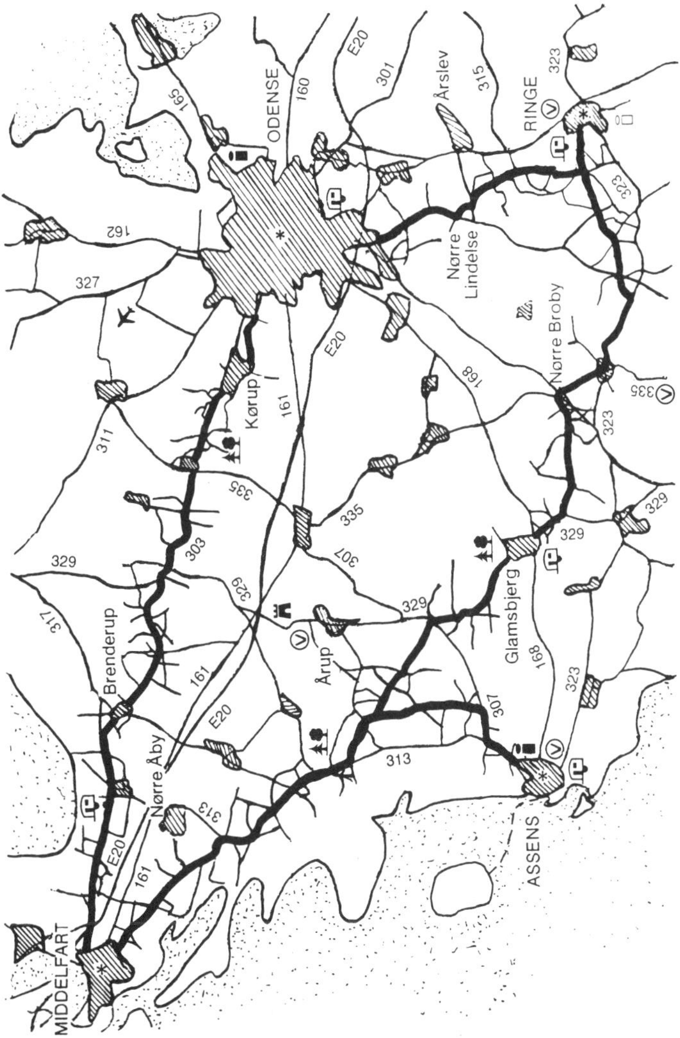
ODENSE
165
160
E20
301
Årslev
315
RINGE
323
162
327
Nørre Lindelse
Nørre Broby
168
335
Kørup
161
311
303
329
307
317
Brenderup
Årup
Glamsbjerg
313
Nørre Åby
MIDDELFART
ASSENS

(In Gegenrichtung beim Kreisverkehr über der Autobahnzufahrt der Radbeschilderung »Stenløsevej/Centrum« folgen.)

Biegen Sie in Nørre Lyndelse links ab auf die Nebenstraße nach *Freltofte* und geradeaus bis *Gestelev*, wo Sie an der Kirche links nach **Ringe** (s. Etappe 53) radeln. Das Freizeitzentrum bzw. Vandrerhjem und der Campingplatz sind direkt von dieser Straße aus zugänglich.

Etappe 55:
Middelfart - Hjorte - Hjærup - Barløse - Assens (38 km)

Gut zwei Drittel dieser Strecke zum Südwestens Fyns verlaufen identisch mit Etappe 53 (s. dort). Im Gegensatz zu dieser bleiben Sie jedoch hinter Hjærup auf der geradeaus führenden Nebenstraße durch *Barløse* zur Straße 307, in die Sie rechts einbiegen. Nach ca. 2 km stößt die Straße auf die 313 nach Assens. Die von der Karte suggerierte Möglichkeit einer Nebenstraßenvariante über Lundager ist eine unerfreuliche Schotterstrecke und somit keine sinnvolle Alternative.

Assens, 5500 Einw., ist ein nettes Städtchen am Kleinen Belt, dessen Zufahrt von hier aus in früheren Jahrhunderten kontrolliert werden konnte, und Ausgangspunkt für die Fähren zur Insel *Bågø*. Das Stadtzentrum wird optisch von der langgestreckten, großen Kirche (16. Jh.) mit ihrem achteckigen Turm beherrscht. Im Geburtshaus des Seefahrers *Peter Willemoes* ist das städt. Museum untergebracht (Juni-Aug. di-so, Mai nur sa/so); gleich nebenan gibt es ein lokales Kunstmuseum. Einige alte Fachwerkhäuser runden das Bild des Stadtkerns positiv ab.

Information: TB, Ladegårdsgade 1, 5610 Assens, ✆ 64712031, ✉ 64714939.
Verkehrsverbindungen: Fähre zur Insel Bågø im kleinen Belt.
Vandrerhjem: Adelgade 26, ✆ 64711357, ✉ 64715657, 74 Betten in 12 Räumen, April-Okt., sonst nur Gruppen, in einem museumsähnlich eingerichteten früheren Schulhaus, sehr gut ausgestattete Gästeküche; weiteres VH auf Bågø.
Camping: Willemoes *** (280), Næsvej 15, ✆ 64711543, ✉ 64711583, Ostern-Mitte Sept., Hütten.

Etappe 56:
Assens - Strandby - Faldsled - Horne - Bøjden (44 km)

Über küstennahe Nebenstraßen windet sich diese Etappe dem Fährhafen Rchtg. Als zu und durchquert dabei eine abwechslungsreiche Hügellandschaft; Anschluß an die südlichen Fyn-Etappen ist möglich.

Auf der 323 Rchtg. Hårby verlassen Sie Assens. Nachdem Sie die östl. Umgehungsstraße gekreuzt haben, biegen Sie rechts ab nach *Saltofte*, wo Sie kurz links und gleich wieder rechts abbiegen nach *Sønderby Bjerge*.

(In Gegenrichtung in Saltofte kurz links, gleich rechts in den »Lerbjergvej«, dann links nach Assens.)

Die Straße trägt nun den Namen *Å Strandvej* und dient Ihren Fahrradreifen für etliche Kilometer als Unterlage: vorbei an der Küste von *Sønderby* nach *Å*. Hier existiert ein privater Botanischer Garten namens *De 7 Haver* (April-Okt.).

Camping: Å Strand *** (287), Å Strandvej 61, ✆ 64741003, April-Mitte Sept., Hü.

Immer noch mit dem gleichen Namen schwenkt die Straße dann landeinwärts Rchtg. Ebberup. Ca. 1 km später kommt von rechts eine *Slots Allé* benannte Nebenstraße hinzu, in die Sie abbiegen. Wieder 1 km weiter endet die Slots Allé an der Verbindungsstraße von Ebberup zur Insel *Helnæs*. Hier können Sie ggf. einen Abstecher in dieses Naturidyll einschieben.

Camping: Strandbakken ** (288), Strandbakken 21, Helnæs, ✆ 64771339, ✉ 64771342, April-Sept., am südöstlichen Inselende.

Kartenskizze Etappen 56 & 57

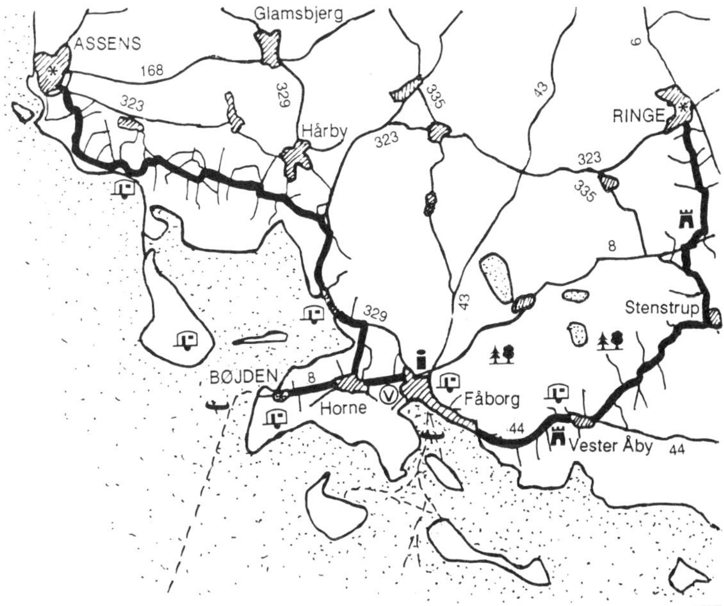

Ansonsten biegen Sie links ein Rchtg. Ebberup, unmittelbar darauf jedoch schon wieder rechts nach *Snace*. Wenn Sie den Ort durchfahren haben, wählen Sie die rechts abzweigende Nebenstraße durch *Skårup* und *Sarup* zur sich anschließenden T-Mündung, an der Sie sich rechts halten. 1 km weiter schwenkt die Etappe erneut links, durchquert *Strandby* Rchtg. Jordløse. An den nächsten Gabelungen halten Sie sich stets rechts und stoßen so zur 329, der Sie rechts durch *Faldsled* (Strand Camping *** [294]) Rchtg. Fåborg folgen. In *Millinge* haben Sie Gelegenheit zu einem Besuch des Spielzeugmuseums, das in einem alten Fachwerkgebäude am Assensvej 279 untergebracht ist (April-Okt. tägl.). Falls Sie jedoch nicht Etappe 57 unmittelbar anschließen oder in Fåborg (s. dort) übernachten möchten, biegen Sie noch vor Millinge rechts ab auf die Zufahrtstraße nach **Horne**, wo es die einzige Rundkirche auf Fyn gibt, die allerdings durch An- und Umbauten kaum noch als solche zu erkennen ist.

Die Str. 8 dient als Zubringer nach **Bøjden**, dem Fährhafen nach Fynshav auf Als.

Camping: Bøjden *** (278), Bøjden Landevej 12, ✆ 62601284, ✉ 62501294, Hü., Ostern-Mitte Sept., Fahrradvermietung.

Beim Andersen-Haus in Odense

Etappe 57:
Bøjden - Fåborg - Vester Åby - Hundstrup - Stenstrup - Egeskov - Volstrup - Ringe (45 km)

Die Verbindungsstrecke von den Fähren aus Als bzw. Gelting/Deutschland ins Zentrum von Fyn; Startpunkt kann demnach auch Fåborg sein.

Der Anfang der Strecke führt über Hauptstraßen; da die Str. 8 von Bøjden durch *Horne* (s. Etappe 56) bis Fåborg aber eigentlich nur ein Fährzubringer ist, kann man nach Vorbeilassen der Autos, die mit der Fähre von Als gekommen sind, vergleichsweise ruhig bis Fåborg weiterfahren. Es ist deshalb auch nicht erforderlich, den Schlenker der nationalen Radroute 8 vor Fåborg mitzumachen - allerdings bedeutet er auch keinen nennenswerten Umweg.

Fåborg, 10000 Einw., ist eine alte Hafenstadt mit einem fast vollständig erhaltenen Ortskern aus dem 18. Jh., die sich selbst meist noch »Faaborg« schreibt. Zwei Wahrzeichen der Stadt sind das mittelalterliche Stadttor *Vesterport* und der Glockenturm (Mitte Juni-Mitte Sept.); in einem der zahlreichen Fachwerkhäuser ist ein lokalgeschichtliches Museum (*Den gamle gård*, Mitte Mai-Mitte Sept.) untergebracht. Nationalen Ruf genießt das Kunstmuseum der Stadt, das auf fünische Maler der Jahrhundertwende spezialisiert ist (ganzj. tägl.). In einem alten Haus in der Holkegade ist seit kurzem ein Modellschiffmuseum eingerichtet worden (in der Hauptsaison tägl., sonst nur so). Außer der Fährverbindung nach Gelting/Deutschland gibt es von Fåborg aus auch Fähren zu den südlich vorgelagerten Inseln Bjørnø, Lyø, Avernakø und Ærø. Vor allem über die letztgenannte Insel kann man durch eine Anschlußfähre nach Langeland einen interessanten Abstecher machen; es gibt zwei Vandrerhjem auf Ærø.

Information: TB, Havnegade 2, 5600 Fåborg, ✆ 62610707, ✉ 62613337, in der Saison auch samstags; Fahrradvermietung.
Verkehrsverbindungen: Fähren auf die vorgelagerten Inseln (s.o.) sowie nach Gelting/Deutschland.
Unterkunft: Privatunterkunft: Rasmussen, Søren Lundsvej, Horne, ✆ 62601917, 25 Betten. Preiswertestes Hotel: Hotel Strandgade, Strandgade 2, ✆ 62612012, 22 Betten.
Vandrerhjem: Grønnegade 71-72, ✆ 62611203, ✉ 62613508, 81 Betten, April-Sept. direkt im Zentrum.
Camping: Holms ** (275), Odensevej 54, ✆ 62610399, ✉ 62613363, Waschm., Hütten, Mitte Mai-Aug., am östl. Stadtrand an der Str. 43; außerdem in Stadtnähe einige weitere Plätze.

Entlang dem Fåborg Fjord fahren Sie auf der Str. 44 Rchtg. Svendborg aus der Stadt heraus; es gibt keine Alternativstrecken, aber einen Radweg (Teil der

Nationalroute 8). Kurz vor dem Städtchen *Vester Åby* kommen Sie am Herrenhaus *Nakkebølle* vorbei.

Camping (Naturlagerplatz): Niels Åge Petersen, Bøgebjergvej 6, ✆ 62616328, 100 m nördl. der Str. 44 an der Verbindungsstraße nach Pejrup; Fam. Knudsen, Åbyvej 24, Hundstrup, ✆ 62241296, an der weiteren Etappenführung.

Am Ortsende von Vr. Åby biegen Sie links auf die Nebenstraße ab, die über *Hundstrup* nach *Stenstrup* führt. Dort wählen Sie links die (Rchtg. Snarup/ Espe) nach Norden verlaufende 335, die Sie nach ca. 5 km rechts auf den *Grønbjergvej* verlassen. An einem Windrad treffen Sie auf die Str. 8, auf der Sie ca. 1 km rechts Rchtg. Nyborg radeln, bevor Sie links nach **Egeskov** abbiegen. Das dortige Renaissanceschloß gilt als das schönste Wasserschloß Europas. Es kann ebenso wie die Parkanlagen besichtigt werden, ergänzt durch ein Museum von alten Autos und Flugzeugen, das in den ehemaligen Wirtschaftsgebäuden untergebracht ist (je nach Jahreszeit bis max. 18 h, sehr teuer).
Von Egeskov aus fahren Sie weiter nach Norden über Volstrup (beim Ort kurz nach links und gleich wieder rechts fahren) nach **Ringe** (s. Etappe 49), wo die Etappe endet.

(In Gegenrichtung: Von Ringe aus der Beschilderung nach Volstrup, später nach Egeskov folgen.)

Etappe 58:
Odense - Åsum - Hundslev - Rynkeby - Ullerslev - Nyborg (43 km)

Die Verbindungsstrecke zur Fähre Richtung Sjælland.

Sie beginnt in Odense auf der ostwärts aus der Stadt führenden Straße nach *Åsum* (Rchtg. Kerteminde), der bis in diesen Ort gefolgt wird. Radler mit breiten Reifen können auch den unbefestigten *Odenseåsti* entlang dem Flüßchen Odenseå benutzen, der am Rand von Odense-Zentrum als Verlängerung der Nedergade (auch beschildert ab Overgade) beginnt und unmittelbar vor Åsum endet.
In Åsum biegen Sie rechts ab nach *Rågelund* und fahren geradeaus weiter bis nach *Hundslev*. Hier können Sie einen Abstecher einflechten, indem Sie auf der Landstraße Rchtg. Kerteminde bleiben und bis **Ladby** fahren. In der Nähe dieses Ortes liegt das *Ladbyskib*, ein am Ort der Auffindung (in einem Erdhügel) verbliebenes Wikingerschiff (den Wegweisern »Vikingerskibet« folgen). Nach einem Besuch dort finden Sie den Anschluß an die weitere Etappe entweder über die Nebenstraße nach Revninge und die 315 nach Ullerslev oder über die Hafenstadt **Kerteminde**. Im hiesigen Kaufmannshof *Farvergården* von 1630 kann ein kulturhistorisches Museum besucht werden (März-Okt tägl.).

Kartenskizze Etappe 58 & 59

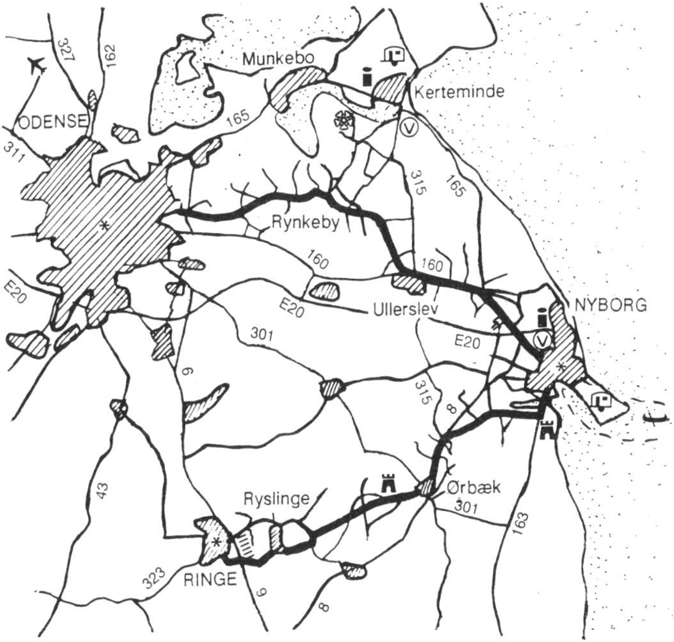

Information: TB, Strandgade 1B, 5300 Kerteminde, ✆ 65321121, ✉ 65321817, Fahrradverl., auch samstags.
Unterkunft: Tornøes Hotel, Havnen, Strandgade 2, ✆ 65321605, ✉ 65324840, 27 Zi.
Vandrerhjem: Skovvej 46, ✆ 65323929, ✉ 65323924, 90 B. in 30 Zi., Mitte Jan.-Nov.
Camping: *** (245), Hindsholmvej 80, ✆ 65321971, ✉ 65322327, Hü., Mitte April-Aug., großer Platz nördlich am Meer.

Nördlich von Kerteminde liegt die Halbinsel *Hindsholm* mit einigen hübschen Orten, die sich für einen Tagesausflug anbieten. Falls Sie in Kerteminde übernachtet haben, können Sie direkt über die 165 nach Nyborg weiterfahren.

Ansonsten biegen Sie in Hundslev am Ortsausgang erneut rechts ab nach *Rynkeby*. Durchqueren Sie dieses Städtchen (sehenswerte Kirche mit Fresken, die ein Engel-Orchester mit 17 verschiedenen Instrumenten darstellen) Rchtg. Ullerslev; nach wenigen Kilometern kommen Sie an dem großen Gutshof *Skovsbo* vorbei, dessen Park leider nicht öffentlich zugänglich ist. Fahren

Sie an der nächsten Gabelung rechts bis *Ullerslev*, wo Sie auf die 160 stoßen. Auf dieser Landstraße durchfahren Sie *Avnslev* und erreichen nach ca. 12 km Nyborg.

Nyborg, 18500 Einw., war im Mittelalter Sitz des dänischen Reichstages »Danehof« und somit faktisch Hauptstadt des Landes; heute ist die Stadt aufgrund ihrer Lage an der wichtigsten Straßen- und Fährverbindung nach Sjælland alles andere als ein verschlafenes Nest.
Der Tagungsort des Reichstages war das Schloß, ab ca. 1170 erbaut, dessen Westflügel noch erhalten ist (März-Okt. außer mo, Juni-Aug. tägl.). Die Steine der übrigen Flügel dienten im 18. Jh. als Baumaterial für das Schloß in Odense; was übrig blieb, wurde als Lagerraum genutzt und erst 1918-23 rekonstruiert. Von den Befestigungsanlagen Nyborgs sind um die Altstadt halbkreisförmige Wälle und Gräben erhalten. Von 1660 stammt das Festungstor *Landporten*, damals der einzige Zugang zur Stadt von der Landseite aus. Um etwa 1400 entstanden die Kirche und der »Kreuzbruderhof« als Teile des städtischen Klosters. Im Fachwerkhaus des Bürgermeisters Mads Lerche aus dem 17. Jh. ist heute das städt. Museum untergebracht (März-Okt außer mo, Juni-Aug tägl.).
Die vorgenannten Sehenswürdigkeiten sind auf engstem Raum in der Nyborger Altstadt zu finden. Südlich der Stadt an der 163 (s. Etappe 59) liegt das Renaissanceschloß *Holckenhavn*, dessen Park di und sa 14-18 h zugänglich ist; das Haus selbst kann nicht besichtigt werden.

Information: TB, Torvet 9, 5800 Nyborg, ✆ 65310280, ✉ 65310380, Fahrradvermietung.
Verkehrsverbindungen: Eisenbahn nach Odense; Fähren nach Korsør (Fahrzeit 1 Stunde): Eisenbahnfähre, 17-21 Abfahrten tägl. (in der Regel um xx.44 h), ca. dkr 60 inkl. Rad, Abfahrt am Bahnhof, dort auch Fahrkarten erhältlich; Vognmandsruten, Lkw-Fähre, nimmt bei Platz auch Fahrräder mit, Abfahrt stündlich (werktags) ab Mitternacht immer um xx.30 h, am Wochenende seltener, billiger, ✆ 53570204 (Korsør). Die Fähre Knudshoved-Halsskov ist eigentlich nur über Autobahn zu erreichen und deswegen für Radfahrer und Fußgänger nicht vorgesehen. Die Anfahrt längs der Schnellstraße ist ohnehin nicht zu empfehlen (ausgenommen vom Campingplatz aus, s.u.).
Mit der Fertigstellung der Eisenbahnverbindung über den Großen Belt durch den Tunnel (für 1996 vorgesehen) ist mit Änderungen zu rechnen; Erkundigung ist dann erforderlich. Die Vognmandsruten wird aber wohl mindestens bis zum Ende des Jahrhunderts bleiben, da die Autobrücke nicht früher fertig wird.
Unterkunft: Missionshotellet, Østervoldgade 44, ✆ 65301188, ✉ 65301133, 26 Zi.; Teglværksskoven, ✆ 65314140, 5 Zi.
Vandrerhjem: Havnegade 28, ✆ 65312704, ✉ 65302604, 88 Betten, ganzj.
Camping: *** (316), Hjejlevej 99, ✆ 65310256, Hü., Waschm., Fahrradverl., Ostern-Mitte Sept., am östl. Stadtrand an der Parallelstraße zur Autobahn Rchtg. Knudshoved; Grønnehave Strand *** (315), Rejstrupvej 83, ✆/✉ 65361550, Hü., nordöstl.

Etappe 59:
Ringe - Ørbæk - Bynkel - Holckenhavn - Nyborg (28 km)

Vom Zentrum der Insel Fyn zum Fährhafen Rchtg. Sjælland.

Die Etappe beginnt in Ringe auf dem südwärts aus dem Ort führenden »Svendborgvej« (= Gegenrichtungsanfang von Etappe 57), der im Bogen zur Str. 9 führt. Die Hauptstraße wird geradeaus gekreuzt, einen guten Kilometer weiter *Lørup* erreicht. Dort halten Sie sich links nach *Ryslinge*, im Ort dann rechts nach *Fjellerup*. An der dortigen T-Mündung geht es kurz links in das Dorf, nach 100 m rechts auf die 323 nach *Ørbæk*.

(In Gegenrichtung in Fjellerup von der 323 zuerst Rchtg. Grislev abbiegen, dann rechts nach Ryslinge und Lørup.)

Einige Kilometer vor diesem Städtchen führt die Strecke nahe an zwei nördlich der Straße gelegenen Vorzeitgrabstätten vorbei: *Lyndeskov* liegt direkt an der Straße, *Langdysserne* ist beschildert.

Unterkunft: Ørbæk Kro, Hovedgaden 1, ✆ 65331425, ✉ 65331465, 6 Zi.

Von Ørbæk aus folgen Sie in Ermangelung sinnvoller Nebenstrecken für etwa 4 km der Str. 8 Rchtg. Nyborg bis *Refsvindinge*.

Am Ortsausgang biegen Sie rechts ab auf eine schöne Nebenstraße, die durch *Sulkendrup* und *Bynkel* ostwärts führt und beim Schloß *Holckenhavn* (s. Nyborg) auf die 163 nach **Nyborg** (s. Etappe 58) trifft.

(In Gegenrichtung: Hinter Holckenhavn rechts auf die Nebenstraße Rchtg. Kogsbølle/Bynkel/Sulkendrup abbiegen, geradeaus durch Bynkel fahren bis zur Str. 8.)

Etappe 60:
Ringe - Egeskov - Stenstrup - Kirkeby - Hvidkilde - Svendborg - Tåsinge - Rudkøbing (50 km)

Der erste Teil der Strecke ist die Umkehrung des zweiten Teils von Etappe 57: über Egeskov zur Str. 8, dann Rchtg. Fåborg, am Windrad links zur 335, dort links nach *Stenstrup*.

Sie bleiben auf der 335 bis *Kirkeby*, wo Sie scharf rechts auf eine Nebenstraße zum Barockschlößchen *Hvidkilde* abbiegen. Etwas östlich des Gutes, zu dem außer dem (nicht öffentlich zugänglichen) Schloß ein See und eine Wassermühle gehören, treffen Sie auf die Str. 44, der Sie nach links bis Svendborg folgen.

Svendborg, 40000 Einw., ist die zweitgrößte Stadt auf Fyn und Durchgangsort für den gesamten Verkehr auf die Insel Tåsinge sowie nach Langeland. Dieser Bedeutung hat die Stadt zu verdanken, daß ihre Altstadt mit schönen Fachwerkhäusern trotz aller Zerstörungen durch Feuersbrünste, Kriege, Ostseepiraten und ähnliche Naturereignisse immer wieder aufgebaut wurde. In einem der schönsten Häuser Svendborgs, dem *Anne Hvides Gård* von 1560 an der Fruestræde 3, ist der größte Teil des städtischen Museums untergebracht (Mai-Okt. tägl.). An Kulturtempeln gibt es außerdem noch ein Spielzeugmuseum (Juni-Aug. tägl., sonst nur so), ein Zoologisches Museum (ganzj. tägl.) und das Ofenmuseum L. Lange & Co. (im Sommer tägl.) zu besichtigen. Im Fachwerkhaus *Skovbo Strand* hat Bertolt Brecht 1933-39 gelebt; ein darin geplantes Museum ist der deutschen Vereinigung zum Opfer gefallen, da die Finanzierung von Seiten der DDR geplant war.
Empfehlenswert ist in jedem Fall ein Besuch der diversen Sehenswürdigkeiten, die nur wenige Kilometer südlich auf der Insel Tåsinge an der weiteren Streckenführung liegen (s.u.).

Information: Sydfyns TB, Centrumpladsen 4, 5700 Svendborg, ✆ 62210980, ✉ 62220553, Fahrradverm., Tourenvorschläge.
Verkehrsverbindungen: Eisenbahn nach Odense; Fähren nach Ærø, Skarø und Troense/Valdemarsslot.
Unterkunft: Hotel Royal, Toldbodvej 5, ✆ 62212113, 27 Zi., Fahrradkeller, beim Bahnhof; Missionshotellet Stella Maris, Kogtvedvænget 3, ✆ 62213891, ✉ 62224174, 25 Zi., am Svendborgsund; zahlreiche Hotels auf Tåsinge.
Vandrerhjem: Vestergade 45, ✆ 62216699, ✉ 62202939, 237 Betten, Jan.-Mitte Nov., im östl. Teil der Stadt am Svendborgsund.
Camping: Etliche Campingplätze in der Umgebung bzw. auf Tåsinge, darunter am nächsten: Vindebyøre *** (310), Vindebyørevej 52, Tåsinge, ✆ 62225425, ✉ 62225426, Hü., Ostern-Mitte Sept., über die Svendborgsundbrücke, dann links Rchtg. Vindeby.

Auf dem Radweg längs der Str. 9 überqueren Sie die Brücke zur Insel *Tåsinge*, biegen dann aber links auf die Nebenstraße nach **Troense** ab. An dieser Strecke befinden sich ein *Seefahrtsmuseum* (Troense, Grønnegade 1), ein kulturhistorisches Museum (Bregninge, Kirkebakken, Mitte Mai-Aug.) und vor allem das **Valdemarsslot**, in dem heute ein Herrenhaus-Museum untergebracht ist (Mai-Sept. tägl. 10-17 h, ansonsten nur sa/so).
Im Bogen führt die Nebenstraße bei Lundby zurück zur Str. 9, auf deren Radweg Sie in Ermangelung einer Nebenstraße bis Rudkøbing weiterfahren.

Kartenskizze Etappen 60 - 62

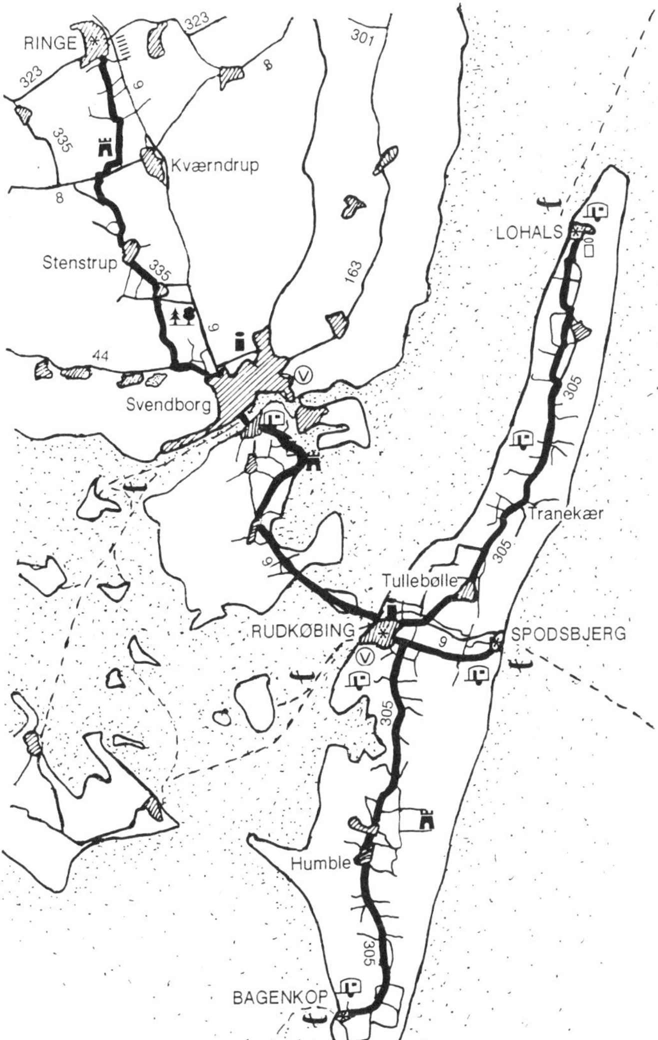

Rudkøbing, 4500 Einw., ist der Hauptort der Insel Langeland, einer ausgesprochenen Ferienregion, die aufgrund zahlreicher Fährverbindungen gut als »Sprungbrett« zu anderen dänischen Inseln geeignet ist. Rudkøbing selbst hat vor allem eine hübsche Altstadt, die im Sommer vom TB auch mit deutschsprachigen Führungen vorgezeigt wird. Fundstücke aus der Vorgeschichte der Insel sind im *Langelands Museum* zu besichtigen, außerdem gibt es noch die »Alte Apotheke« und ein kleines Museum zu Fischerei und Seefahrt (mo-sa). Wer es nicht absolut eilig hat - und welcher Radtourist hat es schon eilig? -, sollte Langeland zumindest einige Tage lang mit Rundfahrten erschließen (s. Etappen 61/62).

Information: Langelands TB, Torvet 5, 5900 Rudkøbing, ✆ 62513505, ✉ 62514335, Fahrradverl., mehrsprachige Broschüre *Turistguide* für ganz Langeland.
Verkehrsverbindungen: Fähren nach Strynø und Ærø.
Vandrerhjem: Engdraget 11, ✆/✉ 62511830, 70 Betten in 11 Räumen, März-Nov., am südl. Stadtrand.
Camping: beim Vandrerhjem * (333), gleiche Zeiten, Telefon und Verwaltung; weitere Plätze auf der Insel, darunter der nächste bei Nr. Longelse (s. Etappe 61).

Etappe 61:
Rudkøbing - Spodsbjerg (10 km)

Eine Kurzetappe zur anderen Seite der Insel Langeland, die den Anschluß an die Fähre nach Lolland herstellt.

Selbst wenn Sie Hauptstraßenfan sind und lieber auf der Str. 9 fahren möchten - bei Simmerbølle wäre Schluß damit, da die Radfahrer dort auf eine Nebenstraße geleitet werden. Nehmen Sie statt dessen gleich die vom südlichen Rand aus Rudkøbing hinausführende Landstraße nach *Spodsbjerg* (Straßenzug Torv - Østergade - Østerport - Spodsbjergvej; das ist die nördl. von VH/Campingplatz gelegene Straße), auf der Sie Ihr Ziel geradewegs - und wegen der sonst fälligen Umleitungen auch schneller - erreichen.

Spodsbjerg ist eigentlich vollkommen unbedeutend, wegen der Fähre nach Lolland aber dennoch für den Durchgangsverkehr wichtig.

Verkehrsverbindungen: Fähre nach Tårs auf Lolland, ca. 18 Abfahrten tägl.
Camping: Billevænge *** (331), Spodsbjergvej 182, ✆ 62501006, ✉ 62501046, Hü., Waschm., Ostern-Sept., kurz vor dem Ort südl. der Landstraße; Degnehavn ** (332), Spodsbjergvej 277, Nørre Longelse, ✆ 62501092, ✉ 62501592, Hü., Waschm., Fahrradverl., ganzj., an der Landstraße etwas vor dem obigen Campingplatz.

Etappe 62:
Bagenkop - Humble - Rudkøbing - Tullebølle - Tranekær - Lohals (55 km)

Eine Strecke über die gesamte Länge der Insel, mit der diverse Fährlinien verknüpft werden. Weitestgehend wird die Landstraße 305 benutzt; es gibt zwar eine Vielzahl von kleineren geeigneten Straßen, da aber außer etwas Fähr-Durchgangsverkehr auf Langeland insgesamt wenig Verkehr herrscht, ist das Ausweichen auf kleinere Straßen allenfalls bei mehrtägigem Aufenthalt auf der Insel anzuraten, wobei Sie sich der regionalen Radroutenbeschilderung anvertrauen können. Wegen der weitgehend ebenen Oberfläche und der geringen Breite der Insel kann man sich dabei kaum verfahren.

Die Etappe beginnt in **Bagenkop**, dem Fährhafen der aus Kiel kommenden Strecke (Camping *** [339] in Nähe des Fähranlegers). Auf der 305 erreichen Sie im weiten Bogen zuerst das langgezogene Dorf *Tryggelev* und etwas später **Humble**. In diesem Ort gibt es nicht nur eine hübsche Kirche aus dem 15. Jh., sondern auch ein großes Hünengrab, das *Kong Humbles Grav*, ein Langgrab aus fast 80 Steinen gleich nördlich der Kirche, das von Südosten aus zugänglich ist.
Von Humble aus ist ein Abstecher zum östlich gelegenen Herrensitz **Skovsgård** möglich, in dem sich eine Sammlung alter Pferdewagen und seit 1992 ein Forstmuseum befinden (Mitte Mai-Sept. außer sa).

Entweder direkt über die 305 oder von Skovgård aus über Hennetved erreichen Sie den Ort *Lindelse*, der über eine schöne Kirche verfügt. Nach weiteren ca. 10 km erreichen Sie *Rudkøbing*, den Hauptort der Insel (s. Etappe 60). Dort fahren Sie auf der Str. 9 ca. 2 km ostwärts, bis Sie bei *Simmerbølle* von der Hauptstraße geleitet werden. Folgen Sie der 305 weiter durch *Tullebølle* (das einzige dänische Dorf mit zwei erhaltenen Windmühlen, ansonsten aber mit neuer Bebauung) nach **Tranekær**. Nördlich des Dorfs liegt an einem See der örtliche Herrensitz, das älteste noch bewohnte Profangebäude in Dänemark. Es wurde etliche Male umgebaut, so daß vom mittelalterlichen Kern nicht mehr viel zu erkennen ist. Der herrschaftliche Charakter des Schlosses wird dadurch betont, daß in seinem Bereich die Straße zu einer doppelten Allee - getrennte, jeweils baumgesäumte Fahrbahnen - ausgebaut ist. Etwas nördlich des Schlosses ist in der Schloßmühle (19. Jh.) ein Mühlenmuseum untergebracht (Mitte Mai-Sept. außer sa).

Camping: Emmerbølle Strand *** (342), Emmerbøllevej 24, ✆ 62591226, ✉ 62591228, Hü., Mitte April-Ende Sept.

Nach weiteren ca. 10 km auf der 305 verlassen Sie die Landstraße nach links auf die Nebenstraße nach Fæbæk, Ennebølle und weiter nach *Stoense*, die gleichzeitig eine Ortsumgebung für das Städtchen *Store Snøde* darstellt. In Stoense fahren Sie wenige hundert Meter auf der 305 Rchtg. Lohals, biegen aber noch im Ort wieder links auf eine Nebenstraße ab, die nordwärts durch ein Ferienhausgebiet (*Stoense Utflyttere*) führt und erst kurz vor Lohals wieder auf die 305 trifft.

Lohals, 650 Einw., ist der Fährhafen für die Verbindung nach Sjælland. In dem sich östlich nahtlos anschließenden Ortsteil Hov existiert ein Safarimuseum (Hovvej 49), dessen Sammlung der Großwildjäger Tom Knudsen seiner Heimatstadt schenkte (Pfingsten-Aug. sa/so, Juli/Aug. zusätzl. di/do, jeweils 15-17 h.)

Information: TB, ✆ 62551363, nur während der dänischen Sommerferien.
Verkehrsverbindungen: Fähre nach Korsør auf Sjælland.
Camping: Lohals *** (343), Birkevej 11, ✆ 62551460, Waschm., Fahrradvermietung., Mai-Mitte Sept., direkt im Ort; Hou Nordstrand *** (345), Vesterled 2, ✆/✉ 62551880, Hü., Mitte April-Sept., an der Nordspitze von Langeland.

Etappe 63:
Tårs - Sandby - Nakskov - Dannemare - Viet - Holeby - Brydebjerg - Kettinge (- Nysted - Kettinge) - Sundby - Nykøbing/Falster (77 km)

Quer über Lolland mit Anschluß von der Fähre aus Spodsbjerg; in Holeby ist eine »Schaltstelle« zu Etappe 64 gegeben.

In *Tårs*, dem Fährhafen der Schiffsverbindung aus Langeland, beginnt die Etappe zunächst auf der Str. 9, von der Sie aber schon kurz hinter dem Anleger auf eine Landstraße geleitet werden, die durch *Sandby* und danach rechts nach *Branderslev* und weiter nach Nakskov führt.

Nakskov, 16000 Einw., ist die größte Stadt der Insel Lolland und ein wichtiger Industriestandort. Sehenswert ist besonders die Altstadt mit der mittelalterlichen Sct.-Nicolai-Kirke und einigen Fachwerkhäusern aus dem 17. und 18. Jh. Eine alte Schmiede in der Tilegade 21 ist als lebendiges Handwerksmuseum hergerichtet worden (in der Saison 2-3 Wochentage nachm., gratis). Der regionale Touristverein veranstaltet am letzten Juliwochenende jeweils eine dreitägige Lolland-Fahrradrundfahrt; Anmeldung beim TB (s.u.). *In der Umgebung:* Die *Japanischen Gärten* von *Købelev* (10 km nördl.) sind für die Öffentlichkeit zugänglich gemacht worden (Juli/Aug. tägl., sonstige Sommersaison nur sa/so). Købelev hat außerdem einen schönen Pfarrhof, der unter Denkmalschutz steht.

Information: TB, Axeltorv 6, 4900 Nakskov, ✆ 53922172, ✉ 53923597.
Verkehrsverbindungen: Eisenbahn (Privatbahn) über Maribo und Sakskøbing nach Nykøbing/Falster, mit Fahrradtransport.
Vandrerhjem: Branderslevvej 11, ✆ 53922434, 52 Betten in 16 Räumen, ganzj., nördlich an der Straße Rchtg. Branderslev.
Camping: Hestehovedet *** (219), Hestehovedet 2, ✆/✉ 53921947, Hü., Waschm., Mai-August, westlich der Stadt in Strandnähe.

Überqueren Sie den Nakskov Fjord südwärts Rchtg. Rårup und Dannemare, lassen Sie den Flugplatz rechts liegen, und fahren Sie durch Holleby. Etwa 2 km weiter biegen Sie links ab auf die Nebenstraße nach *Arninge*, am dortigen Dorfeingang aber schon wieder rechts durch Grønnegade nach *Græshave*. Dort endet die Straße an einer T-Mündung, an der Sie rechts auf der Landstraße nach *Dannemare* radeln. Dieses Dorf streifen Sie jedoch nur in den östlichsten Ausläufern, schwenken mit der Straße ostwärts, durchqueren *Gloslunde* und biegen kurz darauf rechts ab, um durch Hoby und *Hobyskov* zu fahren. Die Straße wird dann schmaler und endet schließlich in *Viet* an einer T-Mündung, an der die Etappe rechts abknickt.
Nördlich von Nebbelunde stößt die Nebenstraße auf die 275, die Sie ca. 1 km weit Rchtg. Søllested benutzen, dann aber nach rechts auf die 297 wieder ver-

lassen. Sie überqueren auf einer Brücke die 153 und die Autobahn E47 und erreichen das Städtchen *Holeby* (TB Mai-Mitte Sept). Hier können Sie ggf. auf die Streckenführung von Etappe 64 Rchtg. Maribo und vorbei an Sakskøbing wechseln.

Ansonsten biegen Sie kurz links in den Ort hinein ab, durchfahren ihn vollständig auf der parallel zur 297 verlaufenden Durchgangsstraße, die nahtlos in die Nebenstraße nach *Fuglse* übergeht. Dort wählen Sie noch vor der 297 die links abzweigende Straße nach *Bøsserup* und weiter nach *Alsø*. Am Ufer des *Røgbølle Sø* halten Sie sich rechts und fahren solange geradeaus, bis die Nebenstraße an einer T-Mündung endet; hier radeln Sie wenige Meter Rchtg. Norden, biegen dann aber gleich wieder rechts ab auf eine Straße, die im Bogen Rchtg. Godsted verläuft. Nach 1½ km geht es erneut rechts ab, über eine Eisenbahnlinie hinweg und durch *Karleby* hindurch Rchtg. Øster Ulslev. Noch vor diesem Dorf nehmen Sie schließlich die links abzweigende Straße nach *Brydebjerg*. Wenige Meter nach rechts versetzt kreuzen Sie die 283 und radeln durch *Grønnegade* Rchtg. Kettinge; nördl. davon befindet sich in *Bregninge* der Vogelgarten *Fuglehaven*, der in rund 100 Volièren Vögel aus aller Welt enthält. Die Nebenstraße endet an der 297, der Sie ca. 100 m Rchtg. Nykøbing F folgen, bis Sie rechts hinein nach **Kettinge** fahren können. Die Kirche des Ortes bietet eine »mittelalterliche Modenschau« in Form biblischer Darstellungen in Trachten des Mittelalters.
Hier können Sie ggf. einen Abstecher in das südlich gelegene Städtchen Nysted machen.

Nysted, 1500 Einw., ist eine kleine Stadt im Süden der Insel Lolland. Attraktion des Städtchens ist das Schloß *Ålholm*, dessen älteste Teile stolze 800 Jahre alt sind und das heute noch bewohnt ist. Dennoch können Teile der Gebäude im Sommer (Juni-Aug. tägl., Nebensaison sa/so) besichtigt werden. Zum Schloß gehört eine der größten Oldtimer-Sammlungen Europas mit rund 200 alten Autos. Im *Gamle Pakhus* an der Adelgade existiert außerdem ein Kunsthandwerkszentrum mit arbeitenden Werkstätten und Ausstellungen.

Information: TB, Adelgade 65, 4880 Nysted, ✆ 53871985, ✉ 53871994, im Sommer auch Samstagvormittag.
Camping: *** (214), Skansevej 38, ✆ 53871411, ✉ 53871429, Hütten, Waschm., Fahrradverl., April-Mitte Sept.

Nach dem Abstecher kehren Sie ggf. zurück nach Kettinge.
In jedem Fall durchfahren Sie ostwärts Kettinge und anschließend *Frejlev*, bevor Sie auf die 297 Rchtg. Nykøbing stoßen. Nach einigen Kilometern kommen Sie am Herrenhaus **Fuglsang** vorbei, dessen zugänglicher Park fast 300 verschiedene Baum- und Buscharten enthält; das Haus selbst kann nicht besichtigt werden.

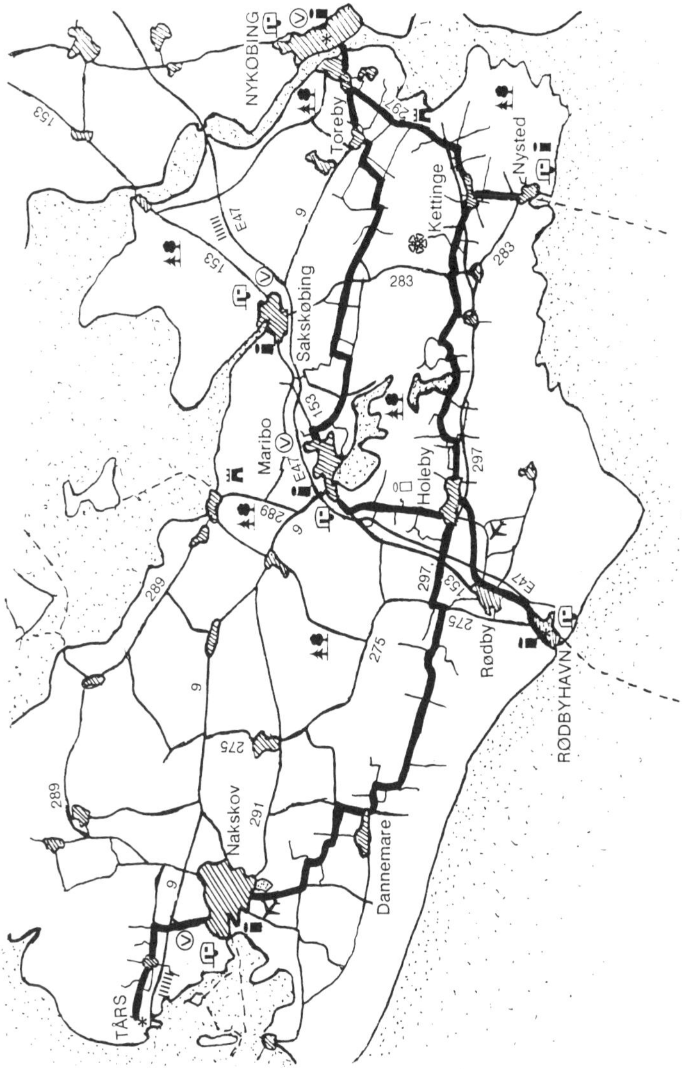
NYKØBING
Toreby
Nysted
Kettinge
Sakskøbing
Maribo
Holeby
Rødby
RØDBYHAVN
Nakskov
Dannemare
TÅRS
E47
153
297
283
289
275
291
9

Beim noch auf Lolland gelegenen Städtchen *Lundby* trifft die 297 auf die Str. 9, die Sie über die Brücke nach Nykøbing bringt.

Nykøbing/Falster, 20000 Einw., ist eine von drei gleichnamigen größeren Städten Dänemarks, die zur Unterscheidung mit dem ersten Buchstaben der Region als Anhängsel gekennzeichnet werden. Nykøbing F, 1989 700 Jahre alt geworden, ist das Verwaltungszentrum für Lolland und Falster und dementsprechend, von einigen Ausnahmen abgesehen, nur wenig sehenswert. In der Stadtmitte gibt es eine Kirche als einzigen Rest eines Franziskanerklosters; direkt dabei liegt ein Heilkräutergarten mit über 300 verschiedenen Pflanzen. Am Marktplatz befindet sich ein Haus, in dem angeblich der russische Zar Peter der Große gewohnt (oder zumindest gegessen) hat; heute beherbergt es das Regionalmuseum (mo geschl.) und ein Restaurant.

Information: TB, Østergågade 9, 4800 Nykøbing F, ✆ 54851303, ✉ 54851005.
Verkehrsverbindungen: Eisenbahn nach Nakskov (Privatbahn mit Fahrradtransport) sowie nach Rødbyhavn und Vordingborg (DSB).
Vandrerhjem: Østre Allé 110, ✆ 54856699, 96 Betten, Mitte Jan.-Mitte Dez., Neubau am Ostrand der Stadt.
Camping: *** (190), Østre Allé 112, ✆ 54854545, ✉ 54823242, Hütten, Mai-Mitte Sept., neben dem VH.

Etappe 64:
Rødbyhavn - Rødby - Holeby - Maribo - Kartofte - Toreby - Nykøbing/Falster (77 km)

Die Verbindungsstrecke zur Fähre von/nach Puttgarden; in Holeby ist ein Wechsel auf die Alternativführung der Etappe 63 möglich.

Die Etappe beginnt in **Rødbyhavn**, dem dänischen Anknüpfungspunkt zur »Vogelfluglinie«, der kürzesten Verbindung von Norddeutschland nach Kopenhagen. Hier legen sehr viele Fähren an, darunter auch die Eisenbahnfähren aus Rchtg. Lübeck. Die ankommenden Touristen werden gleich mit einer typisch dänischen Spezialität konfrontiert: einer ganzen Batterie von Windrädern.

Information: TB, Willers gård, Vestergade 1, 4970 Rødby, ✆ 54604112, ✉ 54604546, Fahrradverl., in einem Kaufmannshof von 1729; Filiale in Rødbyhavn beim Danhotel am Hafen.
Verkehrsverbindungen: Fähre nach Puttgarden; Eisenbahn Rchtg. Nykøbing/Falster.
Camping: Rødby Lystskov ** (229), Strandvejen 3, ✆ 54601216, Hütten, Waschm., April-Anf. Sept., nördl. von Rødby in einem kleinen Waldstück nahe der 153.

Auf der Trasse der früheren Eisenbahnlinie Richtung Maribo ist ein Fuß-, Reit- und Radweg (»Jernbanestien«) angelegt worden (Teil der nationalen Radroute 9), der die Ausläufer von *Rødby* streift und dann nach rechts schwenkt. Er unterquert die E47, führt vorbei an dem kleinen Flughafen von Maribo und endet in Holeby; hier kann ggf. auf die Führung von Etappe 63 gewechselt werden. In Holeby (oder schon vorher) kann ein Abstecher nach *Tågerup* (»Polenmuseum« zum Leben polnischer Landarbeiter, die hier früher zur Rübenernte eingesetzt wurden; Mitte Mai-Mitte Sept. sa, im Juli auch mi) und *Lungholm* (Schloß mit Wölfe-Zoo [!], Juni-Okt.) ggf. eingeschoben werden.

Die Verlängerung des Radweges bis Maribo ist noch nicht in Angriff genommen. Für dieses Teilstück muß deshalb vorläufig entweder die Landstraße benutzt werden, die kurz vor dem Stadtrand in die 153 mündet, oder Sie folgen weiter der beschilderten Radroute, die in etwas komplizierter Streckenführung über Nebenstraßen führt.

Maribo, 8000 Einw., ist eine Provinzstadt, die ursprünglich um ein Kloster des 15. Jh. entstanden ist. Von den klerikalen Bauten ist die Domkirche erhalten und kann (außerhalb der Gottesdienstzeiten) besichtigt werden. Die Geschichte der Insel ist dargestellt im *Stiftsmuseum* am Bahnhofsplatz (auf VH-Ausweis gratis). Einer der Hauptwirtschaftszweige des heutigen Lolland, die Zuckerindustrie, ist neben der traditionellen Bauernkultur der Insel Schwerpunkt im Freilichtmuseum Maribos, das an dem südlich gelegenen See zu finden ist. Nach dem nördlich gelegenen Hafen *Bandholm* verkehrt (nur im Sommer und vor allem an Wochenenden) unregelmäßig eine Museumsbahn mit Lokomotive und Wagen aus dem 19. Jh. Ein derartiger Ausflug läßt sich gut verknüpfen mit einem Besuch von Schloß *Knuthenborg* und dem dabei befindlichen Safaripark.

Information: TB, Torvet 1A, 4930 Maribo, ✆ 53880496, Fahrradverl.
Verkehrsverbindungen: Eisenbahn (Privatbahn) nach Nakskov und Nykøbing/F.
Vandrerhjem: Sdr. Boulevard 82B, ✆ 53883314, ganzj., neues Haus.
Camping: Maribo Sø *** (222), Bangshavevej 25, ✆ 53880071, Waschm., Mitte Mai-Aug., am See nahe dem Freilichtmuseum.

Von Maribo aus folgen Sie anfangs der 153 Rchtg. Sakskøbing, biegen dann aber rechts ab auf die Landstraße Rchtg. Udstolpe und Store Slemminge. Nach knapp 6 km wählen Sie die links abzweigende Nebenstraße nach *Sletteskov*, die nach 2 km an einer T-Mündung endet. Hier halten Sie sich rechts und radeln nun immer geradeaus durch *Lille Slemminge* nach *Kartofte*. In beiden Orten haben Sie die Möglichkeit, links einen Abstecher nach Sakskøbing zu machen, um z.B. dort zu übernachten.

Sakskøbing, 8000 Einw., ist ein nettes Landstädtchen mit etlichen hübschen alten Häusern, in dessen Umgebung es einige Herrensitze mit schönen Parkanlagen gibt. Bekanntestes Beispiel ist *Oreby Gård*, ca. 4 km nordwestlich am Fjord gelegen. Neben der örtlichen Kirche steht eine originelle Plastik: ein Mädchen mit Schirm.

Wahrzeichen von Sakskøbing ist ein Wasserturm, der seit 1982 nach Süden (zur 283) hin mit einem lächelnden Gesicht bemalt ist und nunmehr in allerlei Gestalt als optisches Aushängeschild dient.

Information: TB, Torvegade 4, 4990 Sakskøbing, ✆ 54705630, ✉ 54704572, nur in der Saison, sonst Auskunft bei VH/Campingplatz.
Verkehrsverbindungen: Eisenbahn (Privatbahn) nach Nakskov und Nykøbing/F.
Unterkunft: Otel Våbensted, Krårup Møllevej 6, ✆ 54706363, 21 Zi., auf halbem Weg zwischen Maribo und Sakskøbing.
Vandrerhjem: Saxes Allé 10, ✆ 54706045, 82 Betten in 19 Räumen, Fahrradverm.
Camping: *** (235), Saxes Allé 15, ✆ 54704757, ✉ 54705067, Fahrradverl., zahlreiche Hütten, Mai-Aug., gegenüber dem Vandrerhjem.

Die Fortsetzung nimmt die Etappe in jedem Fall wieder in Kartofte, wo Sie entweder als geradlinige Verlängerung der bisherigen Streckenführung oder als Linksabzweigung von der 283 aus Rchtg. Sakskøbing durch *Rykkerup* zur T-Mündung beim Landgut *Rosenlund* fahren. Dort geht es kurz links und gleich wieder rechts; entweder noch vor der Eisenbahn oder unmittelbar danach nutzen Sie eine der beiden links abzweigenden Straßen nach *Flintinge.*

(In Gegenrichtung in Flintinge der Beschilderung Rchtg. Døllefjelde bis zum Landgut Rosenlund folgen, dann nach Rykkerup, ab dort entsprechend den Schildern Rchtg. Sakskøbing bis Kartofte.)

Brückenwegweiser bei Nykøbing F

Nach rechts radeln Sie durch Flintinge bis kurz vor die Eisenbahnunterführung, wo Sie links abbiegen nach *Toreby*. Kreuzen Sie die Str. 9, und radeln Sie geradeaus weiter durch den »Skolevej« bis zur innerörtlichen Kreuzung mit dem »Gl. Landevej«, dem Sie rechts aus dem Dorf hinaus folgen. Als nahtlose Verlängerung erreichen Sie so den Gegenrichtungsradweg neben der Str. 9 nach **Nykøbing F**; kurz vor Sundby zieht ein Brückenwegweiser über dem Radweg die Aufmerksamkeit des pedalierenden Touristen auf sich.

Etappe 65:
Gedser - Nykøbing/Falster (25 km)

Die Zubringerstrecke von/zu den Fähren Rchtg. Warnemünde bzw. Rostock, streckengleich mit der nationalen Fahrradroute 7.

Gedser ist ein kleiner Ort am Südrand der Insel Falster, der wegen seiner Funktion als Fährhafen wichtig geworden ist.

Information: TB, Stationsvej 7, 4874 Gedser, ✆ 53879041, ✉ 53879039, Mai-Sept., Fahrradverl.
Camping: Feriepark ** (208), Vestre Strandvej 2, ✆ 53879999, ✉ 53879960, ganzj.

Nach der Ankunft sollten Sie gleich hinter dem Zoll den Radwegweisern Rchtg. Nykøbing F folgen, die Sie durch den Ort zum Radweg längs der E55 bringen. Nach ca. 3 km biegen Sie mit der Radbeschilderung links ab auf die Nebenstraße nach *Skelby* und weiter nach *Marrebæk*.

(In Gegenrichtung in Marrebæk am Radwegende rechts in den Ort fahren; die Beschilderung ist dort etwas verwirrend.)

Nun müssen Sie erneut für ca. 6 km den Radweg neben der Hauptstraße nach *Væggerløse* benutzen; bei diesem Dorf befindet sich die *Stouby Mølle*, eine ungewöhnlich konstruierte Bockmühle, die nach Restaurierung nun je nach Saison di/do und zusätzlich sa/so zugänglich ist. Erst hinter Væggerløse können Sie wieder links auf eine Nebenstraße nach *Hasselø* abbiegen. Diese Straße bringt Sie immer an einer Meeresbucht entlang geradewegs nach **Nykøbing/Falster** (s. Etappe 63).

Etappe 66:
Nykøbing F - Guldborg - Storstrømbroen - Vordingborg (40 km)

Eine (relative) Hauptstraßenstrecke zur Insel Sjælland, die nur sinnvoll ist, falls Sie Møn rechts liegen lassen möchten.

Kartenskizze Etappen 65 - 67

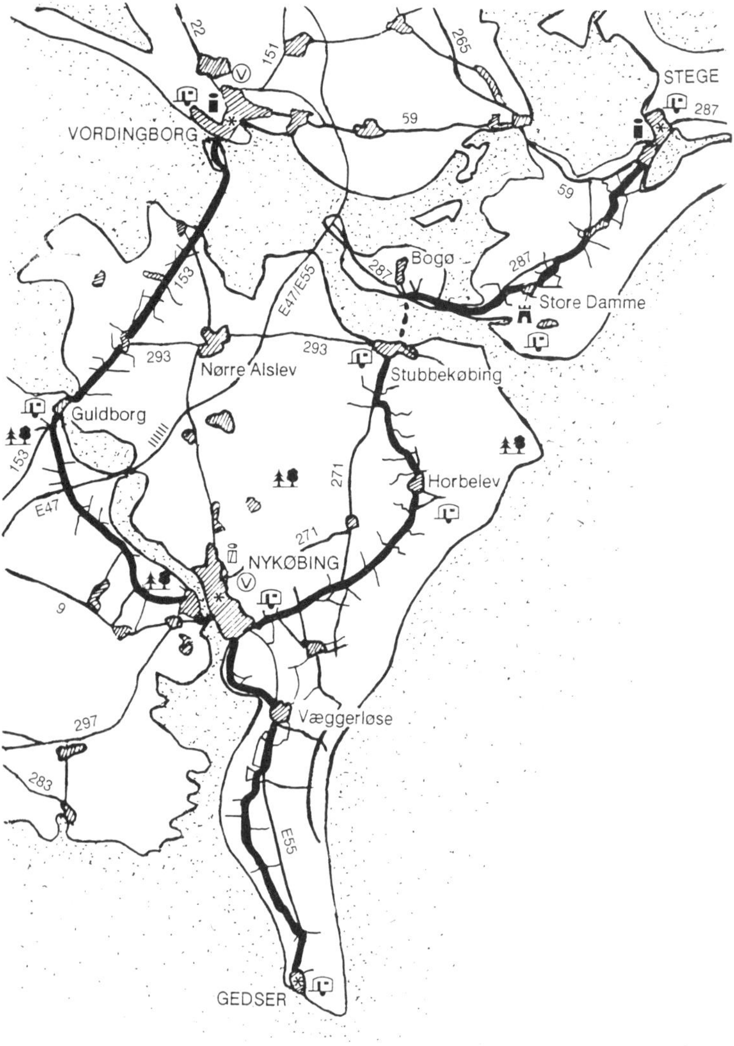

In Nykøbing F beginnt die Etappe mit der Überquerung der Brücke über die Meeresenge, wozu die Str. 9 benutzt wird. Gleich dahinter biegen Sie rechts ab auf die Landstraße durch *Sundby* geradewegs nach **Guldborg**. Dabei überquert die Strecke die E47/E55, die etwas weiter östlich im Senktunnel des *Guldborgsund* verschwindet - ein Stolz dänischer Straßenbauer.

Camping: Guldborg *** (195), Guldborgvej 147, ✆ 53890096, Hütten, April-Okt.

Kurz vor Guldborg endet die Landstraße an der 153, in die Sie rechts einbiegen und durch *Øster Kippinge* zur (für den Schwerverkehr gesperrten) Storstrømbrücke fahren, um darüber hinweg nach Vordingborg zu gelangen.

Vordingborg, 10000 Einw., hatte bereits im 12. Jh. umfangreiche Befestigungsanlagen, die im 14. Jh. stark erweitert wurden. Einige Ruinen und vor allem der *Gänseturm* sind in der Nähe des Hafens noch erhalten. Auf dem Gelände der Schloßruinen befinden sich heute das Südseeländische Museum, ein Tiergehege und ein botanischer Garten als Rekonstruktion eines mittelalterlichen Klostergartens. Westlich der Burgruinen steht die Kirche aus dem 14./15. Jh., die schöne Fresken enthält, aber nur vormittags zugänglich ist. Im Gegensatz dazu kann man außerhalb der dänischen Schulferien den Gänseturm nur nachmittags besichtigen.

Information: TB, Algade 99, 4760 Vordingborg, ✆ 55341111, ✉ 55340308, Fahrradverl.; Sommerbüro Glambæksvej 3, beim Gänseturm.
Verkehrsverbindungen: Eisenbahn Rchtg. Ringsted und Nykøbing F.
Vandrerhjem: Platangården, Præstegårdsvej 8, ✆ 53775084, 88 Betten in 36 Räumen, Teil einer Jugendbildungsstätte, im Nordw. der Stadt.
Camping: Ore Strand ** (178), Orevej 145, ✆/✉ 53770603, Hütten, Waschm., Fahrradverl., im Südwesten von Vordingborg direkt am Strand.

Etappe 67:
Nykøbing F - Sr. Kirkeby - Horbelev - Stubbekøbing - Bogø - Store Damme - Stege (47 km)

Eine Strecke zur kleinen, aber feinen Insel Møn.

Zum Etappenanfang fahren Sie in Nykøbing zuerst zum südlichen Ortsrand und schlagen dort die Landstraße Rchtg. Stubbekøbing ein, der Sie durch *Sønder Kirkeby* folgen. Während dort der Verkehr Rchtg. Stubbekøbing links geleitet wird, fahren Sie bis *Horbelev* geradeaus. Dort wechseln Sie am Ortsausgang nach links auf die Nebenstraße durch *Horreby* nach *Maglebrænde*, wo Sie rechts auf die 271 nach Stubbekøbing abbiegen.

Stubbekøbing, 3000 Einw., ist die älteste Stadt der Insel Falster, wovon die 800 Jahre alte Kirche ebenso kündet wie die nicht ganz so alten Fachwerkhäuser. Am Nykøbingvej 54 (an der 271) befindet sich ein Motorradmuseum, mit über 100 restaurierten Knattergeräten das größte dieser Art in Nordeuropa (Juni-Aug. tägl. 10-17 h, Mai/Sept. sa/so).

Information: TB, Havnegade 9, 4850 Stubbekøbing, ✆ 54441304, Fahrradverl., nur in der Saison (Mai-Sept).
Verkehrsverbindungen: Fähre zur Insel Bogø (in der Saison stündl., sonst alle 2 Stunden).
Camping: ** (193), Gl. Landevej 4, ✆ 54441057, Hütten, Waschm., im westlichen Teil der Stadt an der Küste.

Setzen Sie mit der Fähre zur Insel **Bogø** über und wählen Sie dort die 287 Rchtg. Stege, die Sie über einen Damm zur Insel Møn bringt. Kurz darauf bietet sich die Gelegenheit, einen Abstecher Rchtg. Hårbølle zur Kirche von **Fanefjord** machen, die als die am prächtigsten ausgemalte Kirche Dänemarks gilt.

Camping: Vestmøn * (186), Hårbøllevej, ✆ 55817595, zu erreichen über die Straße vorbei an der Fanefjord Kirke, am Ortseingang von Harbølle rechts abbiegen.

Etwas hinter der Zufahrtstraße Rchtg. Hårbølle verlassen Sie die 287 nach rechts, um durch *Store Damme* und den Vorort Askeby zurück zur Landstraße 287 nach Stege zu radeln. Falls Sie diese Stadt erst nach der Inselrundfahrt (= Etappe 68) besuchen wollen, können Sie hinter Damsholte, im Dörfchen *Neble*, rechts auf die Nebenstraße abbiegen, die durch *Bissinge* zum Südufer des *Stege Nor* führt.

Stege, 4000 Einw., ist der Hauptort von *Møn*, einer sehr abwechslungsreichen, mit vielen Sehenswürdigkeiten gespickten langgezogenen Insel. Stege ist auf drei Seiten von Wasser umgeben und kann außer einer vergleichsweise großen Kirche noch einige Häuser im klassizistischen Stil aufweisen. Das örtliche Heimatmuseum ist in einem Gutshof von 1813 neben dem alten Stadttor (14. Jh.) untergebracht (di-so 10-16 h).

Information: TB, Storegade 5, 4780 Stege, ✆ 55814411, ✉ 55814846, Zimmervermittlung, ausgearbeitete Fahrradtourenvorschläge.
Unterkunft: Hotel Stege Bugt, Langelinie 48, ✆ 55815454, ✉ 55815890, 27 Zi.
Camping: * (182), Falckvej, ✆ 55815325, Hütten, Mai-Sept., an der nach Norden Rchtg. Ulvshale (dort weiterer Platz [183]) führenden Straße.

Etappe 68: Møn-Rundfahrt

Stege - Møns Klint - Liselund - Borre - Stege (48 km)

Diese Etappe bietet eine Rundfahrt über die Insel Møn; sie kann durch allerlei

Abstecher unkompliziert noch abgewandelt oder erweitert werden. Für einen längeren Insel-Aufenthalt sollten Sie sich die Tourenvorschläge des Turistbureaus Stege (s. Etappe 67) besorgen, da nur mit deren Hilfe die aufgestellten Hinweisschilder verständlich werden. Die in der folgenden Beschreibung enthaltenen Ortsnamen fehlen teils auf den Karten, treten aber auf den Beschilderungen auf.

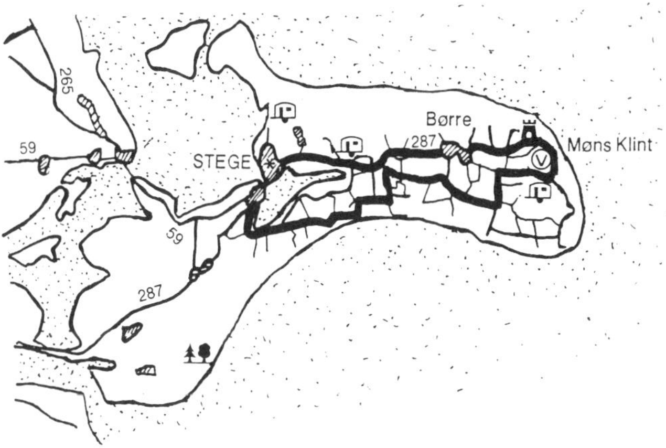

Auf der Brücke zum Vorort *Lendemarke* radeln Sie Rchtg. Kaldehave, biegen dann aber gleich links ab auf die 287 Rchtg. Bogø und noch in Lendemarke erneut links auf die Nebenstraße nach *Bissinge*. Dort ist die Südwestecke des *Stege Nor* erreicht, und die Straße führt nach einer Linkskurve geradeaus weiter durch *Tøvelde* auf dem »Lindegårdsvej« Rchtg. Vængesgård. Nach einer Linkskurve zielt die Etappe kurzfristig nordwärts Rchtg. Tåstrup und zweigt dann rechts ab auf den »Vængesgårdvej« nach Vængesgård.
Wenn Sie weiter der Straße folgen, kommen Sie nahe dem Örtchen *Keldbylille* zu einer T-Einmündung, an der Sie sich rechts halten, falls Sie nicht nach links zum örtlichen Museum *Hans Hansens Gård* wollen, das in einem Gehöft von 1800 untergebracht ist (mo geschl.). Fahren Sie nun immer geradeaus Rchtg. Pollerup Kullegård; die Straße führt links im Bogen nach *Råbylille* zu einer T-Mündung in den »Søndre Landevej«, in den Sie rechts einbiegen. (Beschilderung fehlt, aber *in Gegenrichtung* »Keldbylille« ausgewiesen.)
Es folgt ein längeres Geradeausstück Rchtg. Klintholm Havn durch *Råbymagle* nach *Busemarke* zur 287, auf der Sie links nach *Magleby* fahren.
Falls Sie direkt zur Steilküste *Møns Klint* (s.u.) gelangen und erst danach zum Etappenverlauf zurückkehren möchten, können Sie nördlich von Busemarke mit der Radbeschilderung rechts abbiegen. *Achtung:* Das Teilstück durch den Wald vom Klint zurück zur Straße ist unbefestigter Fahrweg und mit Gepäck

nur eingeschränkt zu empfehlen!
Ansonsten wählen Sie erst in Magleby die Landstraße rechts Rchtg. Møns Klint, die eine längere Steigung beinhaltet, hinauf zum Hunosø, einem kleinen See, an dem links die Etappe auf die Nebenstraße nach Liselund schwenkt.
Hier ist der richtige Punkt (VH/Camping direkt bei der Abzweigung), um einen Aufenthalt mit Besichtigungsprogramm einzuschieben. Von hier aus sind die Sehenswürdigkeiten des Klint nicht nur per Rad, sondern ggf. auch zu Fuß zu bewältigen.
Die Beschilderung zur Steilküste **Møns Klint** weist Ihnen den Weg, wobei das letzte Stück der Strecke ein unbefestigter Fahrweg ist. Am beeindruckendsten ist der Blick auf die Felsen, wenn man aus dem Ausflug eine Tagestour macht, um zum einen bereits vormittags am Ort zu sein und die dann (hoffentlich) sonnenbeschienenen Kreidefelsen genießen zu können, zum anderen genügend Zeit für eine lange Fußwanderung durch den Wald zum Südende der Klippen und dann nordwärts bis *Liselund* (s.u.) zu haben. Für eine solche, gut 15 km lange Wanderung muß man vernünftigerweise mindestens vier Stunden einplanen, eine etwaige Besichtigung oder längere Rast nicht eingerechnet.
In jedem Fall müssen Sie das letzte Stück bis zu den Klippen zu Fuß absolvieren. Die Steilküste ist mit rund 130 m die höchste Dänemarks und erheblich beeindruckender als z.B. *Stevns Klint* auf Sjælland (s. Etappe 72).

Vandrerhjem: Møns Klint, Langbjergvej 1, 4791 Borre, ✆ 55812030, 115 Betten in 31 Räumen, spärlich ausgestattete Küche, Mitte April-Okt., in älteren Karten als »Hotel Hunosøgård« aufgeführt, gegenüber dem Campingplatz am Hunosø.
Camping: Møns Klint *** (185), Klintevej 544, ✆ 55812025, ✉ 55812797, April-Okt., großer, gut ausgestatteter Platz mit allem Komfort inkl. Schwimmbad.

Vom Vandrerhjem am Hunosø bzw. vom Campingplatz benutzen Sie die Nebenstraße nordwärts nach *Liselund*, einem kleinen, strohgedeckten Rokokoschlößchen aus dem 18. Jh. mit einer Parkanlage - angeblich Dänemarks schönster »Englischer Garten«. Zum Schloß gehören auch ein Chinesischer Gartenpavillon und eine »Schweizer Hütte«.

Von Liselund aus fahren Sie auf der links schwenkenden Nebenstraße weiter durch *Ålebæk* nach *Borre*, wo Sie auf die 287 zurück nach **Stege** treffen.
An dieser Straße liegen in **Elmelunde** und in **Keldby** (auf der Karte *Keldbymagle*) Kirchen, die der sogenannte *Elmelundemeister* zu Ende des 15. Jh. mit Fresken ausgeschmückt hat. Dieser anonym gebliebene Künstler hat viele Kirchen auf Møn und Falster, teils auch auf Sjælland, ausgemalt; als sein größtes Werk gilt die Kirche in *Fanefjord* (s. Etappe 67). Da die ersten seiner Fresken in Elmelunde entdeckt wurden und man dort auch den Heimatort des Meisters vermutet, hat er kurzerhand diesen Ortsnamen zugeteilt bekommen.

Camping: Møns Familie Camping *** (181), Pollerupvej 3, Keldby, ✆ 55813456, ✉ 55813076, Hü., April-Mitte Sept., nördl. der 287.

Etappe 69:
Stege - Viemose - Rekkende - Præstø (30 km)

Die Anschlußetappe zu den Ostküstenstrecken auf Sjælland.

Das erste Teilstück muß notgedrungen auf der Str. 59 absolviert werden, da es keine andere Strecke zur 1943 eingeweihten Mønbrücke nach Kalvehave gibt. Unmittelbar vor der Brücke existiert übrigens noch ein Campingplatz ** (180). In *Kalvehave* können Sie die links abknickende Str. 59 auf die 265 Rchtg. Præstø verlassen, von der Sie kurz danach rechts abbiegen und durch *Viemose* und *Balle* fahren. Sie kreuzen die 265 und radeln geradeaus weiter nach *Mern*, wo Sie rechts abbiegen Rchtg. Præstø. Nach ca. 2 km haben Sie erneut Gelegenheit, der Landstraße zu entfliehen, indem Sie die Nebenstraße links nach *Ugledige* wählen. An der Gabelung am dortigen Ortsende halten Sie sich rechts, erreichen *Skibinge* und damit wieder die Landstraße nach Præstø.

Præstø, 3500 Einw., ist ein altes Städtchen in waldreicher Umgebung. Die Kirche, die zwischenzeitlich zu einem nicht mehr vorhandenen Kloster gehörte, verfügt über ein ungewöhnliches Kirchenschiff mit drei nebeneinanderliegenden Giebeln. Am Nordwestrand der Stadt liegt das Schloß *Nysø*, ein Barockbau, der im 19. Jh. etlichen Künstlern als Arbeitsstätte auf Einladung der damaligen Besitzer diente, so auch dem Bildhauer Thorvaldsen, zu dessen Ehren das Schloß heute ein kleines Museum beherbergt. Außerdem kann Præstø ein Feuerwehrmuseum (in den Sommerferien tägl., sonst nur sa/so) vorweisen, und in einem Fachwerkhaus von 1789 ist *Den lille by* zu sehen, eine Puppenhausausstellung mit Exponaten des 19. Jh. (Juni-Aug. außer mo).

In der Umgebung können zwei historische bzw. prähistorische Wege besichtigt werden: nordwestlich eine vorzeitliche Pflasterstraße (s. Etappe 81), westlich bei *Bårse* ein Wikingerweg. Auf der *Færdselskort* sind beide als »Oldtidsvej« eingezeichnet.

Information: TB, Jernbanevej 22, 4720 Præstø, ✆ 55791190, ✉ 55991704, in der Saison.
Unterkunft: Hotel Frederiksminde, Klosternakken 8, ✆ 55791042, 42 B., ganzj.
Camping: * (169), Spangen 2, ✆ 55791148, Mai-Mitte Sept., Hütten, kleiner Platz im Ort.

Etappe 70:
Vordingborg - Ørslev - Ugledige - Skibinge - Præstø (20 km)

Eine Kurzetappe zur Ostküste der Insel Sjælland.
Sie beginnt in Vordingborg auf der 151 Rchtg. Køge (bzw. auf dem Københavnsvej zur 151). Nach ca. 5 km können Sie am Abzweig Ørslev den Radweg längs der Hauptstraße verlassen und rechts abbiegen, kurz danach wieder links nach *Ugledige* fahren. Dort halten Sie sich links und fahren am Dorfende wieder rechts nach Skibinge, wo Sie auf die Landstraße nach **Præstø** (s. Etappe 69) stoßen.

Kartenskizze Etappen 69 - 71

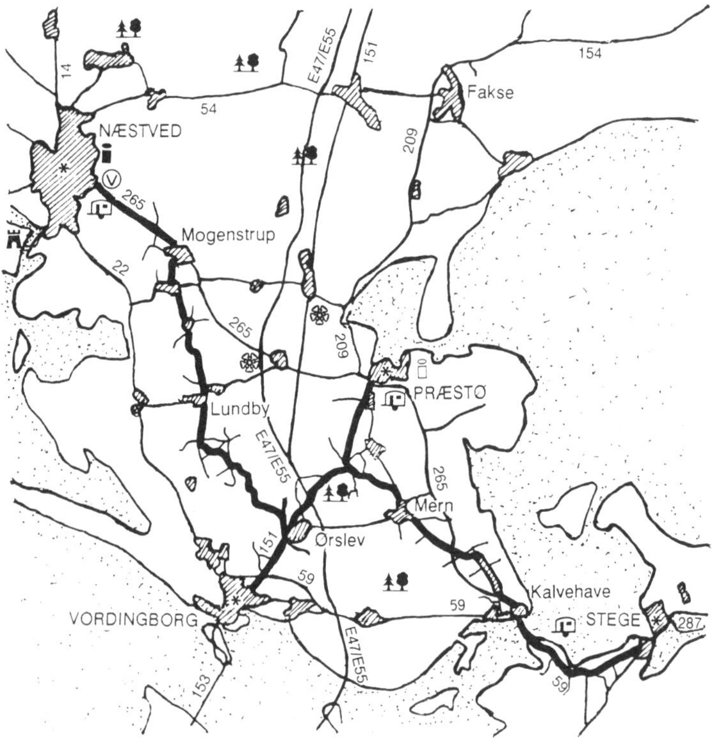

Etappe 71:
Vordingborg - Ørslev - Fæby - Sværdborg - Lundby - Hammer - Lov - Mogenstrup - Næstved (32 km)

Der Anfang (oder bei umgekehrter Fahrtrichtung das Ende) der Westküstenstrecken auf Sjælland.

Das erste Teilstück ist identisch mit Etappe 70, aber bei Ørslev biegen Sie nicht von der 151 ab, sondern bleiben noch ca 1½ km weit auf dem Radweg neben der Hauptstraße, bis links die Nebenstraße über *Fæby* nach *Snertinge* abzweigt. In der dortigen Dorfmitte biegen Sie rechts ab Rchtg. Svinninge und Sværdborg, halten sich an der unmittelbar darauf folgenden Gabelung links und nach weiteren 1½ km rechts, um kurz vor Sværdborg vor der Eisenbahnstrecke Vordingborg-Næstved zu einer T-Mündung zu gelangen. Biegen Sie rechts ein, und ignorieren Sie die kurz darauf folgende Brücke über die Bahn in das Dorf Sværdborg hinein; radeln Sie statt dessen immer geradeaus nach *Lundby*. In diesem Ort kreuzen Sie die Landstraße Køng-Bårse und kommen weiter nach *Hammer*, wo Sie in den Ort rechts, dann wieder links nach *Lov* fahren. Hier treffen Sie auf die Landstraße Vr. Egesborg-Snesere, auf der Sie links einige hundert Meter bleiben und dann rechts nach *Mogenstrup* und zur 265 nach Næstved radeln.

(In Gegenrichtung: Aus Næstved auf dem »Præstøvej«, dessen letztes Teilstück nur für Autofahrer eine Sackgasse ist, zur 265; in Mogenstrup rechts in den Ort und geradeaus hindurch fahren, in Lov jedoch 50 m nach rechts *versetzt die Landstraße kreuzen - die in Nordrichtung benutzte Straße etwas weiter östlich ist eine Einbahnstraße.)*

Næstved, 40000 Einw., liegt an der Mündung der Suså in den Karrebækfjord und zählte im Mittelalter zu den bedeutendsten Städten des Landes. Da der Ursprung der Stadtentwicklung, das örtliche Kloster, mit der Reformation verschwand, trat die Stadt bis zum Beginn der Industrialisierung wirtschaftlich auf der Stelle. Der Umstand hat aber u.a. bewirkt, daß von den alten Häusern, teils aus dem 15. Jh., noch etliche erhalten sind. In einem dieser mittelalterlichen Fachwerkbauten, dem *Helligåndshuset*, ist heute das städtische Museum untergebracht (mo geschl., auf VH-Karte gratis).
In der Umgebung: Wichtigstes Ausflugsziel, auch an der Führung von Etappe 75 und 80 gelegen, ist in **Fensmark** die berühmte Glashütte *Holmegård*, die hier seit 1825 ihre geschmackvollen Produkte herstellt. Die Fabrik kann besichtigt werden ganzj. mo-fr 9.30-12 h, im Sommer auch am Wochenende 11-15 h; im Juli wegen Betriebsferien drei Wochen lang geschlossen.
Außerdem gibt es eine ganze Reihe von Herrensitzen und Schlössern; das eindrucksvollste ist sicherlich Schloß *Gavnø* auf der gleichnamigen Insel im

Karrebækfjord, die über eine Straße direkt zu erreichen ist; Schloß, Park und die angegliederte Ausstellung alter *Falck*-Löschfahrzeuge sind Mai-Aug. zugänglich. Auch ein Ausflug zum ehemaligen Hafen *Karrebæksminde* ist lohnend (dort auch Touristeninformation und Camping 174 & 175).

Information: TB, Det Gule Pakhus, Havnen 1, 4700 Næstved, ✆ 53721122, ✉ 53721667.
Verkehrsverbindungen: Eisenbahn Rchtg. Ringsted, Køge und Vordingsborg.
Vandrerhjem: Frejasvej 8, ✆ 53722091, ✉ 53725645, 81 Betten in 16 Räumen, Mitte März-Mitte Nov., im Südosten der Stadt bei einem hochgelegenen Wasserturm, Zufahrt vom Præstovej aus.
Camping: Bag Bakkerne * (166), Verwaltungseinheit mit dem VH, Zufahrt aber etwas näher am Stadtzentrum, einfach ausgestattet.

Etappe 72:
Næstved - Bistrup - Spjellerup - Bisserup - Magleby - Skælskør - Boeslunde - Korsør (52 km)

Eine Nebenstraßenverbindung zur den Fähren über den Großen Belt.

Die Strecke nimmt den Anfang auf der 265 Rchtg. Skælskør, verläßt aber schon knapp 2 km hinter dem Stadtrand die Hauptstraße nach rechts und führt durch *Bistrup* zu einer T-Mündung, wo Sie links auf die Nebenstraße Rchtg. Hyllinge abbiegen. Nach weiteren ca. 3 km halten Sie sich an einer Gabelung links, um so nach *Marvede* zu gelangen. Das Dorf wird Rchtg. Menstrup durchradelt, dann geht es rechts ab durch Brorup und Spjellerup, die 265 wird gekreuzt, und sofort danach geht's rechts nach *Skafterup*. Dort biegen Sie links ab nach *Bisserup* (Camping *** [108]) und haben damit die Küste erreicht. Nun schwenkt der Etappenverlauf rechts und folgt in mehr oder weniger großem Abstand der Küstenlinie vorbei am Gut *Holsteinborg*, durchquert *Ørslev* und *Vedskølle* und erreicht *Magledby*. Mit dem Straßenverlauf radeln Sie rechts durch das Dorf und biegen dann links ab nach Skælskør; kurz vor dem Stadtrand kreuzen Sie noch die Strecke einer Museumseisenbahn.

Skælskør, 5200 Einw., ist eine kleine Provinzstadt, in deren Umgebung allmählich die Industrie den früher reichlichen Obstanbau verdrängt hat. Lohnend ist ein Ausflug südwärts zum Renaissanceschloß *Borreby*, dessen Park öffentlich zugänglich ist (Eintritt).

Information: TB, Vestergade 1, 4230 Skælskør, ✆ 53595374, ✉ 53596990, mo-sa.
Vandrerhjem: Kildehusvej 1, ✆ 53594384, ✉ 58192550, 53 Betten in 12 Räumen, März-Sept., Gruppen ganzj., am nördl. Stadtrand am Noret-Ufer.
Camping: Kildehuset * (109), Verwaltungseinheit mit dem VH, Hütten, März-Sept.; Boeslunde *** (110), Rennebjergvej 110, ✆ 53540208, Hütten, nördl. an der weiteren Etappenführung.

Auf der 265 wird der Rest der Etappe absolviert: nordwärts vorbei an *Boeslunde* und dann durch Atterup nach Korsør.

Korsør, 21000 Einw., war zwar durch seine Lage an der kürzesten Verbindung nach Fyn schon immer ein wichtiger Fährhafen, hat aber beträchtlichen Aufschwung erst seit dem Bau der Eisenbahnstrecke im 19. Jh. genommen. Dementsprechend sind die Altstadtanteile in Korsør vergleichsweise gering. Unmittelbar am Hafen befinden sich die Überreste der Festungsanlage des 14. Jh.; auf dem Gelände ist auch das Museum der Stadt untergebracht, das die Parallelen zwischen Fährverkehr und Stadtentwicklung deutlich machen will (mo geschl.). Westlich des Museums schließt sich der kleine Fischereihafen an. Eine aus dem Rahmen fallende Sehenswürdigkeit ist das örtliche Sparkassenmuseum.
Eine technische Besonderheit ist die ungewöhnliche Hebebrücke zum nördlichen Stadtteil Halsskov.
Hauptthema in Korsør sind jedoch heute die im Bau befindlichen festen Verbindungen (Eisenbahntunnel und Autobrücke) über den Großen Belt. Eine Ausstellung im Ortsteil Halsskov ist im Sommer tägl. 10-20 h geöffnet, ansonsten kürzer und mo geschl.).

Information: Turistbureau, Nygade 7, 4220 Korsør, ✆ 53570803, ✉ 53570021.
Verkehrsverbindungen: Eisenbahn Rchtg. Ringsted; Fähren von Halsskov nach Knudshoved, Korsør nach Nyborg (Eisenbahnfähre und Lkw-Fähre *Vognmandsruten* [Abfahrt xx.00 h], s. Etappe 58), Lohals/Langeland und Kiel. Für die Eisenbahnfähre nach Nyborg vorher am Bahnhof Fahrkarte lösen, dann durch die Unterführung nördlich des Bahnhofs schieben und blauem Fahrradsymbol »Nyborg« folgen; zwar etwas längerer Weg, aber ohne Treppen.
Vandrerhjem: Svanegården, Tovesvej 30 F, ✆ 53571022, 80 Betten in 20 Räumen, Waschm./Trockner, Mitte Jan.-Mitte Dez., nördl. der Halsskovbrücke, Wirtschaftseinheit mit Sportlerheim, sehr ruhig gelegen.
Camping: Halsskovhavn ** (105), Revvej 185, ✆ 53570923, Hü., Waschm., Ostern-Mitte Sept., unmittelbar am Hafen von Halsskov; Lystkov ** (106), Skovvej 122, ✆ 53571020, Hü., Waschm., Mai-Mitte Sept., am Südufer des Korsør Nor.

Etappe 73:
Korsør - Vemmelev - Trelleborg - Slagelse (20 km)

Eine Kurzstrecke zum Etappenknotenpunkt Westsjællands.

Das erste Teilstück bis Vemmelev können Sie auf der am Nordufer des *Korsør Nor* verlaufenden Nebenstraße (Ørnumvej) über *Halseby* und *Tjæreby* fahren; vom Anleger der Eisenbahnfähre dazu westlich der Bahnstrecke Rchtg. Halskov-Zentrum, dann darüber im Bogen hinweg fahren, anschließend östlich der Bahn daran entlang bis zur beschilderten Abzweigung nach Tjæreby. *(Diese*

Strecke ist in Gegenrichtung ab Vemmelev als Radroute nach Korsør beschildert.)

In *Vemmelev* treffen Sie auf die 150, der Sie Rchtg. Slagelse über die Autobahn E20 hinweg für ca. 4 km folgen, bis Sie links auf die Nebenstraße nach Trelleborg abbiegen können. **Trelleborg** ist die bekannteste der in Dänemark gefundenen Wikingerburgen, um 980 angelegt und bis heute von ungeklärter Zweckbestimmung - die Annahme, es handele sich um ein Trainingslager für die Raubzüge nach England, wurde durch die Errichtungszeit der Burg widerlegt. Fundstücke aus Ausgrabungen können im 1995 neu eröffneten Museum besichtigt werden; zudem veranschaulichen ein Modell im Maßstab 1:100 und ein rekonstruiertes Holz-Musterhaus den ursprünglichen Zustand (ganzj. 10-17 h) der gewaltigen Anlage.

Von Trelleborg fahren Sie im Bogen über *Hejninge* nach Slagelse, wo Sie über den Strandvejen das Stadtinnere erreichen; kurz hinter der Eisenbahnlinie befindet sich an der Ecke zur Straße »Møllebakken« eine restaurierte weiße Holländermühle.

Slagelse, 36000 Einw., ist schon seit Beginn der dänischen Geschichte ein wichtiger Handelsplatz gewesen und war dementsprechend stets wohlhabend. Das älteste Gebäude der Stadt ist die allerdings häufig umgebaute Sct. Peders Kirke aus dem 12. Jh. Zentraler liegt die Sct. Mikkels Kirke von 1333, westlich derer eine alte Kirchenscheune steht, die später als Schule (u.a. für Hans Christian Andersen) diente. Im Südwesten der Stadt existieren einige Überreste eines alten Klosters. An der Bjergbygade (Zufahrt zu VH/Campingplatz) gibt es ein altes Zollhaus aus dem 18. Jh. Eine interessante Besonderheit ist das Handwerksmuseum in der Bredegade 11, das im Sommer mo-sa, ansonsten nur samstags jeweils nachmittags geöffnet ist. Es enthält etwa 20 verschiedene historische Handwerksbetriebe.

Information: TB, Løvegade 7, 4200 Slagelse, ✆ 53522206, ✉ 53528687, auch samstags, etwas versteckt in einem Hinterhof.

Verkehrsverbindungen: Eisenbahn nach Korsør und Ringsted, Regionalzüge (mit Fahrradtransport) nach Kopenhagen sowie Privatbahn (mit Fahrradtransport) nach Holbæk.

Vandrerhjem: Bjergbygade 78, ✆ 53522528, ✉ 53522540, 160 Betten in 20 Räumen, ungünstig gelegen (Str. 22 direkt hinter dem Haus, die 150 daneben).

Camping: ** (102), Hü., kleiner Platz beim VH (Verwaltungseinheit), April-Okt.

Etappe 74:
Slagelse - Munke Bjergby - Gyrstinge - Ringsted (37 km)

Der erste Teil der Verbindung Slagelse-Roskilde, der ggf. ohne Besuch von Ringsted nahtlos über Etappe 79 fortgesetzt werden kann.

Kartenskizze Etappen 72 - 75

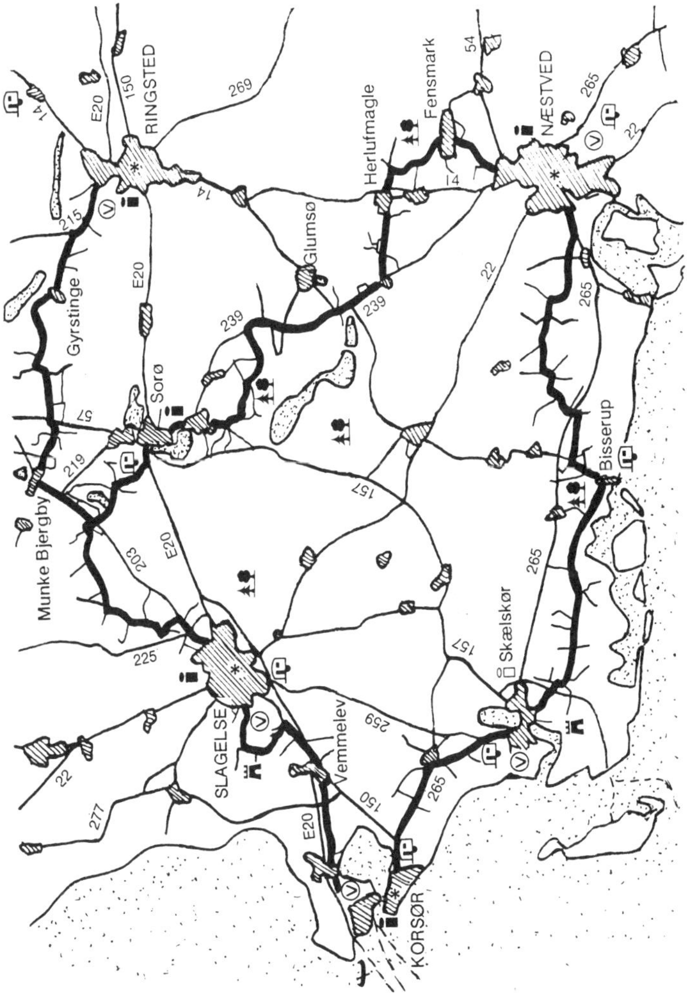

In Slagelse folgen Sie der Beschilderung Rchtg. Holbæk und verlassen so auf der 203 die Stadt. 1 km nachdem die 225 Rchtg. Ruds Vedby abgezweigt ist, wählen Sie eine ebenfalls nach links führende Nebenstraße nach *Gudum*, wo Sie rechts Rchtg. Ollerup und Sønderup schwenken. Immer geradeaus geht es weiter bis *Hallelev*, wo Sie rechts Rchtg. Skaftlev abbiegen, bis zum Landgut *Ødemark* radeln und dort rechts zur 203 fahren.

(In Gegenrichtung von der 203 anfangs Rchtg. Nordrup fahren, in Hallelev nach Gudrum abbiegen.)

Auf der 203 gelangen Sie geradewegs nach *Munke Bjergby*, können dort die Hauptstraße wieder verlassen und haben nun ein schönes Nebenstraßenstück vor sich. In Munke Bjergby geht es rechts ab durch *Døjringe* nach *Kirke Flinterup* (kurz vor dem Ort links, im Ort rechts; *in Gegenrichtung zuerst Rchtg. Sorø, dann rechts nach Døjringe*). Immer geradeaus radeln Sie jetzt nach *Gyrstinge*, wo Sie zweimal links Rchtg. Ringsted abbiegen *(in Gegenrichtung jeweils Rchtg. Stenlille)* und schließlich zur 215 gelangen. Falls Sie Etappe 79 direkt anschließen wollen, biegen Sie hier links ab, ansonsten radeln Sie rechts auf der 215 nach Ringsted.

Ringsted, 16000 Einw., gehörte im Mittelalter als wichtiger Verkehrsknotenpunkt zu den größten Städten Dänemarks und bildete bis ins 17. Jh. die Haupt-Thingstätte (Gerichtsplatz) Sjællands. Die Thingsteine auf dem Rathausplatz erinnern an diese Zeit. Am gleichen Platz befinden sich die Ausgrabungen der *Sct. Bendts Kirke* (12. Jh.), die ursprünglich zu einem Benediktinerkloster gehörte und lange Zeit als Begräbnisstätte dänischer Könige diente; vier Grabdenkmäler sind erhalten. Der Kirche ist ein Museum mit Fundstücken der Ausgrabungen angegliedert. Am westlichen Stadtrand gibt es ein Landwirtschaftsmuseum (sa geschl.) mit einer Dauerausstellung zur Agrargeschichte der letzten 200 Jahre.

Information: TB, Sct. Bendtsgade 10, 4100 Ringsted, ✆ 53613400, ✉ 53616450.
Vandrerhjem: Amtsstuegården, Sct. Bendtsgade 18, ✆ 53611526, 94 Betten in 22 Räumen, Mitte Jan.-Mitte Dez., im Norden der Stadt.
Camping: Skovly *** (091), Nebs Møllevej 65, Ortved, ✆ 53628261, Hütten, Mai-Mitte Sept., 8 km nordöstl. nahe der Str. 14, auch von Etappe 79 aus erreichbar.

Etappe 75:
Slagelse - Ødemark - Sorø - Lynge - Vester Broby - Skelby - Herlufmagle - Fensmark - Næstved (55 km)

Quer durch das teils recht hügelige Süd-Sjælland.

Die Etappe beginnt in Slagelse anfangs identisch mit Etappe 74. Wenn Sie am

Landgut Ødemark vorbei zur 203 gefahren sind, verlassen Sie die Führung von Etappe 74 und biegen nicht auf die Hauptstraße ein, sondern kreuzen diese und radeln geradeaus nach *Haverup*, wo die Nebenstraße an der E20 endet, längs der Sie links geradewegs nach Sorø gelangen.

Sorø, 10000 Einw., ist vor etwa 400 Jahren um ein mittelalterliches Kloster entstanden, aus dem nach der Reformation eine Akademie und später eine öffentliche Schule wurde. Diese Schule ist bis heute tätig und besteht zu etwa einem Viertel aus einem Internat für die Sprößlinge von Auslandsdänen. Vom Kloster des 12. Jh. stehen noch das Klostertor (das älteste bewohnte Haus Dänemarks) und die beachtliche Kirche, die das *Absalon*-Museum über den Gründer Kopenhagens enthält und manchmal nachmittags für Besucher geöffnet ist. Aus der Frühzeit der Stadtgeschichte (18. Jh.) sind einige Häuser erhalten.

Information: TB, 4180 Sorø, ✆ 57821012, ✉ 57821013.
Verkehrsverbindungen: Eisenbahn im Vorort Frederiksberg an der Strecke Slagelse-Ringsted.
Unterkunft: Hotel Krebshuset, Rigstedvej 87, ✆ 57820181, ✉ 53645699, 11 Z.
Camping: Sorø ***, Udbyhøjvej 10, ✆ 53630202, ✉ 57821102, Hü., Waschm., ganzj., westl. der Stadt nahe der E20. *Naturlagerplatz:* Fam. Nielsen, »Skovlygård«, Suserupvej 34, Broby, ✆ 53648014, an der weiteren Strecke.

Durch den Vorort Frederiksberg fahren Sie auf der Landstraße (Radweg) bis *Lynge*, wo Sie links abbiegen auf die Nebenstraße nach **Vester Broby**. Die Kirche dieses Dorfes ist berühmt für ihre prachtvollen Fresken des 12. Jh. Fahren Sie geradeaus weiter bis zur Einmündung in die 239, in die Sie rechts Rchtg. Næstved einbiegen. Folgen Sie der Landstraße bis *Skelby*, wo Sie sich links nach *Herlufmagle* wenden. Im Ortszentrum fahren Sie kurz links und gleich wieder rechts, unterqueren auf der Nebenstraße Rchtg. Tybjerglille die Str. 14 und biegen ca. 1 km danach rechts ab nach *Fensmark*. Dieses Städtchen ist der Standort der Glashütte *Holmegård* (s. Næstved, Etappe 71); falls Sie diesen Betrieb besichtigen möchten, sollten Sie dies möglichst vor der Abfahrt nach Næstved tun, da Fensmark auf einem Hügel liegt.
Entweder kurz hinter dem Ortsanfang rechts abbiegend oder nach einer Holmegård-Besichtigung von dort aus geradeaus fahren Sie hinunter nach **Næstved** (s. Etappe 71).

Etappe 76:
Odden - Nykøbing S - Egebjerg - Herrestrup - Grevinge - Gislinge (51 km)

In Windungen über die Halbinsel Odsherred südwärts.

Der Startpunkt **Odden** ist der Fährhafen für die aus Ebeltoft/Jylland ankommenden Schiffe. Auf der Str. 21 Rchtg. Nykøbing S dürfen Sie normalerweise mit kräftigem Rückenwind rechnen; zwischen Yderby und Overby sollten Sie die südlich der Hauptstraße parallel verlaufende Nebenstrecke nutzen, die *Havnebyen* links liegen läßt. In *Lumsås* wird die Str. 21 zur reinen Autostraße, und Sie biegen links ab in den Ort.

Camping (Naturlagerplatz): Fam. Kristoffersen, Drusbjergvej 1, ✆ 53426021, in einem Seitenweg der Str. 21 zwischen Overby und Lumsås.

Nutzen Sie jedoch nicht die Landstraße Rchtg. Nykøbing S, sondern schlagen Sie noch in Lumsås rechts die Nebenstraße Rchtg. Højby ein, die auf dem Weg nach Stenstrup einige Hügelgräber (»Troldstuerne«; elektrisch beleuchtet) passiert. In *Stenstrup* existiert ein kleines Heimatmuseum.
Folgen Sie nun der Beschilderung nach **Højby**, wo es eine berühmte mittelalterliche Kirche mit schönen Fresken (14. Jh.) und einem sehenswerten Giebelgestühl (16. Jh.) gibt.

Falls Sie nicht nach Nykøbing S hineinfahren möchten, können Sie in Højby entweder geradeaus über Stårup nach Annebjerg und von dort nach Süden fahren, oder Sie wählen in Højby die Straße über Nørre Asmindrup und Lestrup nach Egebjerg. Ansonsten radeln Sie geradeaus weiter nach *Starup* und biegen in diesem Dorf links ab nach Nykøbing S.

Nykøbing/Sjælland, 5000 Einw., ist der Hauptort der Landschaft von *Odsherred*, deren Bedeutung durch die vielen tausend Ferienhäuser offenkundig der »Sommerfrische« zuzuschreiben ist. Das Städtchen verfügt über ein volkskundliches Museum (April-Okt., sa geschl.), eine kunsthandwerkliche Ausstellung (Pakhuset) und im 2 km südlich gelegenen *Annebjerg* über interessante Kunstausstellungen, darunter eine Sammlung antiker nordeuropäischer Gläser (Mai-Sept., mo geschl.).

Information: Odsherreds Turistbureau, Svanestræde 9, 4500 Nykøbing S, ✆ 53410888, ✉ 53930024.
Verkehrsverbindungen: Eisenbahn (Privatbahn mit Fahrradtransport) nach Holbæk.
Vandrerhjem: Egebjergvej 162, ✆ 59930062, 52 Betten, Feb.-Nov., Gruppen ganzj.
Camping: Skærby *** (138), Skærbyvej, ✆ 53410850, ✉ 53410750, Hü., Waschm., April-Mitte Okt., großer Platz zwischen 225 und Nyrup Bugt.

Von Nykøbing S aus fahren Sie auf der Nebenstraße an der *Nykøbing Bugt* entlang südwärts durch Annebjerg, Kildehuse und Lestrup nach *Egebjerg*. Etwa 500 m nördlich dieses Ortes steht eine alte Holländermühle. Fahren Sie in den Ort, an der Kirche links und wieder rechts weiter nach *Abildøre*, wo Sie einen schönen Ausblick auf den *Lammefjord* haben. Wenn Sie durch den Ort geradeaus hindurchfahren, kommen Sie nahe der Küste an eine T-Mündung, an der Sie sich rechts halten; an der folgenden Abzweigung nach links, an der auch der Campingplatz liegt, folgen Sie der Straße durch *Herrestrup*, wo Sie die Str. 21 kreuzen, nach *Grevinge*, dort links Rchtg. Gislinge. Nach ca. 8 km trifft die Nebenstraße auf die 263, auf der Sie links zum Etappenende **Gislinge** radeln. Hier gibt es nahtlosen Anschluß an Etappe 78.

Kartenskizze Etappen 76 & 77

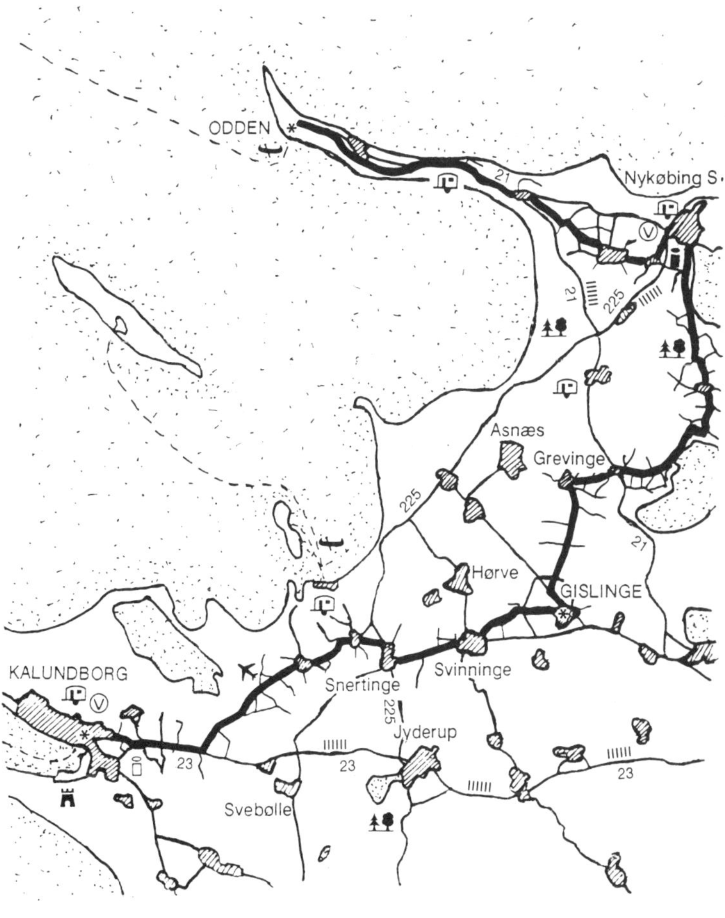

Etappe 77:
Kalundborg - Kaldred - Føllenslev - Snertinge - Svinninge - Gislinge (32 km)

Die Etappe beginnt in **Kalundborg**, dem Hafen der Fähren von/nach Århus und Samsø. Der Ort verfügt über eine markante Kirche des 12. Jh. mit fünf Türmen (9-16 h); gleich nebenan steht das Fachwerkgebäude *Lindegården* (17.-18. Jh.) mit dem örtlichen Museum (Mai-Aug. di-so, sonst nur sa/so).
Ca. 5 km südlich des Städtchens liegt das Barockschloß *Lerchenborg* von 1743 (in den dän. Sommerferien geöffnet 13-17 h außer fr).

Information: TB, Volden 12, 4400 Kalundborg, ✆ 53510915, ✉ 53512215.
Verkehrsverbindungen: Eisenbahn Rchtg. Holbæk/Kopenhagen (auch Regionalzüge mit Fahrradtransport); Fähren nach Århus, Juelsminde und zur Insel Samsø.
Vandrerhjem: Stadion Allé 5, ✆ 59561366, ✉ 59564626, 28 Zi., ganzj.
Camping: Ellinglund ** (127), Lundemarken 64A, ✆ 53512039, Waschm., Ostern-Sept., am Nordwestrand des Hafens.

Etwa 5 km lang folgen Sie der stark befahrenen Hauptstraße Str. 23 Rchtg. Holbæk, bis Sie links auf eine Nebenstraße ausweichen können, die vorbei am Flugplatz Kaldred nach *Eskebjerg* führt. Durchfahren Sie diesen Ort, und halten Sie sich am Ortsende links nach *Føllenslev*.

Camping: Vesterlyng *** (147), Ravnholtvej 1, Havnsø, ✆ 53469456, ✉ 53469656, ganzj., Hütten, 5 km nördlich.

Von dort bringt Sie die Straße nach *Særslev* und Snertinge zur 225, der Sie bis ins Zentrum von *Snertinge* folgen. 5 km lang müssen Sie nun auf der 155 fahren, bis Sie unmittelbar hinter dem Bahnhof von *Svinninge* links auf eine Nebenstraße abbiegen, die durch Sandby nach **Gislinge** führt. Dort haben Sie direkten Anschluß an Etappe 78.

Etappe 78:
Gislinge - Holbæk - Rye - Kirke Såby - Skullerupholm - Ledreborg - Lejre - Roskilde (52 km)

Zu den interessantesten Stätten des zentralen Sjælland.

Die erste Hälfte der Etappe läßt sich ohne vertretbaren Aufwand nicht auf Nebenstraßen absolvieren. Den Anfang nimmt sie in Gislinge auf der 263 Rchtg. Holbæk, die aber schon nach 1 km in die 155 mündet. Hinter *Tuse* vereinigt sich diese Straße mit der von Norden kommenden Str. 21, die Sie nach 1 km, noch vor der Eisenbahnüberführung, verlassen und links durch *Allerup* ins Zentrum von Holbæk radeln.

Holbæk, 21000 Einw., gilt als das »Tor« zum Urlaubsgebiet von Nord-Sjælland und ist vor allem eine lebhafte Handels- und Industriestadt, leider auch Garnisonsstandort. Die wenigen erhaltenen alten Gebäude stehen an der Klosterstræde und in der Nähe, insbesondere die Überreste eines Dominikanerklosters sowie das auf mehrere Häuser verteilte städtische Museum. Die Umgebung der Stadt kann mit den hübschen Dörfern Dragerup und Tjebberup und der Insel *Orø* lohnende Ausflugsziele vorweisen. Mit Hilfe zweier Fähren kann man über Orø auch eine Nebenstraßenabkürzung zur Etappe 85 erreichen.

Information: TB, Jernbaneplads 3, 4300 Holbæk, ✆ 53431131, ✉ 59442744, zusätzlich in der Sommersaison Außenstelle in der Nygade 8 (mit Fahrradverl., geht von der Fußgängerzone ab).
Verkehrsverbindungen: Eisenbahn (auch Regionalzüge mit Fahrradtransport) nach Kalundborg und Kopenhagen sowie Privatbahn (mit Fahrradtransport) nach Nykøbing S und Slagelse.
Vandrerhjem: Ahlgade 1A, ✆ 59442919, ganzj.
Camping: Holbæk *** (116), Dragerupvej 89, ✆/✉ 53435064, Mai-Aug.; Orø ** (117), ✆/✉ 53470055, auf der Insel.

Die Etappe setzt sich von Holbæk auf der Landstraße fort, die über das Dorf *Tjebberup* zur Munkholmbrücke führt. Ca. 2 km weiter kreuzen Sie die Str. 53 und fahren weiter bis *Rye*, wo Sie rechts abbiegen nach *Kirke Såby*. Wählen Sie die erste Möglichkeit, in den Ort zu fahren, radeln Sie geradeaus hindurch und folgen der Straße Rchtg. Kisserup, bis die Straße am Landgut *Skullerupholm* eine rechtwinklige Kurve vollführt. Verlassen Sie die Straße dort auf den geradeaus durch den Wald verlaufenden Fahrweg (leider teils recht sandig; ggf. Umweg über Kisserup und Allerslev wählen), der geradewegs zum Schloß **Ledreborg** führt, einer Barockanlage, deren Park ganzjährig zugänglich ist, das Schloß selbst kann nur Juni-Aug. 11.00-16.30 h besichtigt werden. Vom Schloß führt eine Zufahrt zum Historisch-Archäologischen Versuchszentrum **Lejre**, einer umfangreichen Anlage, in der Lebensformen der Vergangenheit rekonstruiert werden. Es gibt ein Steinzeitgebiet, ein Eisenzeitdorf, Werkstätten, Bauernhäuser des 19. Jh. und Filmsäle (Mai-Sept). An den Wochenenden finden in der Regel Vorführungen, z.B. einzelner frühgeschichtlicher Handwerksformen, statt.

Fahren Sie auf der Ledreborgallé am Schloß vorbei weiter ostwärts; an der nächsten Abzweigung können Sie links ggf. noch nach **Gammel Lejre** fahren, einem alten Dorf, in dessen Pachthof *Kongsgården* ein kleines Museum untergebracht ist (Mai-Sept). Außerdem liegt bei dem Dorf der Überrest eines Steingrabes der Wikingerzeit in Schiff-Form; die Zufahrt auf einem Schotterweg geht gleich am südlichen Ortseingang rechts ab (beschildert).

Camping (Naturlagerplatz): Erik Fransen, »Ravnshøjgård«, Ravnshøjvej 23, Kornerup, ✆ 42381083, 1 km nördlich von Lejre.

Kartenskizze Etappen 78 - 80

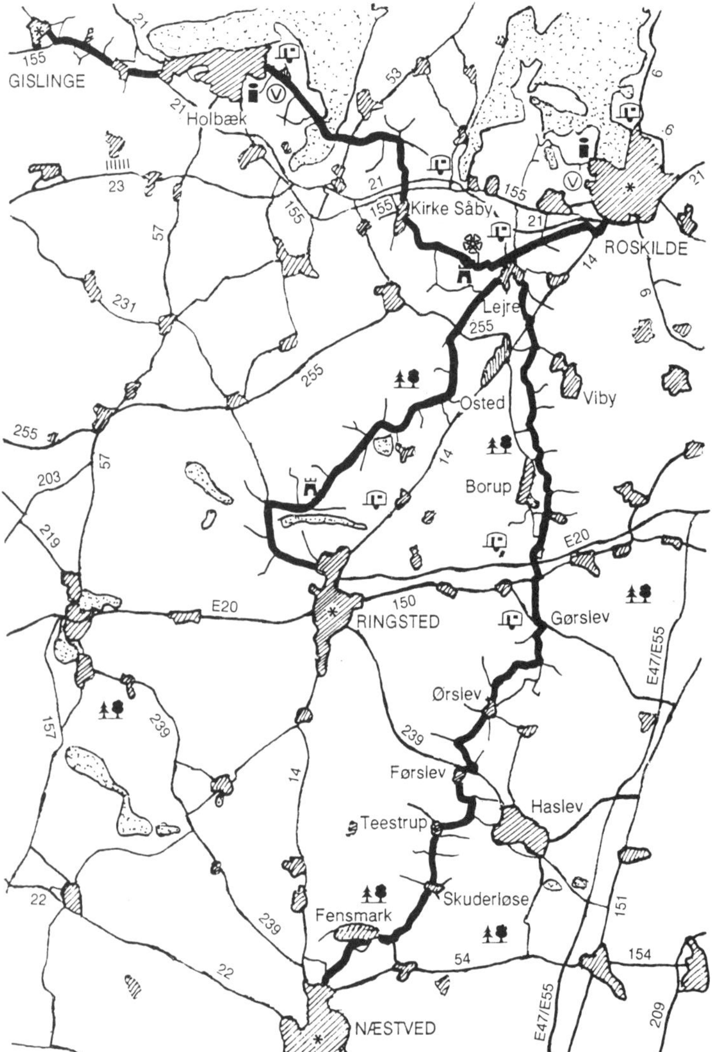

Im archäologischen Versuchszentrum Lejre

Nach einem Abstecher nach Gammel Lejre kehren Sie zurück zur Ledreborgallé, der Sie Rchtg. Roskilde folgen. Kurz vor der Stadt stoßen Sie auf die 155 aus Rchtg. Holbæk; hier rechts einbiegen - die geradeaus führende Straße ist eine Sackgasse. Nach wenigen hundert Metern erreichen Sie die Str. 14, die Sie links nach Roskilde bringt. Falls Sie zum Vandrerhjem möchten, sollten Sie nach dem Ortsanfang gleich die nächste Stadtplan-Tafel konsultieren, da der Weg dorthin dann deutlich kürzer ist als aus dem Stadtzentrum.

Roskilde, 50000 Einw., war im Mittelalter die Hauptstadt des Königreiches, gleichzeitig Bischofssitz. Die damals auch in weltlicher Hinsicht sehr mächtigen Bischöfe wurden von ihrer Schlüsselstellung erst verdrängt, als der Königshof im 15. Jh. nach Kopenhagen verlegt wurde. Roskilde blieb aber als Begräbnisstätte der Könige bestehen. Der wirtschaftliche Niedergang der Stadt war tiefgreifend, aber mit dem Bau der Eisenbahnstrecken auf Sjælland begann ein ebenso kräftiger Aufschwung, der bis heute angehalten hat. Die relative Nähe zur Hauptstadt tut ihr übriges.
Relikt der ehemals geistlich-weltlichen Macht ist der Dom aus dem 12.-15. Jh., in dem nahezu alle dänischen Könige beigesetzt sind. Er ist die zweitgrößte Kirche des Landes (nach dem Dom von Århus) und kann außerhalb der Gottesdienstzeiten in der Regel besichtigt werden; an der Uhr über dem

Südeingang wird stündlich ein Figurenspiel präsentiert. Außer einigen anderen Kirchen und dem üblichen Stadtmuseum (auf VH-Ausweis ermäß. Eintritt) gibt es aber noch einige ungewöhnliche Kulturstätten.
Ein privates Werkzeugmuseum (Holzbearbeitung) gibt es bei Ledreborg Tømmerhandel an der Ringstedgade 68, ganzj. werktags, gratis. Ein Spielkartenmuseum existiert an der Sct. Hans Gade 20 (Mitte Juni-Mitte Sept. mi & so nachm.). Das Paradestück Roskildes ist aber zweifellos das Wikingerschiffmuseum am Roskilde Fjord, aus welchem fünf Wikingerschiffe und ein 7000 Jahre alter Einbaum geborgen werden konnten. Die konservierten Funde sind in einer Museumshalle zu besichtigen (tägl.).

Information: TB, Gullandsstræde 15, Fak 278, 4000 Roskilde, ✆ 42352700, ✉ 42351474.
Verkehrsverbindungen: Eisenbahn nach Kopenhagen, Kalundborg und Ringsted sowie Privatbahn (mit Fahrradtransport) nach Fakse Ladeplads und Rødvig; Flugplatz bei Skalstrup, ca. 6 km südlich.
Vandrerhjem: Hørgården, Hørhusene 61, ✆ 42352184, 114 Betten in 23 Räumen, Mai-Sept., Gruppen Feb.-Dez., Fahrradverm., im Westen der Stadt ziemlich weit außerhalb, kein Lebensmittelgeschäft in der Nähe.
Camping: *** (086), Baunehøjvej 7-9, Veddelev, ✆ 46757996, ✉ 46754426, Hü., Waschm., Mitte April-Mitte Sept., nördl. von Roskilde abseits der Str. 6 Rchtg. Hillerød.

Etappe 79:
Ringsted - Estrup - Valsølille - Tolstrup - Særløse - Lejre - Roskilde (33 km)

Der zweite Teil der Verbindung Slagelse-Roskilde, der ggf. auch nahtlos an Etappe 74 anzuschließen ist und durch wald- und hügelreiches Gebiet verläuft.

Die ersten ca. 7 km fahren Sie auf der Landstraße 215 Rchtg. Store Merløse, passieren schließlich einen rechter Hand liegenden See und biegen kurz darauf rechts ab auf die Nebenstraße nach *Haraldsted*. Am dortigen Ortsende schwenkt die Etappe links, passiert die *Knud Lavards Kapel*, eine frühmittelalterliche Kirchenruine, und durchquert *Valsølille*. Kurz danach liegt links das Straßenbahnmuseum **Skjoldenæsholm** bei dem gleichnamigen schloßähnlichen Landgut; die wechselnden Ausstellungen des Museums und die Museumsbahn sind im allgemeinen nur sa/so zugänglich, in den dänischen Schulferien auch di/mi/do.

Nach einem Besuch des Museums fahren Sie bis zur kurz vorher passierten Abzweigung zurück und biegen dort südwärts ab Rchtg. Jystrup, nach ca. 1 km links auf eine Nebenstraße (ohne Richtungshinweise, Name: »Mortenstrupvej«), die Sie über Mortenstrup *(in Gegenrichtung ebenfalls nur Straßenname beschildert)*, Ny Tolstrup und Særløse geradewegs nach *Lejre* bringt. An einer

T-Mündung endet die Nebenstraße; halten Sie sich links Rchtg. Gevninge, und Sie gelangen nach ca. 1 km zu einer Kreuzung, von der Sie die bei Etappe 78 beschriebenen Sehenswürdigkeiten ansteuern können: links zum Schloß Ledreborg und zum Versuchszentrum Lejre, geradeaus nach Gammel Lejre.

Mit oder ohne Besichtigungsprogramm wird die Fahrt von der gleichen Kreuzung aus fortgesetzt, indem Sie auf der schnurgeraden Ledreborgallé geradewegs nach **Roskilde** radeln (s. Etappe 78).

Etappe 80:
Roskilde - Lejre - Assendløse - Urup - Dalby - Gørslev - Ørslev - Førslev - Teestrup - Skuderløse - Fensmark - Næstved (62 km)

Eine Nord-Süd-Etappe auf kleinen, sehr ruhigen Nebenstraßen durch abwechslungsreiche Landschaft.

Je nach genauem Startpunkt gibt es für den Anfang in Roskilde zwei Varianten:
Entweder in Umkehrung von Etappe 78 Rchtg. Lejre, aber schon einige hundert Meter vor der Kreuzung bei Ledreborg links ab nach *Lejre (Stationsby)* und unter der Bahn hindurch.
Oder vom Zentrum, vor allem aber vom Vandrerhjem aus nordwestwärts nach *Boserup* und vorbei am dortigen Sanatorium (beschildert), dann links nach Kattinge und weiter nach *Kornerup.* Dort kurz links und gleich wieder rechts Rchtg. Lejre St., unter der Autobahn hindurch zur Ledreborgallé, rechts einbiegen und nach 100 m wieder links abfahren nach *Lejre Stationsby.* Damit sind die beiden Varianten vereint.

Nach der Unterquerung der Bahn halten Sie sich gleich links, fahren weiter nach *Højby,* wo Sie rechts abbiegen nach *Rorup.* Die Straße endet an der Str. 14, der Sie 100 m weit nach rechts Rchtg. Ringsted folgen, dann aber gleich wieder links abbiegen auf eine Nebenstraße vorbei an *Assendløse.* Die Straße Østed-Viby kreuzen Sie leicht nach rechts versetzt, durchqueren *Søster Svenstrup* Rchtg. Gammerød, bis links eine Nebenstraße über die Bahnlinie hinweg nach *Urup* abzweigt. Hinter diesem Dorf mündet die Straße in die Verbindung zwischen Ørninge und Hegnede; 1 km weit radeln Sie darauf rechts, um schließlich links die Nebenstraße durch Kløvested nach *(Nr.) Dalby* einzuschlagen.

(In Gegenrichtung ist an der letztgenannten Abzweigung »Hegnede« beschildert.)

Camping: Birkely *** (095), Regnemarks Bakke 6, Borup, ✆ 53626537, ganzj., 6 km südwestl. von Dalby; Corona *** (096), Coronavej 2, Borup, ✆/✉ 53626619.

An der T-Mündung in Dalby halten Sie sich rechts, nach 100 m links Rchtg. Regnemark, lassen dieses Dorf links liegen, kreuzen die Autobahn E20 und stoßen auf die 150, auf der Sie 150 m weit nach rechts fahren. Links abbiegend gelangen Sie nach *Gørslev*, wo Sie wiederum links (*in Gegenrichtung ist »Køge« beschildert)* auf der Landstraße Rchtg. Tureby 200 m weit bleiben.

Camping: Grønnegårde *** (092), Slimmingevej 86, Gørslev, ✆ 53679182, Hütten, April-Sept.

Rechts führt dann eine Straße in den Ort und hindurch Rchtg. Giesegård; noch am Ortsende von Gørslev geht's links Rchtg. Nyvang. 3 km weiter wählen Sie die rechts abzweigende Straße nach *Ørslev*.

In diesem Dorf halten Sie sich zuerst Rchtg. Farendløse, dann links nach Kagstrup, wo es erneut links nach Simmendrup geht. Auf der 269 radeln Sie 200 m nach rechts und biegen links nach *Førslev* ab. Hier halten Sie sich links Rchtg. Haslev bis *Levetofte*, dort rechts nach *Teestrup*. An der dortigen T-Mündung schwenkt die Etappe links nach Skuderløse, wo sie kurz rechts Rchtg. Herlufmagle verläuft, dann aber links zum Landgut *Holmegård*. Östlich von Fensmark trifft die Nebenstraße auf die Landstraße (*in Gegenrichtung steht der einzige Wegweiser Rchtg. Haslev schon 200 m vorher aus Rchtg. Fensmark*), auf der Sie rechts hinein nach *Fensmark* radeln. Ggf. nach einem Besuch der Glashütte *Holmegård* (s. Næstved) geht es schließlich hinab zum Etappenziel **Næstved** (s. Etappe 71).

Etappe 81:
Præstø - Fakse Ladeplads - Rødvig - Højerup - Store Heddinge - Strøby - Køge (63 km)

Eine Strecke zu den interessantesten Punkten des südöstlichen Sjællands.

Sie beginnt in Præstø auf der 209 Rchtg. Køge, die den Præstø-Fjord umrundet. Nach ca. 4 km liegt links der Straße eine rekonstruierte vorzeitliche Pflasterstraße (*Broskovejen*, auf Karte als »Oldtidsvej« verzeichnet). In *Vindbyholt* verlassen Sie die 209 auf die Landstraße nach Fakse Ladeplads.

Fakse Ladeplads, 2000 Einw., ist der Bade-Vorort des 6 km entfernten Städtchens *Fakse*, wo es einen riesigen Kalksteinbruch gibt. An der Küste in diesem Teil Sjællands sind noch eine ganze Reihe weiterer Badeorte anzutreffen. Auf dem Weg nach Fakse kommen Sie an der *Blåbæks Mølle* vorbei, der einzigen kombinierten Wasser- und Windmühle auf Sjælland. Bierfreunden wird der Ort in anderer Schreibweise auch als Name einer der größten dänischen Brauereien bekannt sein.
Ca. 5 km westlich von Fakse befindet sich nördlich der 154 *Lystrup*, angeblich Dänemarks kleinstes Schloß (16. Jh.).

Information: Fakse Kystens TB, Hovedgaden 33, 4654 Fakse Ladeplads, ✆ 53716034, ✉ 53716074.
Verkehrsverbindungen: Eisenbahn (Privatbahn mit Fahrradtransport) nach Køge, teils auch nach Roskilde.
Vandrerhjem: Østervej 4, Fakse, ✆ 53714181, ganzj.
Camping: Fakse Ladeplads *** (163), Hovedgaden 87, ✆/✉ 53716520, Waschm., ganzj., am Nordrand des Ortes; Vemmetofte *** (157), Ny Strandskov 1, ✆ 53710226, ✉ 53710259, Hü., Waschm., ganzj., riesiger Platz am Strand südlich des Vemmetofte Klosters (s.u.).

Aus Fakse Ladeplads folgen Sie der am Strand nordostwärts führenden Straße (aus Fakse ggf. über Stubberup und Kissendrup) zum **Vemmetofte Kloster** aus dem 18. Jh., einem ursprünglich für »adelige Jungfrauen« gedachten Domizil, das heute als Seniorenheim dient. Das Kloster, das nicht besichtigt werden kann, unterhält am Strand einen großen Campingplatz (s. Fakse Ladeplads). Biegen Sie südlich des Klosters rechts ab, und folgen Sie der Nebenstraße nach Lille Torøje, dort rechts nach Lund, dort rechts und wieder links vorbei am Landgut Højstrup und weiter bis nach *Rødvig*, einem Badeort, der das südliche Ende der Kalksteinfelsen von *Stevns Klint* darstellt und über ein Schiffsmotorenmuseum am Havnevej 7 verfügt (Juni-Aug. nur so). Biegen Sie rechts ab auf die Nebenstraße nach **Højerup**, einem Ort, dessen alte Kirche - zu diesem Zeitpunkt schon außer Betrieb - 1928 teilweise ins Meer stürzte. Sowohl die mittlerweile gesicherten Kirchenreste mit dem darin untergebrachten

Museum (mo geschl.) als auch das daneben stehende Fischerhaus sind sehenswert.

Sie folgen der Küstenlinie noch weiter auf der Nebenstraße durch Tommestrup und biegen ca. 3 km danach an der ersten nach links führenden Straße ab nach Store Heddinge.

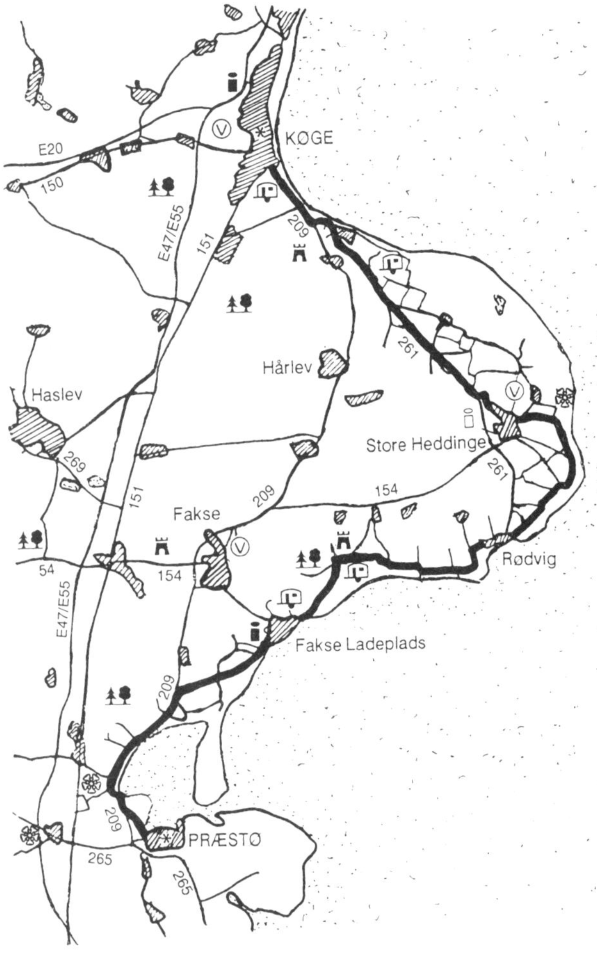

Store Heddinge, 3000 Einw., verfügt über eine bemerkenswerte achteckige Kirche, deren bauliche Anlage Anlaß zu der (unbestätigten) Vermutung gegeben hat, das es sich um eine Verteidigungskirche, also gleichzeitig geistliches und weltliches Bollwerk, handelt. Die Nähe der Klippen von Stevns Klint und die Ausflugsorte Rødvig und Højerup versorgen Store Heddinge an schönen Wochenenden mit vergleichsweise vielen Besuchern.
Im südlich gelegenen Dorf *Lille Heddinge* kann Mai-Sept. eine alte Schmiede besichtigt werden (außer mo).

Information: TB, Vemmetoftvej 1 A, 4673 Rødvig, Stevns, ✆ 53706464, ✉ 53707264, auch Auskunft im Vandrerhjem.
Verkehrsverbindungen: Eisenbahn (Privatbahn mit Fahrradtransport) nach Rødvig und Køge, teils direkt bis Roskilde.
Vandrerhjem: Ved Munkevænget 1, ✆ 53702022, 63 Betten, Mitte März-Sept., Gruppen ganzj., südöstlich der Kirche.

Falls Sie nicht eine langgezogene Kurve auf Nebenstraßen über die Orte Holtug und Magleby fahren wollen, nehmen Sie die 261 vorbei an *Klippinge* (kleines Heimatmuseum *Trines Hus* in *Tåstrup*, 3 km westl.) durch *Strøby* (Nordstevns Camping ** [154]) nach Strøby Egede, wo Sie auf die Landstraße 209 stoßen. Wenn Sie das Renaissanceschloß *Vallø* (nach einem Brand um ca. 1900 originalgetreu wieder aufgebaut) beim südlich gelegenen Städtchen Valløby besuchen möchten, fahren Sie links, ansonsten rechts bis Køge.

Køge, 27000 Einw., ist eine besonders schöne alte Stadt, so daß Sie hier in jedem Fall übernachten sollten. Besonders ist dies anzuraten vor der Weiterfahrt nach Kopenhagen über die triste Küstenstraße 151. Køge ist bekannt für seine vielen alten Fachwerkhäuser, darunter das älteste datierte Fachwerkhaus Dänemarks (von 1527) in der Kirkestræde 20. Der fast 10000 m^2 große Marktplatz ist von Gebäuden des 16. und 17. Jh. gesäumt. In einem Haus von 1659 an der Nørregade befindet sich heute das örtliche Museum, das kulturhistorische Sammlungen der Region enthält (tägl., Ermäßigung auf VH-Ausweis). Die Sct.-Nicolai-Kirke (Turmbesteigung in der Saison mit Führer) verfügt über eine sehenswerte Innenausstattung; den Reigen der historischen Gemäuer vervollständigt das Schloß Vallø (s.o.). Für Freunde moderner Kunst sei das Museum in der Nørregade 29 empfohlen, das wechselnde Ausstellungen dänischer Künstler und eine Skizzensammlung enthält (ganzj. di-so 11-17 h).

Information: TB, Vestergade 1, 4600 Køge, ✆ 53655800, ✉ 53652984, Fahrradvermietung.
Verkehrsverbindungen: Eisenbahn Rchtg. Kopenhagen (S-Bahn mit Fahrradtransport) und Næstved sowie Privatbahn nach Fakse Ladeplads, Rødvig und Roskilde.
Vandrerhjem: Lille Køgegård, Vamdrupvej 1, ✆ 53651474, 100 Betten in 21 Zi., Feb.-Weihn., am nordwestlichen Stadtrand an der Straße Rchtg. Ølby.
Camping: Køge Sydstrand ** (151), Sdr. Badevej, ✆ 53650769, Waschm., Mai-

Sept., südl. des Hafens; Vallø *** (152), Strandvejen 102, ✆ 53652851, ✉ 53651025, Hü., Waschm., Ostern-Mitte Sept., unweit des obigen Platzes südl. der Landstraße 209.

Etappe 82:
Køge - København (Kopenhagen) (40 km)

Um es gleich zu Beginn klar zu sagen: diese Strecke ist vollkommen unattraktiv, da durchweg auf Radwegen längs der Fernstraße 151 verlaufend, die durch eine lückenlose Folge von Vororten bis Kopenhagen führt. Aber dieses Schicksal teilt diese Straße mit allen anderen Zufahrtstraßen nach Kopenhagen. Ausweichmöglichkeiten gibt es für Ortsunkundige nicht, da die Orientierung in dem fast lückenlosen Bebauungsgebiet nur anhand von detaillierten Stadtplänen möglich ist; die nationale Radroute 9, die für 15 km von der Str. 151 abweicht und über die Dörfer leitet, ist sehr kompliziert geführt und produziert dabei einen kräftigen Umweg. Wer also die ca. 2 Stunden dauernde Anfahrt vermeiden will, muß entweder per S-Bahn nach Kopenhagen fahren (Fahrradtransport möglich) oder die dänische Hauptstadt aus der Fahrradreise ausklammern.

Falls das konkrete Ziel (z.B. Vandrerhjem) auf der südlich vorgelagerten Insel *Amager* liegt, ist folgende Variante sinnvoll: 1 km nachdem die 151 im Vorort Avedore die Autobahn E20 überquert hat, rechts abbiegen in den »Østre Strandvej«, geradeaus in den »Tårnfalkevej« noch über den »Mågevej« hinweg, dann links in einen Radweg durch eine Grünanlage, immer geradeaus bis zum Ende (direkt vor der Meeresbucht), dort rechts und auf die andere Seite der Autobahn E20, auf dem parallel verlaufenden Radweg über die Autobahnbrücke nach Amager. Zum VH auf dem Radweg östlich der E20 bleiben, bis eine Brücke die Möglichkeit eröffnet, auf die andere Seite zu wechseln und auf dem Deichweg nordwärts zu radeln. Immer geradeaus, durch die anschließende Grünanlage, unter der *Sjællandsbro* hindurch, dann rechts am Schleusenkanal entlang. Nächste Möglichkeit links, dann rechts in die VH-Zufahrt.

Wer vor der Fahrt nach Kopenhagen zurückschreckt, kann in Køge einen Anschluß an die übrigen Etappen finden über die Nebenstraßen nach Lille Skensved (= Nationalroute 9), Havdrup, Gadstrup und Lejre.

Foto rechts: Kopenhagens Wahrzeichen, die Kleine Meerjungfrau

København (Kopenhagen), im engeren Sinne ca. 700000, mit Vororten rund 1½ Millionen Einw., ist seit dem 15. Jh. die Hauptstadt des Königreichs Dänemark, obwohl die Lage der Stadt direkt am Øresund zumindest den skandinavischen Nachbarn (die ja nicht immer freundlich gesonnen waren), in den napoleonischen Kriegen aber auch England Gelegenheit zu kriegerischen Aktionen gab. Ingesamt gesehen wirkte sich die geografische Lage eher vorteilhaft aus, da Kopenhagen quasi von selbst zu einer wohlhabenden Handels- und Hafenstadt heranwuchs.

Auf die Fülle der Sehenswürdigkeiten Kopenhagens kann hier aus verständlichen Gründen nicht näher eingegangen werden. Die beträchtliche Zahl interessanter Stätten und die vergleichsweise unschöne (Fahrrad-)An- und Abreise machen einen Besuch der Hauptstadt ohnehin nur ratsam, wenn mehrere Tage zur Verfügung stehen. Das vom TB zur Verfügung gestellte Material ist recht detailliert, so daß man sich leicht aktuelle Angebote aussuchen kann. Dies gilt vor allem für die Vielzahl von Museen, Ausstellungen und anderen kulturellen Veranstaltungen (1996 ist Kopenhagen Kulturhauptstadt Europas). Für Touristen, die ohne Rad durch Kopenhagen streifen wollen, ist der Erwerb der »Copenhagen Card« anzuraten, die freie Benutzung aller öffentlichen Verkehrsmittel im gesamten Hauptstadtbereich (inkl. Nordost-Sjælland) und freien Eintritt in rund 95 Museen etc. gewährt. Sie ist für 1-3 Tage erhältlich und kostet zwischen dkr 140 und 300 (inkl. 50 % Rabatt auf Stadtrundfahrten); weniger Kunstinteressierte kommen mit der 24-Stunden-Karte des Verkehrsverbundes für dkr 65 billiger davon.

In jedem Fall wird sich ein Teil touristischer Aufmerksamkeit auf das alte Stadtzentrum richten, wo sich im Viertel zwischen dem Botanischen Garten, dem Rathausplatz und dem Kongens Nytorv das Fußgängerzentrum befindet, kurz *Strøget* genannt, das nicht etwa aus einer Straße, sondern aus einer Kombination dreier aufeinanderfolgender Straßen mit vielen Seitengassen besteht. Der Strøget ist nicht nur Einkaufs- und Vergnügungszone, sondern ein echter Boulevard, wo Kaufen, Sehen und Gesehenwerden zueinandergehören. Südlich befindet sich mit dem Tivoli der weltbekannte Vergnügungspark der dänischen Hauptstadt. Nordöstlich des Strøget kann man vor dem Schloß *Amalienborg*, dem Wohnsitz der Königsfamilie, jeweils um 12 h mittags an der Wachablösung als Relikt nostalgisch-monarchistischer Prachtentfaltung teilnehmen. Noch etwas weiter nördlich befindet sich direkt an einer der zahlreichen Hafeneinfahrten das Wahrzeichen Kopenhagens, die Kleine Meerjungfrau. Und in einem der äußersten Vororte, in *Lyngby*, ist ein Freilichtmuseum mit Bauernhäusern aus ganz Dänemark anzutreffen (Ermäßigung auf VH-Ausweis).

Unter den weniger konventionellen Museen der Stadt sei hingewiesen auf das Spielzeugmuseum (Valkendorfsgade 13), das Tabakmuseum (Amagertorv 9), das Museum Erotica (Købmagergade 24). Bierfans können die

Brauereien von Tuborg und Carlsberg besichtigen (mo-fr), wobei die Führungen bei Tuborg nur für Gruppen durchgeführt werden, angesichts der weitläufigen Produktionsanlagen (mit eigenem Hafen!) aber besonders interessant sind. Die Führungen bei Carlsberg finden mo-fr jeweils 2-3 mal täglich bis ca. 15 h statt. Zum Abschluß darf man von den diversen Produkten kosten, die sich übrigens bei den beiden (fusionierten) Brauereien nur durch die Aufkleber unterscheiden.

In einer ehemaligen Abfüllhalle der Tuborg Brauerei, am Tuborg Havnevej im Vorort Hellerup, ist ein ungewöhnliches »Museum« eingerichtet worden, das *Eksperimentarium*. Hinter den Namen verbirgt sich die Möglichkeit zum Experimentieren in allen möglichen Bereichen der Naturwissenschaft, Technik, Umwelt und Gesundheit (tägl. geöffnet, di/do bis 21 h).

Information: TB, Bernstorffsgade 1, 1557 København V, ✆ 33111325, ✉ 33934969, beim Bahnhof, auch sonntagvormittags, u.a. Stadtplan, Stadtbroschüre (in Deutsch), Veranstaltungskalender »Copenhagen this week« (in Englisch). Beim Radfahrerverband DCF, Rømersgade 7, 1362 København K, ✆ 33323121, ist diverses Material erhältlich (Rabatt auf ADFC-Mitgliedsausweis).
Postamt für postlagernde Sendungen: Vesterbro, Tietgensgade 39.
Verkehrsverbindungen: Eisenbahn in alle dänischen Städte; Flugplatz Kastrup auf der vorgelagerten Insel Amager, Verbindungen in alle größeren europäischen Städte (s. Anreise); Fähren nach Oslo (Norwegen), Landskrona und Malmö (Schweden), Rønne (Bornholm) und Swinemünde (Polen), auf einigen Strecken Rabatt für Inhaber der Copenhagen Card.
1000 kommunale Fahrräder zur Jedermann-Nutzung (mittels einer Pfand-Münze für dkr 20 nutzbar) sind an ca. 120 Ausleihstellen im ganzen Innenstadtgebiet verteilt!
Vandrerhjem: Copenhagen Hostel, Vejlandsallé 200, ✆ 32522908, ✉ 32522708, 528 B.in durchweg kleineren Räumen, nur Gästeküche, Cafeteria, Waschm., Anmeldung ab 13 h, modernes VH auf Amager nahe der E20, auch bei Anfahrt aus dem Zentrum über die Sjællandsbro nach Amager fahren, die nördl. gelegene Zufahrt ist streckenweise Schotterpiste, aus Richtung Roskilde und Køge auch Zufahrt über die neue Autobahnbrücke (mit Radweg) der E20 möglich (s.o.); Bellahøj, Herbergvejen 8, Brønshøj, ✆ 31289715, ✉ 38890210, 299 Betten in 33 Räumen, keine Gästeküche, Anmeldung ab 12 h, im Nordwesten der Stadt; Lyngby-Tårbæk, Rådvad 1, ✆ 45803074, ✉ 45803032, 94 B. in 17 Räumen, Küche, nördl. von Kopenhagen nahe Nærum; City Public Hostel Vesterbro Ungdomsgård, Absalonsgade 8, ✆ 31312070, ✉ 31235175, 202 B., Mai-Mitte Aug., in der Nähe des Stadtmuseums; Copenhagen Sleep-In, Østerbro Skøjtehal, Per Henrik Lings Allé 6, ✆ 35265059, ✉ 35435058, 452 B., Juli-Aug.; Ishøj Idrætscenter Sleep-In, Vejledalen 17, ✆ 42734083, Juni-Aug., im südwestlichen Vorort; KFUM & KFUK (CVJM), St. Kannikestræde 19, ✆ 33113011, Juli-Mitte Aug; KFUM Vesterbro, Valdemarsgade 15, ✆ 31311574, Mitte Juli-Mitte Aug.
Camping: Bellahøj * (001), Hvidkildevej, ✆ 31101150, Juni-Aug., einfacher Platz unweit des VH; Absalon ** (006), Korsdalsvej 132, Rødovre, ✆ 31410600, ✉ 31410293, Hü., ganzj., an der 156 aus Rchtg. Roskilde in Nähe der Autobahnabfahrt von der E47/E55, ca. 9 km vom Zentrum.
Fahrradunterstand: Bewachung, Vermietung und Service im DSB-Cykelcenter im Hauptbahnhof (mo-sa)!

Kartenskizze Etappen 82 & 83

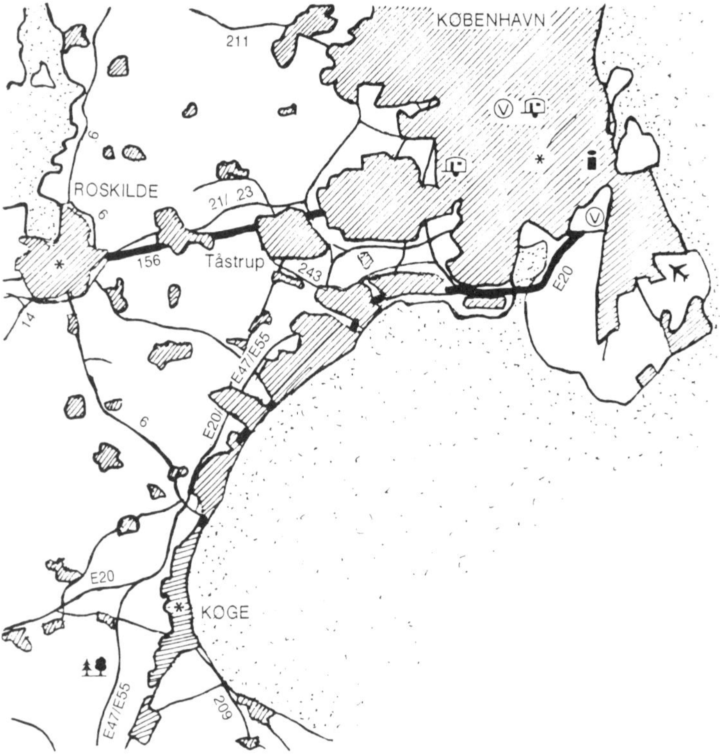

Etappe 83:
Roskilde - Glostrup - København (Kopenhagen) (35 km)

Für diese Strecke muß in Ermangelung anderer Straßen durchgehend der Radweg längs der Fernstraße 156 benutzt werden. Aus diesem Grund gilt für Anfahrt und Aufenthalt in Kopenhagen das gleiche wie in Etappe 82 dargestellt - mit der Ausnahme, daß hier keine S-Bahn verkehrt, wohl aber z.T. Regionalzüge mit Fahrradtransport (Strecken nach Slagelse und Kalundborg). Nach etwa zweistündiger Fahrt wird das Zentrum von **Kopenhagen** (s. Etappe 82) erreicht.

Etappe 84:
Roskilde - Store Valby - Ganløse - Lynge - Nr Herlev - Hillerød (45 km)

Diese Strecke eröffnet das Wald- und Seengebiet Nord-Sjællands unter gleichzeitiger Umgehung des Ballungsgebietes von Kopenhagen.
Den Anfang nimmt sie in Roskilde auf der Str. 14 / 6 Rchtg. Roskilde N, biegt aber im Vorort Himmelev rechts davon ab durch einen Fußgänger- und Radfahrerdurchlaß zum »Sognevej«. Wenn von rechts der »Langagervej« einmündet, biegen Sie links ab, um so mit dem Store Valbyvej zu einer Radwegunterführung unter der Auto-Umgehungsstraße hindurch zu gelangen, die zur Nebenstraße nach *Store Valby* führt. Immer geradeaus weiter durch Gundsølille nach Østrup, wo es links, nach 100 m rechts abgeht Rchtg. Veksø. An der folgenden T-Mündung biegen Sie rechts ein und erreichen nach 2 km eine weitere T-Mündung, an der Sie links nach *Veksø* radeln. Kurz vor dem Dorf kreuzen Sie die Eisenbahnlinie, fahren den folgenden Hügel hinauf und wählen an den beiden nächsten T-Mündungen jeweils die linke Variante. *(In Gegenrichtung ist jeweils »Veksø st.« beschildert.)* Dadurch kommen Sie im Bogen zur 211, über die Sie geradeaus hinweg nach *Søsum* fahren. Ohne Abzweigung verläuft die Strecke weiter nach *Ganløse*, wo Sie auf die hier noch unbedeutende 233 tref-

Blick auf das Lustschloß »Badstuen« von Hillerød

fen. Mit dieser verlassen Sie den Ort nach rechts (*in Gegenrichtung zuerst »Malov« beschildert, dann »Stenløse«*) nach Lynge; dabei passieren Sie in *Bastrup* eine »Schloßruine« - in Wahrheit ein winziger Steinhaufen mit Blick auf den Bastrup Sø.

Camping: Undinegården ** (008), Undinevej 3, ✆ 42183032, ✉ 42184732, Hütten, ganzj., am Südufer des Sees.

Am Südrand von *Lynge* kreuzen Sie etwas nach links versetzt die 207 und folgen der 233 - mit zunehmendem Verkehrsaufkommen - durch *Nr Herlev* nach Hillerød. Vom Stadtrand an verfügt die Straße über einen Radweg; *in Gegenrichtung ist für Radfahrer Rynge bzw. Roskilde korrekt beschildert.*

Hillerød, 34000 Einw., ist der Verkehrsknotenpunkt von Nord-Sjælland und dementsprechend eine geschäftige Handels- und Industriestadt. Dennoch ist das Stadtzentrum eine ausgesprochen idyllische Angelegenheit, denn es ist ab dem 16. Jh. um das damals erbaute *Schloß Frederiksborg* entstanden. Dieses Schloß gilt als das schönste zumindest in Nord-Sjælland, wenn nicht des ganzen Landes (»Versailles Dänemarks«). Es erstreckt sich über drei Inseln des Schloßsees und ist in seiner heutigen Form eine Neuausstattung, die nach einem Brand von 1859 mit Hilfe einer nationalen Spendenaktion vorgenommen wurde. Die ursprüngliche prachtvolle Einrichtung konnte dadurch vollständig wieder hergerichtet werden. Das Schloß mit dem darin befindlichen Museum kann ganzjährig besucht werden; im Schloßpark wird z.Z. eine barocke Kaskadenanlage rekonstruiert, die ab 1996 wieder tätig sein soll. Wer Schlösser lieber etwas kleiner hat, wird mit dem Lustschloß *Badstuen* im Park von Schloß Frederiksborg bedient.

Freunde bäuerlicher Kultur kommen im *Nordsjællands Folkemuseum* auf ihre Kosten (außer mo 15.6.-15.8. 11-16 h, sonst so, im Nordosten des Schloßsees); eine Außenstelle des Museums befindet sich im Landgut *Sophienborg* am westl. Stadtrand, wo eine bauernhistorische Sammlung untergebracht ist und später einmal ein kommunales Kulturzentrum, voraussichtlich mit Vandrerhjem, entstehen soll.

Es gibt von Hillerød aus übrigens beschilderte Radwege nach Helsinge und Gilleleje, die größtenteils über unbefestigte Waldwege führen; als Ausflug bzw. mit Reifen ab 35 mm Breite zu empfehlen.

Information: TB, Rosenhavn, Slotsgade 52, 3400 Hillerød, ✆ 42262852, ✉ 42262806, schöne Radtourenbeschreibungen in die Umgebung erhältlich.
Verkehrsverbindungen: Eisenbahn nach Helsingør und Kopenhagen, Privatbahn nach Gilleleje, Tisvildeleje und Hundested; Fahrradtransport auf allen Strecken.
Unterkunft: KFUM Missionshotellet, Slotsgade 5A, ✆ 42260189, ✉ 42260168, 23 Z., im Zentrum.
Camping: *** (045), Dyrskuepladsen, Blytækkervej, ✆/✉ 42264854, Hü., Waschm., Mai-Mitte Sept., ruhig gelegen im Süden der Stadt.

Etappe 85:
Hillerød - Skævinge - Græse - Frederikssund - Gerlev - Skuldelev - Selsø - Skibby - Lyndby - Gevninge - Roskilde (66 km)

Diese Strecke bietet eine Vielzahl von Anknüpfungspunkten an die vorhergehende und die folgenden Etappen.

Sie führt westwärts aus der Stadt auf dem Straßenzug Hostrupvej-Nordstensvej-Herredsvej und biegt davon im Vorort Ullerød links auf eine Nebenstraße Rchtg. Harløse nach Skævinge ab, wenn gleichzeitig rechts die Nebenstraße Rchtg. Bendstrup beginnt. Folgen Sie der Straße durch Ny Harløse und Harløse (dort halbrechts halten) nach *Skævinge*, dort hinter der Kirche am Straßenende links abbiegen, die Eisenbahnlinie kreuzen und weiterfahren nach *Strø*. Hier biegen Sie rechts ab auf die Nebenstraße nach Sigerslevøster, an der dortigen T-Mündung kurz rechts Rchtg. Sigerslevvester, aber gleich wieder links nach *Græse*. Erneut bietet Ihnen eine T-Mündung Anlaß, rechts einzubiegen, durch das Dorf zu radeln und geradeaus weiter zu einer Kreuzung mit der 211 zu gelangen; die Hauptstraße überqueren Sie geradeaus und sind auf einer direkten Zufahrtstraße nach **Frederikssund** (13000 Einw.), einer Hafenstadt am Roskildefjord, die weithin wegen der Wikingerspiele bekannt ist, die hier alljährlich um den 1. Juli herum stattfinden. Ein kleines Museum zu Ehren des Malers J.F. Willumsen ist der einzige Kulturtempel des Städtchens.

Information: TB, Jernbanegade 24, 3600 Frederikssund, ✆ 42310685, ✉ 42313674.
Verkehrsverbindungen: Eisenbahn (S-Bahn mit Fahrradtransport) nach Kopenhagen.
Unterkunft: Rådhuskroen, Østergade 1, ✆ 42314466, ✉ 42310963, 9 Zi.
Camping: ** (054), Omkørselsvejen, ✆/✉ 42311423, Hütten, Waschm., Ostern-Mitte Sept., in der Nähe der Fjordbrücke direkt neben der Str. 53.

(In Gegenrichtung Frederikssund auf dem Straßenzug Frederiksværksvej - Byvej verlassen, der zur Kreuzung und somit zur Straße nach Græse führt.)

Die Strecke verläßt Frederikssund auf der Str. 53 über den Roskildefjord und biegt dahinter links auf den Gegenrichtungsradweg nach Gerlev ein. Wenn dort südlich der Kirche die Hauptstraße eine Rechtskurve vollführt, verlassen Sie sie nach halblinks auf eine Nebenstraße, die Sie über Tørslev nach **Skuldelev** bringt. In diesem Dorf gibt es ein privates Puppenmuseum (*Dukkemuseum*, di/do/sa 11-15 h). An der Kirche halten Sie sich links, danach gleich rechts auf die Straße Rchtg. Sønderby. Nach ca. 3 km biegen Sie davon halbrechts ab auf die Straße, die vorbei an Schloß Selsø, um den Selsø Sø herum und nach Skibby führt.

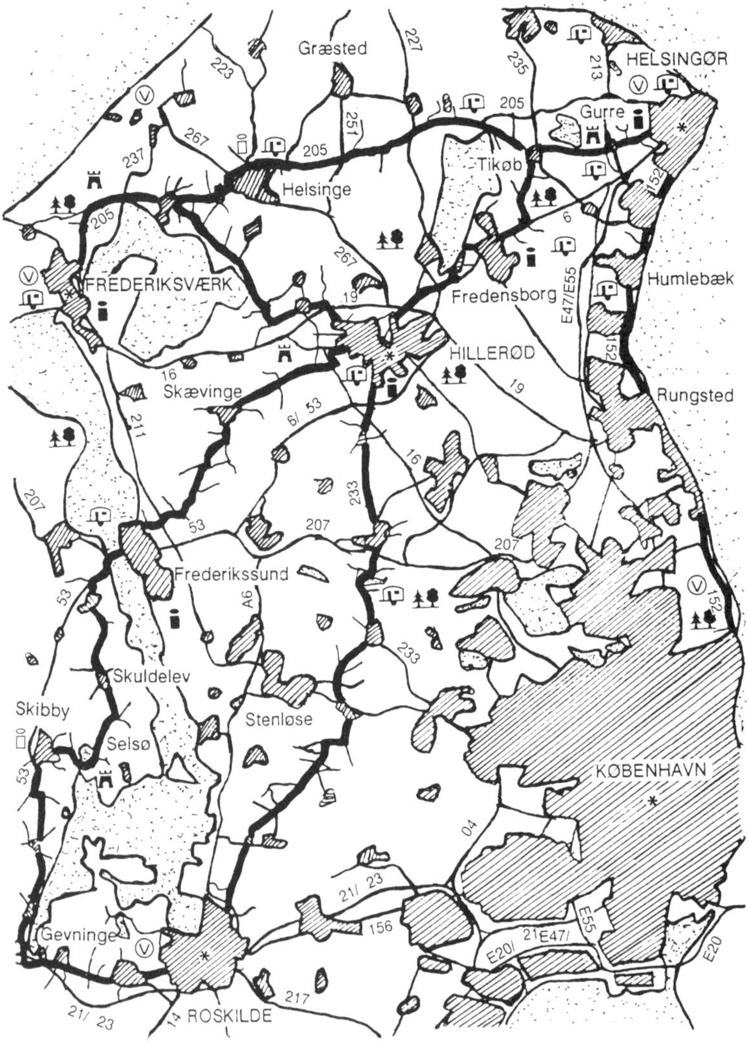
Græsted
HELSINGØR
Gurre
Tikøb
Helsinge
FREDERIKSVÆRK
Fredensborg
Humlebæk
HILLERØD
Skævinge
Rungsted
Frederikssund
Skuldelev
Skibby
Stenløse
Selsø
KØBENHAVN
Gevninge
ROSKILDE

Selsø ist der Name eines äußerlich eher unscheinbaren Barockschlosses mit prächtiger Empire-Ausstattung, das Sie erreichen, wenn Sie an der kleinen Kirche von Selsø (schönes Renaissance-Innere) links abbiegen; lassen Sie das Rad an der Kirche stehen, das Schloß ist über einen Fußweg nur gut 100 m entfernt. Die Schloßräume können während der dänischen Schulferien täglich, ansonsten nur an Wochenenden (nachm.) besichtigt werden; besonders interessant sind der Rittersaal und die Küche.
Wenn Sie zurück zur Kirche gehen und dann südwärts um den See herum weiter fahren, gelangen Sie nach *Skibby*, einem kleinen Städtchen mit interessanter Dorfkirche; sie enthält mosaikähnliche Fresken des 12. Jh.

Information: TB, Hovedgaden 50, 4050 Skibby, ✆ 47527638, ✉ 47528402.

Halten Sie sich im Ort links, und fahren Sie auf der Zufahrt zur Str. 53 Rchtg. Kirke Hillinge weiter. Etwa 2 km südlich von Skibby biegen Sie links auf eine Nebenstraße Rchtg. Gershøj ab, die Sie nach ca. 500 m geradeaus auf eine andere Straße nach *Sæby* verlassen; von dort benutzen Sie die Landstraße über *Lyndby* (Camping Borrevejle *** [088] direkt vor der Autobahn, ganzj.) unter der Autobahn 21 / 23 hindurch zur 155, auf der Sie links Rchtg. Roskilde radeln. Hinter Gevninge kommen Sie zu einer Auffächerung der Etappe in folgende Varianten:
- mit der Fahrradbeschilderung geradeaus nach **Roskilde** (s. Etappe 78) über die innerörtliche Durchgangsstraße *(in Gegenrichtung auf dem Holbækvej aus Roskilde, in Svogerslev Rchtg. Kornerup beschildert)*;
- bei Zielrichtung Vandrerhjem rechts hinein nach Kornerup und dann links auf einer Nebenstraße über die 155 hinweg durch Kattinge vorbei am Sanatorium Boserup, dann Rchtg. Roskilde;
- als Verbindung zu den Etappen 78-80 rechts hinein nach Kornerup, dann rechts nach *Lejre* (s. Etappe 78).

Etappe 86:
Kopenhagen - Helsingør (45 km)

Leider gilt auch für diese Strecke (Teil der Rad-Nationalroute 9) im Prinzip das gleiche wie für alle Zufahrten von und nach Kopenhagen: die Straßen sind von lückenloser Villen-Bebauung gesäumt, über weite Strecken müssen Radwege in erbärmlichem Zustand benutzt werden, Alternativen gibt es nicht; S-Bahnnutzung mit Fahrradtransport ist via Hillerød möglich. Dennoch kann wegen der Attraktionen von Helsingør und Umgebung sowie der sich sich anschließenden Etappen Rchtg. Westen (87 bzw. 89) diese Etappe empfohlen werden. Sie verläuft durchgehend auf dem Radweg neben der Fernstraße 152.

Am Nordrand der Hauptstadt kommen Sie im Vorort *Klampenborg* an dem Rot-

wild-Tierpark vorbei, der ein beliebtes Ausflugsziel darstellt.
Zwischen Klampenborg und Vedbæk kann man einen am Bahndamm entlang laufenden Radweg parallel zur Hauptstraße benutzen (beschildert), danach wieder den Radweg direkt an der 152. In *Horsholm* existiert ein Jagd- und Forstmuseum beim örtlichen Heimatmuseum (mo geschl.). In **Rungsted** ist das ehemalige Wohnhaus der dänischen Schriftstellerin Karen (»Tania«) Blixen als Museum eröffnet worden (an der Küstenstraße). In *Nivå* (TB; Camping * [011]) ist in einem alten Herrenhaus eine bemerkenswerte Sammlung älterer europäischer Malerei zu besichtigen. In **Humlebæk**, ca. 10 km vor Helsingør, liegt dann rechts von der Straße direkt am Øresund das Museum für moderne Kunst *Louisiana*, das allein schon wegen der prachtvollen Lage in einem schönen alten Park sehenswert ist. Die nicht zu weitläufigen Gebäude, die hier 1958-82 errichtet wurden, enthalten verschiedene Ausstellungen von Gemälden, Skulpturen und Objekten, sehr häufig mit Gastausstellungen ausländischer Sammlungen. Louisiana ist in jedem Fall eine Rast wert (tägl. 10-17 h, mittwochs bis 22 h, Studentenermäßigung).
Das Etappenende erreichen Sie in Helsingør.

Helsingør, 50000 Einw., liegt an der schmalsten Stelle des Øresunds und hat daher einen regen Fährverkehr mit dem schwedischen Helsingborg. Eine besondere Variante dieses innerskandinavischen Tourismus fällt schon bei einem Blick in die Schaufenster der Geschäfte in Helsingør ins Auge: vor allem an Wochenenden kommen Hunderte von Schweden herüber, kippen nicht unbeträchtliche Mengen diverser Alkoholika zu den für sie niedrigen dänischen Preisen hinter die Binde, schultern noch einige Plastiktüten und Pappcontainer des gleichen Stoffs und kehren in die Heimat zurück. Außerhalb dieser Invasionszeiten präsentiert sich die Stadt aber als das, was sie eigentlich ist: der dänische Ort mit der größten Zahl von Häusern des 17./18. Jh., mit einer ausgedehnten Altstadt und einigen weiteren interessanten Sehenswürdigkeiten.

Bereits um 1200 wurde mit dem Bau an der Sct.-Olai-Kirke begonnen, aber erst nach über 300 Jahren beendet. Nicht weit davon befinden sich Teile des guterhaltenen Karmeliterklosters aus dem 15. Jh. einschließlich des Karmeliterhauses (ganzj.) und die dazugehörige Sct.-Mariæ-Kirke.

Am Nordrand der Stadt steht auf einer in den Sund ragenden Halbinsel *Kronborg*, eine 1585 fertiggestellte Schloßfestung, die Shakespeare in dichterischer Freiheit zum Schauplatz seines Hamlet-Dramas machte: in Wahrheit hatte der Original-Prinz im 5. Jh. auf der jütländischen Insel Mors gelebt, aber in den Mauern eines imposanten Schlosses kam das Drama wohl besser zur Geltung; auch die Tourismuswerbung orientiert sich an dieser Variante. Der Nordflügel von Schloß Kronborg beherbergt das Handels- und Seefahrtsmuseum zur dänischen Kolonialgeschichte. Schloß und Museum sind Mai-Sept. tägl. (sonst außer mo) zu besichtigen. Etwas nordwestlich von Kronborg befindet sich das Lustschloß Marienlyst aus dem 16. Jh., das als Domizil für das städtische Museum dient (ganzj. nachm.). Noch etwas weiter nordwestlich ist das Dänische Technische Museum anzutreffen, das am entgegengesetzten Teil der Stadt eine Verkehrsabteilung mit Museumsautos und Modelleisenbahnen hat. Beide Teile sind tägl. und ganzj. zugänglich.

An der Strandpromenade westl. von Schloß Kronborg befindet sich ein Aquarium, das ganzj. 12-16 h geöffnet hat. Sonntags sind die üblichen Termine für die Fahrten der Museumseisenbahn nach Hornbæk und Gilleleje (auf der Strecke der Privatbahn); Auskunft beim Turistbureau.

Information: TB, Havnepladsen 3, 3000 Helsingør, ✆ 49211333, ✉ 49211577, in Bahnhofsnähe, Fahrradvermietung.
Verkehrsverbindungen: Eisenbahn (mit Fahrradtransport) nach Kopenhagen und Hillerød, Privatbahn (mit Fahrradtransport) nach Hornbæk und Gilleleje; Fähren (mehrere Linien, Pendelverkehr) nach Helsingborg/Schweden.
Vandrerhjem: Villa Moltke, Ndr. Strandvej 24, ✆ 49211640, ✉ 49211399, 200 B. in 44 Räumen, Feb.-Nov., zwischen Marienlyst und Technischem Museum direkt am Øresund.
Camping: Grønnehave ** (016), Campingvej 1, ✆/✉ 49215856, Waschm., ganzj., zwischen Privatbahn und Strandpromenade nahe von Marienlyst; Skibstrup *** (022), Stormlugen 20, Ålsgårde, ✆ 42109971, ✉ 42109961, ganzj., Hütten, großer Platz 8 km nordwestl.; Nyrup ** (047), Kongevejen 383, ✆ 42239103, März-Okt., Hütten, 6 km südwestl. zwischen E47/E55 und Str. 6.

Etappe 87:
Helsingør - Gurre - Tikøb - Jonstrup - Fredensborg - Hillerød (52 km)

Eine mit Sehenswürdigkeiten reichlich garnierte Strecke; in der beschriebenen Fahrtrichtung steigern sich die historischen Gemäuer übrigens in ihrer Großartigkeit - in Gegenrichtung muß man seine Erwartungen also dämpfen.

Auf dem Gurrevej verlassen Sie Helsingør in südwestlicher Richtung, kreuzen bei *Gurre* die 213 und passieren bald danach die rechts liegenden spärlichen Ruinen des *Gurre Slot.*

Fahren Sie geradeaus weiter bis *Tikøb*, wo Sie kurz links auf die 235 und dann rechts in den Ort und auf die Nebenstraße Rchtg. Esrum abbiegen; nehmen Sie sofort wieder die nächste Abzweigung links (nur wenige Meter von der 235 entfernt), dann erneut rechts (vor der Kirche) und schließlich wieder links. Die Nebenstraße bringt Sie über Jonstrup und *Endrup* zur Str. 6 in Fredensborg.

Fredensborg, 6000 Einw., ist der Standort des gleichnamigen Schlosses, das im 18. Jh. erbaut wurde und heute als Frühjahrs- und Herbstresidenz der königlichen Familie dient. Bei Abwesenheit der »Royals« ist der Schloßpark das ganze Jahr über zugänglich, die Räume des Schlosses nur im Juli (nachm.; Ermäßigung auf VH-Ausweis).

Information: Fredensborg-Humlebæk TB, Østrupvej 3, 3480 Fredensborg, ✆ 42280315, ✉ 42281656.
Vandrerhjem: s. TB, 42 Zimmer, ganzjährig.
Camping: Højsager ** (046), Humlebækvej 31, ✆ 42194448, Hütten, Ostern-Sept., 5 km östlich.

Nach einem etwaigen Besuch im Schloß, das über eine Allee von der Str. 6 aus erreicht werden kann, fahren Sie nicht zurück zur Str. 6, sondern biegen von der Zufahrt rechts auf eine Kastanienallee zum Esrum Sø ab, dort fahren Sie links am See entlang nach Sørup, wo Sie wieder auf die Str. 6 treffen. In Ermangelung günstiger Ausweichstrecken benutzen Sie den Radweg an der Hauptstraße bis ins Zentrum von **Hillerød** (s. Etappe 84).

(In Gegenrichtung: Von der Str. 6 nach Sørup abbiegen, im Ort nicht der Beschilderung Rchtg. Fredensborg folgen, sondern am See entlang bis zur Kastanienallee zum Schloß fahren.)

Etappe 88:
Hillerød - Tulstrup - Annisse - Ramløse - Vinderød - Frederiksværk (30 km)

Nordwestwärts um den Arresø herum.

Über die »Frederiksværksgade« (= Straße am Schloß vorbei) verlassen Sie Hillerød westwärts. Im Vorort Ullerød biegen Sie entweder an der Kreuzung rechts ab auf die Straße Rchtg. Tulstrup und Bendstrup, oder Sie wählen schon ca. 100 m früher den beschilderten Radweg Rchtg. Helsinge, den Sie kurz vor dem Landgut *Sophienborg* (s. Hillerød, Etappe 84) aber zugunsten der Landstraße verlassen. Radeln Sie mit dem Straßenverlauf unter der Str. 19 hindurch, und biegen Sie gleich danach links ab nach *Tulstrup*. Südwestlich dieses Dorfes können die Ausgrabungen des Klosters **Æbelholt** besucht werden, die aber nur von der Str. 19 aus zugänglich sind (Mai-Sept. di-so, April & Okt. nur sa/so).

Das Dorf wird vollständig durchfahren, und schließlich stoßen Sie auf eine T-Mündung, an der Sie rechts nach Nejede radeln. In dieser Siedlung schlagen Sie links die Straße durch Annisse nach *Ramløse* ein, wo die Nebenstraße an der 205 endet.

Dieser Ort kann immerhin mit einem Handwerksmuseum aufwarten (Møllelodden 4; im Sommer, nur sonntags 13-16 h), außerdem existiert direkt neben der Straße eine restaurierte Holländermühle, etwas weiter eine vielblättrige amerikanische Windmühle.

(In Gegenrichtung ist schon kurz südlich von Ramløse Hillerød beschildert.)

Die 205 führt um den *Arresø* herum westwärts. Am Eingang zu dem Naturgebiet von *Tisvilde* befindet sich ca. 1 km westlich von Ramløse ein aus privaten Mitteln eingerichtetes naturgeschichtliches Museum (Mitte Juni-Mitte Aug. tägl. 10-16 h, dkr 10). Über eine Stichstraße ist wiederum ca. 2 km weiter die Schloßruine von *Asserbo* zu erreichen, mit vollständig erhaltenem Wassergraben und mit Tischen und Bänken für eine verdiente Rast.

Falls Sie nicht nach Frederiksværk fahren, sondern gleich den Anschluß an Etappe 90 finden wollen, so biegen Sie im Wald- und Dünengebiet von Tisvilde rechts auf die Nebenstraße nach *Asserbo* ab, von wo aus Sie über Melby und Torup weiterfahren können. Ansonsten gelangen Sie durch den Vorort *Vinderød* nach Frederiksværk.

Frederiksværk, 10000 Einw., ist ein kleiner Hafen am Roskildefjord, der über einen Kanal bereits seit dem 18. Jh. eine Verbindung zum Arresø hat. Ebenfalls in dieser Zeit wurden diverse Rüstungsfabriken gegründet, damals die ersten dänischen Industriebetriebe. An die Pulverfabrik erinnert ein Pulvermuseum in mehreren Werkstattgebäuden (gratis), und auch das städtische Museum zeigt mit seinem Namen »Arsenal«, woher das Geld für die Entwicklung der Stadt stammt (mo geschl., Nebensaison nur sa/so).

Information: TB, Nørregade 1, 3300 Frederiksværk, ✆ 42123001, ✉ 42123022.
Verkehrsverbindungen: Eisenbahn (Privatbahn mit Fahrradtransport) nach Hundested und Hillerød.
Vandrerhjem: Strandgade 30, ✆/✉ 42120766, 115 Betten, ganzj., nur Frühstückszubereitung, aber Selbstkocherküche, einfach ausgestattet, im Südwesten der Stadt.
Camping: ** (036), Verwaltungseinheit mit dem VH, Hü., ganzj.; vier weitere Plätze auf der Halbinsel Halsnæs Rchtg. Hundested (s. Etappe 90).

Etappe 89:
Helsingør - Gurre - Tikøb - Esrumgård - Helsinge - Ramløse - Frederiksværk (47 km)

Der Beginn der Nord-Sjælland-Küstenrouten.

Der Anfang folgt Etappe 88 bis *Tikøb*. Nachdem Sie dort in den Ort und rechts nach *Esrum* abgebogen sind, haben Sie die Nebenstraße erreicht, die vor dem

Landgut *Esrumgård* auf die Fernstraße 205 trifft, der Sie links nach *Helsinge* folgen. Bei *Esrum* existiert ein kleiner Campingplatz (Langevadgård * [028]). Folgen Sie der 205 unter der 227 hindurch, kreuzen Sie die 251 und fahren Sie immer geradeaus weiter an *Helsinge* (Camping * [026]) vorbei; auf diese Art kommen Sie automatisch durch Unter- und Überführungen über Kreuzungen mit der Landstraße aus Rchtg. Græsted, der 223 und der 267; kurz nach der letzten Unterführung gelangen Sie durch Abbiegungen nach links und rechts (beschildert) auf die Fortsetzung der 205.
Ein 2 km langer Abstecher kann auf der Höhe von Helsinge ggf. eingelegt werden, um ins nördlich gelegene Dorf *Laugø* zu gelangen, wo das »Helsinge Pferdewagen-Museum« besteht (Juni-Mitte Aug., mi-so 10-16 h). Mittwochs und donnerstags ist dort zudem eine historische Schmiede zu besichtigen.
Falls Sie vor Helsinge eine Abfahrmöglichkeit ins Stadtzentrum nutzen, bringt Sie die Beschilderung ebenfalls korrekt weiter auf die Straße nach Ramløse und Frederiksværk. Auf dem Teilstück bis *Ramløse* existiert ein Radweg.

Information: Tisvilde-Helsinge TB, Gadekærvej 17, Postbox 174, 3200 Helsinge, ✆ 48795166, ✉ 48796366; im Sommer Zweigbüro in Tisvildeleje.
Vandrerhjem: Sankt Helene Centeret, Bygmarken 30, 3220 Tisvildeleje, ✆ 42309850, ✉ 42309897, 272 Betten, ganzj., in einem Ferienzentrum ca. 6 km nördl. von Ramløse.
Fahrräder: Helges Cykler & Knallerter, Vestergade 7, Helsinge, ✆ 48795017.

Windradpark auf Sjælland

Entsprechend der Beschreibung in Etappe 88 radeln Sie von Ramløse weiter bis **Frederiksværk** (s. Etappe 88).

Etappe 90:
Frederiksværk - Evetofte - Melby - Hald - Hundested - Fähre Rørvig - Nykøbing S (24 km)

Diese Etappe läßt sich durch die Kombination mit der Umkehrung eines Teils von Etappe 76 als Zubringerstrecke zur Fähre nach Ebeltoft (Jylland) nutzen. Der Zubringer nach Odden ist bei stürmischem Wetter allerdings nicht befahrbar, und auch der Fährverkehr ruht dann meist!
Die Strecke beginnt in Frederiksværk auf der Str. 16 Rchtg. Hundested. Etwa 2 km hinter der Stadtgrenze verlassen Sie die Hauptstraße nach rechts auf die Nebenstraße über Evetofte nach *Melby*, wo es eine alte Dorfkirche mit interessanten Fresken, eine restaurierte Mühle (zugängl.) und einen Campingplatz (s. Hundested) gibt.

An der Kirche halten Sie sich westwärts, fahren an der Mühle vorbei und gelangen durch Badeorte der Landzunge *Halsnæs* wie Hald und Nødebo nach Hundested.

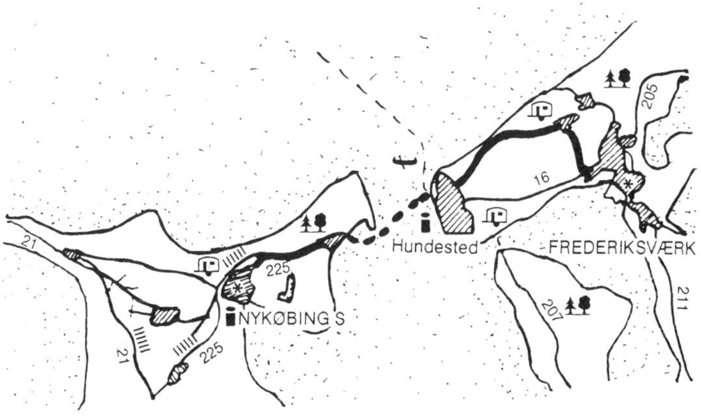

Hundested, 6200 Einw., ist ein Fischerei- und Fährhafen am Isefjord, der durch seine verkehrstechnische Bedeutung geprägt ist. Außer der Eisenbahn aus Hillerød und der Hauptstraße Str. 16 bringt der Fährverkehr nach Rørvig und Grenå Gäste in die Straßen des Städtchens. Im nördlichen Vorort *Spodsbjerg* ist das Haus des Polarforschers Rasmussen zu einem Museum umgebaut worden.

Information: TB, Nørregade 22, 3390 Hundested, ✆ 42337788, ✉ 42337867, Fahrradvermietung.
Verkehrsverbindungen: Eisenbahn (Privatbahn mit Fahrradtransport) nach Hillerød; Fähren nach Rørvig (ca. 25 Abfahrten tägl.) und nach Grenå/Jylland (3 Abfahrten).
Unterkunft: Hundested Kro & Hotel, Nørregade 10, ✆ 42337538, ✉ 42337861, 51 Z., radfahrerfreundlich.
Camping: Bokildegård ** (037), Lindebjergvej 13, Melby, ✆/✉ 47923094, Waschm., April-Sept., nahe der Mühle von Melby; Rosenholm *** (039), Torpmaglevejen 58, ✆ 42338445, ✉ 47923041, Hü., ganzj., südl. von Tommerup an der Straße von Amager Huse, ca. 4 km östl. von Hundested; Lynæs * (040), Søndergade 57, Hundested, ✆ 42337322, ganzj., im Süden der Stadt.

Mit der Fähre können Sie samt Rad über den Isefjord nach *Rørvig* auf der Halbinsel *Odsherred* übersetzen. Von dort fahren Sie auf der Landstraße 225 weiter nach **Nykøbing S** (s. Etappe 76). Auch wenn Sie gleich über die Umkehrung von Etappe 76 nach Odden weiterfahren möchten, bleibt Ihnen die Durchquerung des Stadtzentrums nicht erspart, da die 225 am nordöstlichen Stadtrand zur reinen Autostraße wird.

Bornholm

Bornholm, die »Perle der Ostsee«, ist bekannt dafür, daß sich hier alle dänischen Landschaftsformen, vom Flachland bis zur Steilküste vorfinden. Die abgeschiedene Lage, schöne Strände, malerische Städtchen, jede Menge dekorative alte Gemäuer einschließlich der sonst seltenen Rundkirchen haben die Insel zum Lieblingskind deutscher Urlauber gemacht, die hier gut die Hälfte der Touristen stellen. Abgesehen vom Süden der Insel sind alle Küsten durch Hügelketten vom Binnenland abgetrennt, so daß durchaus eine leistungsfähige Gangschaltung vorhanden sein sollte. Umfangreiche Aufforstungsmaßnahmen im Binnenland haben Bornholm mit ca. 25 % Waldfläche versorgt und damit zum waldreichsten Gebiet Dänemarks gemacht.
Die weit östliche geografische Lage bewirkt klimatisch eine Verzögerung aller Jahreszeiten um etwa 2-3 Wochen, so daß es im Mai noch recht kühl sein kann, aber auch der Herbst entsprechend später einsetzt.
Die Übernachtungsstätten sind sehr reichhaltig, so daß nur eine Auswahl genannt werden kann. Kulinarische Haupt-Spezialität Bornholms ist Fisch, z.B. Hering in allen Varianten, insbesondere frisch warm geräuchert - der sogenannte »Bornholmer«.

Außer den in diesem Buch vorgestellten Etappen sind auf der Insel weitere regionale Routen ausgeschildert, die nur teilweise von den Etappenbeschreibungen genutzt werden. Anknüpfungen an die beschilderten Strecken sind jedoch aufgeführt. Unter Ausnutzung aller Routenvarianten bietet Bornholm etwa für eine Woche abwechslungsreichen Radelspaß; die »Hauptstrecke«, sprich die Insel-Umrundung, läßt sich problemlos in drei Tagen abfahren.
Die Etappen beginnen in Rønne, wo sämtliche Flüge und fast alle Fähren enden.

Rønne, 15000 Einw., ist die größte Stadt der Insel. Ihre Altstadt um die Nicolaikirche bietet schon bei der Einfahrt in den Hafen einen ersten Eindruck von der harmonischen Schönheit, die den Besucher auf Bornholm erwartet. Als »Hauptstadt« der Insel hat Rønne selbstverständlich auch die obligaten Museen, in diesem Fall ein Regionalmuseum (Sct. Mortensgade 29), ein Verteidigungsmuseum auf dem Kastell und ein Heimatmuseum im ehemaligen Kaufmannshof »Erichsens gård«, Laksegade 7. Etliche Keramikwerkstätten können besucht werden.
Eine kulinarische Besonderheit verdient in Rønne eine Ausnahme von der Regel dieses Reiseführers, keine Restaurantempfehlungen zu geben: im Restaurant »Fyrtøjet«, St. Torvegade 22, wird tägl. von 12-15 h ein *Frokost*-Büffet geboten, das an Qualität und Vielfalt unübertrefflich ist. Eine sinnvolle Gelegenheit, z.B. vor der Rückreise die letzten Kronen angemessen loszuwerden...

Information: Bornholms Velkomscentret, Nordre Kystvej 3, Fak 60, 3700 Rønne, ✆ 56959500, ✉ 56959568, in einem neuen »Glaspalast« beim Hafen.

Verkehrsverbindungen: Fähren nach Ystad (Schweden), Kopenhagen, Rostock und Saßnitz; Flüge nach Kopenhagen, im Sommer auch direkt ab Dortmund, Münster/Osnabrück, Hamburg, Düsseldorf und Frankfurt.

Unterkunft: Bed & Breakfast, Café l'Oase, beim Café au lait, Snellemark 22, ✆ 56951215; Sverres Small Hotel, Sct. Mortensgade 48 und Snellemark 2, ✆ 56950303, ✉ 56950292.

Vandrerhjem: Galløkken, Arsenalvej 12, ✆ 56951340, ✉ 56950132, 160 Betten in 26 Räumen, April-Okt., Gruppen ganzj., südöstl. des Hafens, von dort auch direkt über einen Fußweg erreichbar.

Camping: Galløkken ***, Strandvejen 4, ✆ 56952320, ✉ 56953766, Mitte Mai-Aug., in der Nähe des VH; Nordskoven ***, Antoinettevej 2, ✆ 56952281, ✉ 56953766, Juni-Mitte Sept., großer Platz am Nordrand der Stadt im Wald nahe der Straße Rchtg. Hasle; Sandegård, Haslevej 146, ✆ 56952990; Lagerplatz »Lille Sursænkegård«, Sursænkevej 8, ✆ 56963029. Alle Plätze sind nicht vom dänischen Campingrat registriert!

Fahrräder (auch Verleih): Cykel Centret, Erik Lund, Søndergade 7, ✆ 56950604, ✉ 56959571; Østergades Cykelforretning, Østergade 47, ✆ 56952218, ✉ 56952418; Rønne Cykelforretning, Rosengade 25, ✆ 56950740, Werkstatt Smallegade.

Waschsalon: Møntvask & Solcenter, Nørregade 7, ✆ 56911590, tägl. bis 22 h.

Ny kirke, Nyker

Etappe 91:
Rønne - Hasle - Hammershus - Sandvig - Allinge - Olsker - Rø (41 km)

Der erste Teil der Inselumrundung; die erste Hälfte entspricht der beschilderten nationalen Fahrradroute 10.

Aus Rønne folgen Sie zuerst der Straße 159 Rchtg. Hasle bis zum Ortsrand, wo Sie gleich hinter der Zufahrt zum Campingplatz Nordskoven links abbiegen auf die beschilderte Radroute 10. Diese verläuft anfangs auf gut radelbarem Schotter und mündet dann auf die Asphaltstraße durch die Örtchen *Sorthat* und *Muleby*, die durch einen schmalen Waldstreifen nach *Hasle* führt.

Hasle, 1900 Einw., ist mit seinem Einzugsbereich die kleinste Gemeinde und gleichzeitig die älteste Stadt Bornholms. Ursprünglich war die Haupteinkommensquelle der Bevölkerung der Gemüseanbau, verlagerte sich aber im 19. Jh. auf Kohleabbau und den damit einhergehenden Ausbau des Hafens. Die Nähe der Stadt Rønne hielt die Bedeutung des Hafens jedoch immer gering, so daß trotz einer kräftigen Erweiterung aus EG-Mitteln vor etwa 10 Jahren das Ganze einen eher beschaulichen Eindruck macht. Das gilt im Grunde für den gesamten Ort, der mit etlichen der typischen, bunt gestrichenen Fachwerkhäuser aufwarten kann.
Eine der Lokalgrößen ist der Tenor Vilhelm Herold, der vor etwa 100 Jahren Star des Königlichen Theaters in Kopenhagen war, aber auch auf Bornholm Konzerte gab. Ihm sind daher ein Grabdenkmal (auf dem Friedhof) und eine Gedächtnisausstellung (Kirkegade 6) gewidmet.
Die Kirche von Hasle stammt in ihren ältesten Teilen von etwa 1400 und durchaus einen Besuch wert, obwohl bzw. weil sie in ihrer spätgotischen Ausgestaltung für dänische Dorfkirchen untypisch ist.
Im Süden des Ortes (direkt beim Vandrerhjem) kann man nicht nur frisch geräucherte Heringe erwerben und verzehren, sondern in einem der restaurierten Fischräucherei-Gebäuden auch eine Ausstellung zur Geschichte dieses bedeutsamen Bornholmer Erwerbszweigs besuchen (gratis).

Information: TB, Storegade 64, 3790 Hasle, ✆ 59964481.
Vandrerhjem: Fælledvej 28, ✆ 56964175 (Mai-Sept.) bzw. 53966434 (ansonsten), 148 Betten in 20 Räumen & Sälen, Mai-Sept., Gruppen ganzj., 500 m südlich der Einmündung in die 159 direkt an der Strecke, einfacher Standard.
Camping: Hasle Familiecamping *** (084), Fælledvej 30, ✆ 56964202, ✉ 56964231, 4 Hü., Waschm., Fahrradverl., Aufenthaltsraum, Mitte Mai-Mitte Sept., gleich neben dem VH.
Fahrräder: Bamse, Sandmarksvej 2 B, Muleby, ✆ 56965001, ✉ 56965007; Hasle Cykelforretning, Storegade 21, ✆ 56964060, ✉ 56964064; beide auch Vermietung.

Nur falls Ihnen eine längere Fahrt auf meist unbefestigten Wegen unangenehm ist, folgen Sie der 159 etwa 7 km weit, bis links eine Nebenstraße nach Vang abzweigt. Ansonsten können Sie sofort hinter Hasle links auf die Nebenstraße nach Helligpeder und Teglkås ausweichen, die danach in einen Fahrweg übergeht. Kurz hinter Teglkås existiert ein Teilstück, das über 25 % Steigung aufweist und deshalb mit Treppenstufen (!) angelegt ist, deren schmale Asphalt-Randstreifen nur Schieben ermöglichen. Damit verläßt die Fahrradroute den bis dahin mit ihr identischen Küstenwanderweg und schwenkt etwas ins Inselinnere. Die Fels- und Heidelandschaft der *Ringbakkerne* wird durch- bzw. umfahren und *Vang* erreicht. Bei diesem Ort steht eine denkmalgeschützte Wassermühle von 1811.

Erneut tendiert die Route etwas östlich, also von der Küste weg. Wenn die Höhe erreicht und die Str. 159 schon in Hörweite ist, zweigt die Nationalroute 10 Rchtg. Allinge rechts ab; hier halten Sie sich statt dessen geradeaus und kommen nach 200 m an eine T-Mündung auf die Zufahrtstraße (*in Gegenrichtung: der abzweigende Fahrweg heißt »Finnedalsvejen«*), die links zur Burgruine **Hammershus** führt, dem beeindruckenden Überrest einer Burg des 13. Jh. (freier Eintritt rund um Uhr). Da dies die größte Burgruine Nordeuropas ist, handelt es sich um die meistbesuchte Sehenswürdigkeit auf Bornholm. Die Besucherscharen haben Gelegenheit, in einer Hammershus-Ausstellung (Cafeteria angegliedert) unterhalb des Burgberges etwas Kleingeld loszuwerden.

Von der Burg aus fahren Sie weiter nach **Sandvig-Allinge**, zwei Zwillingsstädtchen mit schönen Fachwerkhäusern und schmalen Gassen; an der Straße Rchtg. Hammershus existiert ein Steinbruchmuseum »Moseløkken Stenbrudsmuseum« (mo-fr 10-16 h).

Information: Turistbureau, Kirkegade 4, 3770 Allinge, ✆ 56480001, ✉ 56480226.
Verkehrsverbindungen: Fähre zur Insel Christiansø.
Vandrerhjem: Sjøljan, Hammershusvej 94, ✆ 56480362, 120 Betten in 25 Räumen, Juni-Sept., Gruppen April-Okt., auf halbem Weg an der Zufahrtstraße zur Ruine Hammershus.
Camping: Lyngholt *** (081), Borrelyngvej 43, ✆ 56480574, Hütten, Waschm., Fahrradverm., ganzj., 3 km südl. von Sandvig an der Straße Rchtg. Hasle; Sandvig *** (082), Østersøbadet, Sandlinien 5, ✆ 56480447, ✉ 56480001, Waschm., Fahrradverl., Mitte Mai-Mitte Sept., am Nordwestrand von Sandvig; Sandkås *** (083), Poppelvej 2, ✆ 56480441, ✉ 56952100, Juni-Aug., zwischen Allinge und Tejn an der 158.
Fahrräder (auch Verleih): Kell Andersen, Pilegade 1, Allinge, ✆ 56480291.
Waschsalon: Vaskery, im Hafen, täglich bis 18 h.

Von Allinge aus folgen Sie zuerst der Straße 159 Rchtg. Rønne, dann der Landstraße Rchtg. Klemensker/Olsker bis **Olsker**, dem Standort der *Olskirke*, einer Rundkirche aus Granit, im 12. Jh. mit drei (zu erklimmenden) Stockwerken erbaut und von ausgeprägt wehrhaftem Charakter - man sieht deutlich, daß die Rundkirchen auch Verteidigungsbastionen waren (dkr 4, so geschl.).

Camping: Lagerplatz »Soldalen«, Maegårdsvej 4, ✆ 56969191.

In Olsker biegen Sie entweder kurz vor oder gleich hinter der Kirche links ab

und gelangen so auf eine Nebenstraße Rchtg. Rø, die gleich in ein kurzes Tal eintaucht und wieder hinaufführt. Dort haben Sie dann die Wahl, der Nebenstraße weiter über Humledal nach *Rø* zu folgen oder mit der regionalen Fahrradroute Rchtg. Almindingen bzw. Spellinge Mose rechts abzubiegen. Diese Strecke strotzt zwar vor zahlreichen Abzweigungen, ist aber zuverlässig beschildert. In *Spellinge Mose* müssen Sie in diesem Fall links auf die kreuzende Radroute Rchtg. Helligdommen abbiegen, um nach *Ro* zu gelangen.
Rø ist lediglich Etappenknotenpunkt ohne weitere Bedeutung. Die einzige Sehenswürdigkeit der Umgebung, das *Bornholms Kunstmuseum*, gehört zwar zum Ort, liegt aber noch etwa 3 km entfernt an Etappe 93 (Küstenvariante).

Etappe 92:
Rønne - Nyker - Klemensker - Rø (17 km)

Diese Strecke verläuft durchgängig auf der regionalen Radroute von Rønne nach Helligdommen.

Den Anfang nimmt die Etappe in der Nähe des Stadions am Haslevej gegenüber der Einmündung des Ndr. Kystevey (= Str. 159 vom Hafen her). Dort biegen Sie (vom Zentrum Rønnes aus gesehen) rechts in die Straße »Gartnervangen« ab; auf der Ecke steht ein blaues Radwegweiserschild Rchtg. Rø. Nach der nächsten Kurve weist die grüne Radroutenbeschilderung nach rechts Rchtg. Nyker. Nach einer Weile fehlt am Christiansplads zwar die Beschilderung, aber wenn Sie sich schlicht geradeaus halten, sind Sie auf dem richtigen Weg. Die minimale Steigung der Streckenführung ist dem Umstand zu verdanken, daß die Etappe überwiegend auf der Trasse der früheren Eisenbahnlinie über Rø nach Sandvig verläuft.
Auf dieser streß- und autofreien Route erreichen Sie ohne Abbiegemanöver **Nyker**, wo der Radweg an der Durchgangsstraße endet. Wenn Sie sich hier rechts halten, radeln Sie geradewegs auf die Sehenswürdigkeit dieses Ortes zu, die *Ny kirke*. Das ist die kleinste der Bornholmer Rundkirchen, mit nur zwei Stockwerken. Sie wurde etwa um 1150 erbaut, ihre Malereien stammen von ca. 1250 (Eintritt frei, so geschl.).

Auf dem folgenden Teilstück bis *Klemensker* fahren Sie auf dem Radstreifen neben der Landstraße. Dieser Ort ist stolz darauf, den ersten und einzigen Landgasthof Bornholms aufweisen zu können, in dem man auch heute noch übernachten kann.

Camping: Lagerplatz »Lyngholt Rideskole«, Sdr. Lyngvej 2, ✆ 56966400.
Fahrräder: Aage Ingemansen, Skt. Klemensgade 6, ✆ 56966238; Christiania Smedie, Dammegaardsvej 22, ✆ 56966700, ✉ 56966708.

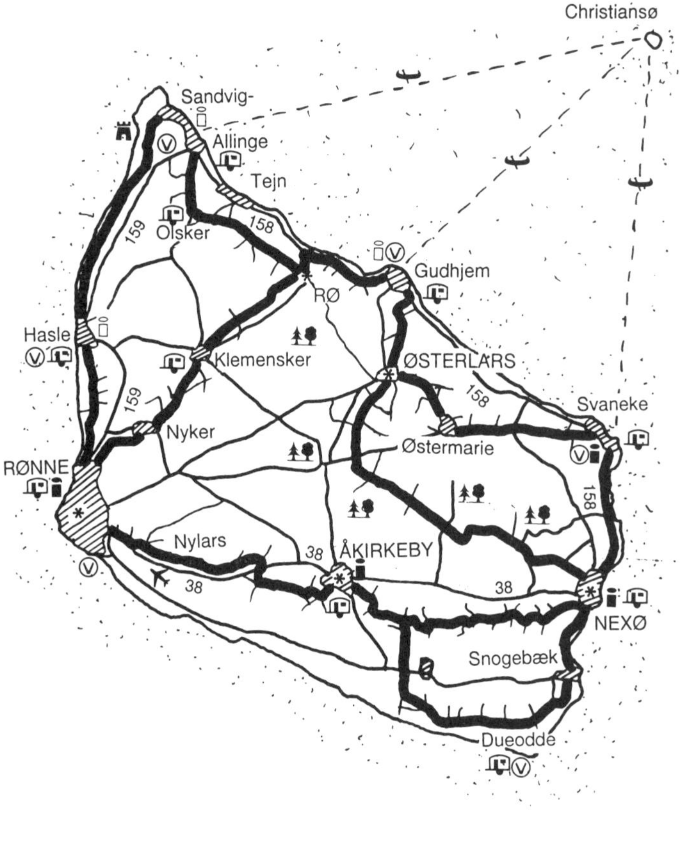

Ein großer blauer Radwegweiser Rchtg. Rø markiert die Stelle, an der Sie links abbiegen, um wieder auf die Eisenbahntrassen-Radroute zu kommen. Am Ortsende ist der Weg leider arg tiefsandig-holprig, aber das unbequeme Teilstück ist nur wenige hundert Meter lang. Der Rest der Etappe bis **Rø** ist dann wieder genauso entspannend wie der Anfang.

Etappe 93:
Rø - Gudhjem - Østerlars (13 km)

An der Einmündung der Etappen 91 und 92 in die Nebenstraße von Olsker nach Rø haben Sie die Qual der Wahl. Entweder geht's leicht nach rechts versetzt geradeaus weiter zur Landstraße (dort links einbiegen) und weiter zur Küste (s.u.), oder Sie fahren nach rechts durch den Ort bis zur Mühle (ein verfallener Holzbau) und biegen an der dortigen Dreieckskreuzung auf die Nebenstraße ab, die auf abwechslungsreicher, ruhiger Strecke durch die Rø Plantage nach Østerlars führt. Etwa 1 km bevor Sie diesen Ort erreichen, können Sie links zur *Østerlars Kirke* abbiegen (s.u.); es gibt allerdings keine Beschilderung - von Rø aus ist es die dritte kreuzende Straße.

Die Etappe macht den »Umweg« über Gudhjem und führt hinab zur Küste und dort zur T-Mündung in die Straße 158. Wenn Sie wenige Meter nach links auf der Hauptstraße rollen, können Sie rechts auf der Zufahrt das *Bornholms Kunstmuseum* erreichen.
Seit 1993 ist hier, in unmittelbarer Nachbarschaft der Helligdommesklipperne, in einem Neubau dieses typisch dänische Museum zu besichtigen: überschaubar, gut organisiert, mit ansprechender Architektur. Bornholm hatte in der dänischen Kunstwelt stets eine ähnliche Bedeutung wie Skagen an der Nordspitze Jyllands, da sich zahlreiche Maler von den wechselhaften Lichtverhältnissen angezogen fühlten. Entsprechend liegt der Schwerpunkt des Museums auf dem Schaffen dieser Künstler.

Bei der Weiterfahrt müssen Sie bis *Gudhjem* den Fahrradstreifen neben der Hauptstraße 158 benutzen, die aber durchaus interessant ist, weil u.a. drei steile Spaltentäler auf Brücken überquert werden, die imposante Einblicke gewähren.

Gudhjem, 900 Einw., gehört zu den malerischsten Kleinstädten Bornholms. Da die Stadt an einem steil abfallenden Hang liegt, geht die Hauptstraße oberhalb daran vorbei. In realistischer Einschätzung der Fahrkünste der Gelegenheits-Radfahrer auf Bornholm ist auf einigen Zufahrtstraßen zum Hafen das Radfahren schlicht verboten, und Sie sollten deshalb Ihr Rad lieber oberhalb des Orts »parken«, falls Sie hier nicht übernachten wollen.
Ein Dorfmuseum ist zwar vorhanden (im früheren Bahnhofsgebäude), aber interessanter ist zweifellos das Landwirtschaftsmuseum am östlichen Ortsrand (weitere Etappenführung).
Wenn man den Einheimischen glauben darf, ist in Gudhjem der »Bornholmer« erfunden worden, da angeblich hier zum ersten Mal Heringe geräuchert wurden; die Idee sollen aufmerksame Fischer schottischen Soldaten

abgeschaut haben, die auf Christiansø stationiert waren.

Information: TB, Åbogade 9, 3760 Gudhjem, ✆ 56485210, ✉ 56485274.
Verkehrsverbindungen: Fähre zur Insel Christiansø.
Unterkunft: Feriegården, Brøddegade 14, ✆ 56485066, ✉ 56485010, 36 Zi., ganzj., Niveau und Preise ähnlich wie bei Vandrerhjem.
Vandrerhjem: Sct. Jørgens Gård, Ejnar Mikkelsvej 14, ✆ 56485035, ✉ 56485635, in einem alten Kaufmannshof direkt beim Hafen mit zahlreichen Nebengebäuden.
Camping: Sannes Familiecamping *** (077), Melstedvej 39, ✆ 56485211, ✉ 56485252, Fahrradverm.; Sletten (076), Melsted Langgade 45, ✆ 56485071, ✉ 56485256; Strandlunden *** (078), Melstedvej 33-35, ✆ 56485245; außerdem komfortfreie Zeltmöglichkeit auf dem Lagerplatz »Slettegård«, Gudhjemvej 35, ✆ 56495028, an der Straße Rchtg. Østerlars.

Auf der Str. 158 Rchtg. Svaneke rauschen Sie nun hinab ins Tal zum angrenzenden Dorf *Melsted*, wo das Landwirtschaftsmuseum »Melstedgård« im gleichnamigen Bauerngehöft direkt an der Straße liegt (Mitte Mai-Mitte Okt., mo geschl.).
Kurz darauf beginnt rechts die regionale Radroute Rchtg. Østerlars, die in zahlreichen Windungen und Abzweigungen über Nebenstraßen, Fahr- und Verbindungswege durch die Felder verläuft, dank korrekter Beschilderung aber problemlos nach **Østerlars** führt. Gleich unterhalb der dortigen Rundkirche trifft die Strecke auf die östliche Zufahrt zur Kirche.
Dies ist die größte der vier Bornholmer Rundkirchen, im 12. Jh. als dreistöckige Festungskirche erbaut und im 14. Jh. mit Fresken ausgeschmückt; der Glokkenturm ist eine Fachwerkkonstruktion (Eintritt dkr 4, so geschl.).

Von der Kirche fahren Sie wieder zurück zur Radroute und folgen ihr nach rechts weiter bis zum Ortskern von Østerlars.

(In Gegenrichtung: In Østerlars von der Landstraße aus Rchtg. Østermarie rechts in den Gamlevældvej abbiegen; gleich darauf steht links ein Wegweiser zum Cykelvej.)

Etappe 94:
Østerlars - Østermarie - Svaneke - Årsdale - Nexø (23 km)

Falls Ihnen diese Etappenführung zu »autoreich« ist, können Sie statt dessen - auch für den Weg nach Svaneke - Etappe 95 wählen und die dort beschriebene Variante über Paradisbakkerne nehmen.

Von Østerlars folgen Sie dem Radrandstreifen der Landstraße nach *Østermarie*, wo neben der recht großen Granitsteinkirche von 1891 die Ruine einer ebensolchen, aber deutlich kleineren (ca. 1200) steht.

Fahrräder: Østbornholms Cykelforretning, Godthåbsvej 29, ✆ 56970194, auch Vermietung.

Leider endet nun der Radrandstreifen ausgerechnet zu einem Zeitpunkt, als die Landstraße zusätzlichen Autoverkehr aus Richtung Rønne aufnehmen muß. Nach gut 3 km können Sie an der Kreuzung mit der Straße nach Nexø rechts einen kurzen Abstecher zum Gelände von *Louisenlund* machen. Dies ist eine Monolithansammlung von ca. 50 Bauta-Steinen, die 1851 vom damaligen König Frederik VII. erworben und nach seiner Frau Louise benannt wurde.

Auf der Landstraße radeln Sie schließlich weiter nach Svaneke.

Svaneke, 1200 Einw., ist eine ungewöhnlich gut erhaltene alte Stadt (die kleinste Dänemarks) und vollständig unter Denkmalschutz gestellt. Enge, winklige Gassen, terrassenförmig angelegt, mit bunt bemalten niedrigen Häusern und eine üppige Vegetation sind eine Sehenswürdigkeit besonderer Art, der gegenüber solche Bauwerke wie die älteste Mühle Dänemarks (von 1634; beim Campingplatz Møllebakken) verblassen. 1975 wurde Svaneke vom Europarat für die exzellente Stadterhaltung mit einer Goldmedaille ausgezeichnet. Den hungrigen Radler erfreut der Ort zusätzlich durch überdurchschnittlich üppige gastronomische Versorgung.

Information: Turistbureau, Storegade 24, 3740 Svaneke, ✆ 56496350, ✉ 56497010, im Sommer auch samstags.
Verkehrsverbindungen: Fähre zur Insel Christiansø.
Vandrerhjem: Reberbanevej 5, ✆ 56496242, ✉ 56497383, 176 Betten in 31 Räumen, April-Okt., im Süden von Svaneke, eher auf Konferenzen eingestellt.
Camping: Hullehavn *** (071), Sydsskovvej 9, ✆/✉ 56496363, Waschm., Fahrradverl., Ende Mai-Anf. Sept., nahe dem VH; Møllebakken *** (072), Møllebakken 8, ✆ 56496462, 3 Hü., Waschm., Aufenthaltsraum, an der Straße Rchtg. Gudhjem.
Fahrräder (auch Verleih): Boss Cykler, Søndergade 14, ✆ 56497574, ✉ 56494574.

In Svaneke folgen Sie dem Randstreifen bzw. Radweg der Hauptstraße 158, von der Sie in *Årsdale* nach links auf die örtliche Durchgangsstraße geleitet werden. Am südlichen Ortsrand steht eine Mühle von 1877, wo auch allerlei Kunsthandwerk zum Verkauf angeboten wird.

Gleich darauf haben Sie die Wahl, entweder weiter den Randstreifen der Hauptstraße zu benutzen oder rechts über die beschilderte Radnebenroute über Nørremark auszuweichen, die aber 2 km länger ist und einige Steigungen beinhaltet.
In jedem Fall müssen Sie die letzten 2 km nach *Nexø* neben der Str. 158 zurücklegen. Am Ortseingang ist es am sinnvollsten, rechts mit der Beschilderung Rchtg. Østermarie abzubiegen und dann geradeaus ins Zentrum zu radeln; auf diese Art kommen Sie direkt vorbei am Turistbureau und auf die Anknüpfungspunkte zu den Etappen 95-97.

Nexø, auch Neksø geschrieben, 3800 Einw., ist die zweitgrößte Stadt der Insel mit einem wichtigen Fischereihafen und umfangreichen Markt, allerdings bemerkenswert spärlicher kulinarischer Versorgung. In einem Haus am Hafen von 1796 ist ein kleines Museum mit wechselnden Ausstellungen untergebracht (mo-sa 10-16 h). Wegen der Naturgebiete Paradisbakkerne und Dueodde in der Umgebung ist Nexø ein interessanter Ausgangspunkt für Kurztouren und Wanderungen.
1996 feiert die Stadt übrigens ihr 650jähriges Jubiläum mit einer Fülle von Veranstaltungen.
Dem Arbeiterschriftsteller Martin Andersen Nexø ist im früheren Wohnhaus seiner Familie (Ferskesøstræde 36) eine Gedenkstube gewidmet (Mai-Okt., so geschl.)
Da Bornholm im Zweiten Weltkrieg deutscher Marinestützpunkt war, wurden Rønne und Nexø an den letzten zwei Kriegstagen von russischen Flugzeugen bombadiert. Die umfangreichen Schäden haben im Fall von Nexø bewirkt, daß das Stadtzentrum überwiegend Nachkriegsbauten aufweist.
Eine auf den gleichen Gründen beruhende Besonderheit ist das sogenannte Schwedenhaus-Viertel im Nordwesten (an Etappe 95), das aus 75 für Dänemark untypischen, gleichförmigen Holzhäusern besteht, die Schweden nach dem Zweiten Weltkrieg als Notunterkünfte für ausgebombte Bornholmer Bürger gestiftet hat. Ein ähnliches Viertel von 225 dieser Häuser gibt es in Rønne.

Information: Nexø-Dueodde Turistbureau, Åsen 4, 3730 Nexø, ✆ 56493200, ✉ 56494310, im Sommer auch samstags.
Verkehrsverbindungen: Im Sommer Ausflugsverkehr (Katamaran) von Peenemünde (Usedom).
Camping: Nexø *** (069), Stenbrudsvej 26, ✆ 56492721, ✉ 56494310, Hütten, Waschm., Fahrradverl., Mai-Mitte Sept., nördl. der Stadt an der Küstenstraße nach Svaneke; FDM, Balka Strand, Klynevej 6, ✆ 56488074, im südl. Badeort, Mai-Mitte Sept.; Holms, Vestre Strandvej 37-39, Balka; Lagerplatz »St. Vibegård«, Poulskervej 22, ✆ 56488129. Die Plätze bei Balka sind nicht vom dänischen Campingrat registriert!
Fahrräder (auch Verleih): Nexø Cykelcenter, Åsen 18-20, ✆ 56492358; Boss Cykler, Kannikegårdsvej 10, Balka, ✆ 56494474, ✉ 56494574, im südlich angrenzenden Badeort.

Etappe 95:
Østerlars - Almindingen - Nexø (27 km)

Bis auf das letzte Teilstück verläuft die gesamte Etappe auf einer ausgeschilderten Regional-Radroute, die übrigens keinerlei Einkehrmöglichkeit bietet. Mit Hilfe der am Ende beschriebenen Variante kann sie auch als Nebenstrecke nach Svaneke eingesetzt werden.

Den Anfang nimmt die Etappe im Ortskern von Østerlars, von der Kirche aus gesehen, mit der geradlinigen Überquerung der Landstraße zwischen Årsballe und Østermarie. Die Rchtg. Almindingen und Åkirkeby beschilderte Radroute verläuft mit einigen Haken, aber zuverlässigen Wegweisern. *Almindingen* ist kein Ortsname, sondern die Bezeichnung für den drittgrößten Forst Dänemarks, in dessen Mitte Sie (2 km nach Überquerung der Landstraße Rønne - Svaneke) an eine Dreiwegekreuzung gelangen, wo links die Radwegweiser Rchtg. Svaneke und Nexø zeigen. Weiterhin geht es durch Wälder wechselnder Dichte; nach einigen Kilometern liegen auch einige Häuser am Weg, deren Bewohner Stände mit Getränkekannen und Kuchen aufgestellt haben und so zu eher symbolischen Preisen die vorbeikommenden Radler erquicken (Selbstbedienung).

Schließlich kommen Sie am Waldrand zu einer Stelle, wo die Radroutenbeschilderung nach links zeigt und geradeaus als Sehenswürdigkeit *Gamleborg* angekündigt ist. Hier verlassen Sie die Radroute, falls Sie nicht der folgenden Variante nach Svaneke folgen möchten.

(**Variante:** Wenn Sie nach Svaneke weiterradeln möchten, bleiben Sie auf der links abknickenden Radroute, die durch das Naturschutzgebiet *Paradisbakkerne* führt. Leider ist der Weg teils arg von groben Pflastersteinen durchsetzt, weshalb er Rchtg. Nexø nur zweite Wahl ist. Das Naturgebiet besteht aus etlichen schmalen Spaltentälern und einem natürlichen Wald, was vor allem an Wochenenden zahlreiche Spaziergänger anlockt.)

Rchtg. Nexø radeln Sie nun geradeaus einen kurzen Abhang hinunter und haben gleich darauf Gelegenheit, links zur Anhöhe von *Gamleborg* hinaufzusteigen. Dies ist ein Felsplateau, das in der Frühzeit der dänischen Geschichte (ca. 400-800) als Zufluchtsort gedient hat. Von oben gibt es prachtvolle Ausblicke in die Umgebung.

Die an Gamleborg vorbeiführende Zufahrtstraße (»Slamrabjargvej«) mündet in die von rechts hinzukommende Straße von Lyrsby nach Nexø. Gleich darauf biegen Sie links ab (geradeaus geht's zur Str. 38) nach **Nexø**, wo Sie mitten im Zentrum ankommen, wobei u.a. das sogenannte Schwedenhaus-Viertel durchfahren wird.

(In Gegenrichtung: Die richtige Straße heißt »Paradisvej«; auch die Wegweiser Rchtg. »Idrætscentret«, »Nørremøllecentret«, »Paradisbakkerne« bringen Sie auf den korrekten Weg.)

Etappe 96:
Nexø - Langedeby - Åkirkeby (19 km)

Eine Nebenstraßenverbindung auf einer beschilderten regionalen Radroute; fast vollständig asphaltiert.

Die einzige kleine Schwierigkeit bei dieser ausgeschilderten Strecke ist es, den Anfang zu finden. Der ist nämlich nicht an der Hauptstraße Rchtg. Snogebæk gelegen, sondern nur über die innerörtliche Durchgangsstraße »Stormgade« anzusteuern. Vom TB bzw. dem zentralen kleinen Platz aus: mit dem Verkehrsfluß rechts (Rchtg. Paradisbakkerne), nächste Kreuzung links und dann immer geradeaus.

Am südlichen Ortsrand weisen dann vom »Mosevej« rechts die Schilder den Weg Rchtg. Åkirkeby (»Langedebyvej«). Mit vielen Haken und Schnörkeln geht es durch winzige Streusiedlungen wie *Langedeby* und *Kællingeby* geradewegs nach Åkirkeby, wo die Radroute an einer T-Mündung endet. Der Weg ins Zentrum ist nach rechts wie links gleich lang (bzw. kurz).

Åkirkeby, 1800 Einw., ist der einzige Binnenlandort Bornholms von nennenswerter Größe und Gemeindezentrum für Südbornholm. Von früherer Bedeutung zeugt die große Kirche von 1150, die nicht nur die größte mittelalterliche, sondern auch die älteste Steinkirche ist. Dieses imposante Bauwerk verdankt die Stadt dem Umstand, daß im Mittelalter sowohl die kirchlichen als auch weltlichen Oberinstanzen der Insel hier ihren Sitz hatten. Erst 1660, als in Dänemark der Absolutismus durchgesetzt wurde, verlor Åkirkeby diese Funktionen.
Der Ort hat Marktstadtfunktion für einen Großteil des Inselsüdens und kann auch mit einigen ansprechenden Gasthöfen aufwarten.
An der Ausfallstraße Rchtg. Pedersker liegt beim Autohändler Sønderborg das Automobilmuseum *Historisk Bil- & Motor Museum* (Grammegårdsvej 1), das Mai-Okt. mo-sa jeweils 13-17 h geöffnet ist (dkr 25).

Information: Sydbornholms Turistbureau, Jernbanegade 1, 3720 Åkirkeby, ✆ 56974520, ✉ 56975890.
Camping: Åkirkeby *** (064), Haregade 23, ✆ 56975551, Mai-Sept.; Lagerplatz »Gulhave«, Gulbakkevejen 6, ✆ 56999284.
Fahrräder: Birte Lund, Torvet, ✆ 56974336, auch Vermietung.

Etappe 97:
Nexø- Snogebæk - Dueodde - Pederskirke - Åkirkeby (26 km)

Diese Strecke führt Sie vorbei an feinsten Sandstränden von über 25 km Länge und entsprechend zu ausgedehnten Ferienhaussiedlungen.

In Nexø wählen Sie entweder (wie bei Etappe 96) die innerörtliche Durchgangsstraße oder gleich die Hauptstraße Rchtg. Snogebæk, von der Sie auf den beschilderten Radweg Rchtg. Dueodde ausweichen können. Auf Schotter führt dieser ein kurzes Stück von der Straße weg und trifft dann auf einen kreuzenden Asphaltweg (mit durchgehendem Mittelstreifen); dies ist ein Gegenrichtungsradweg, auf den Sie rechts einbiegen. Immer in Sicht- und Hörweite der Hauptstraße passieren Sie die Feriensiedlung *Balka* und werden anschließend nach links in Richtung auf den FDM-Campingplatz und weiter nach *Snogebæk* geführt.
Dieses winzige Fischerdorf, das auch eine Räucherei und eine Glashütte (hauptsächlich Nippes) besitzt, lebt im Sommer fast ausschließlich vom Tourismus. Nordwestlich des Ortes liegt *Hundsemyre*, das größte Moor der Insel und ein wichtiges Vogelschutzgebiet, weshalb während der Brutzeit (15.3.-15.7.) das Betreten verboten ist.

Fahrradvermietung: Snogebæk Cykeludlening, Hovedgaden 26, ✆ 56488536.

Immer den Wegweisern nach fahren Sie von Snogebæk aus weiter in das Dünen- und Strandgebiet von **Dueodde**, dem südlichsten Punkt der Insel und berühmt für den feinen Sandstrand.

Vandrerhjem: Dueodde, Skrokkegårdsvej 17, ✆ 56488119, ✉ 56488112, 156 Betten, April-Sept., dem Campingplatz angeschlossen.
Camping (alle dicht beieinander): Dueodde *** (068), s. Vandrerhjem, April-Sept.; Bornholms Familiecamping *** (066), Krogegårdsvej 2, ✆ 56488150, ✉ 56488150, Mai-Sept.; Møllers Dueodde *** (067), Duegårdsvej 2, ✆ 56488149, ✉ 56488169, Hütten, Waschm., Juni-Mitte Sept., dort auch Hotel und (teures) Restaurant.

Der südlichste Zipfel der Insel, *Strandmarken*, ist fast vollkommen mit Kiefernwäldern bepflanzt, die den Flugsand zusammenhalten sollen. An diesen Wäldern vorbei führt die Strecke auf einem Radweg neben der Landstraße durch das Dünengebiet westwärts nach *Pederskirke*. Eine hübsche romanische Pfarrkirche ist der Namensgeber dieser Ansiedlung.

Waschsalon: in Pedersker, 1 km östlich, beim Café in der Ortsmitte.

Wenn Sie es eilig haben, nach Rønne zu kommen, können Sie hier auf die Landstraße (»Søndre Landevej«) einbiegen, die durchgehend einen Radweg aufweist, aber nicht besonders interessant geführt ist (endet in Rønne beim

Vandrerhjem). Die Etappe folgt deshalb der nordwärts weiterführenden Radroute Rchtg. Åkirkeby, die nach etwa 3 km auf die von Nexø kommende Regionalradroute trifft und mit ihr links **Åkirkeby** erreicht.

Etappe 98:
Åkirkeby - Lobbæk - Rønne (17 km)

Die »offizielle« Radroute nach Rønne benutzt bis Lobbæk den Radweg neben der vielbefahrenen Hauptstraße 38. Diese Etappe nimmt daher einen kleinen Umweg in Kauf.

Verlassen Sie Åkirkeby auf der südwestlichen Ausfallstraße »Limensgaden«. Etwa 1 km hinter dem Ortsende biegen Sie auf die erste Straße rechts ab (»Vasegårdsvej«) und halten sich bei der folgenden Gabelung ebenfalls rechts (»Strøbyvej«). Diese Straße endet mit einer T-Mündung am »Kalbyvejen«, den Sie nach links aber nur 100 m weit fahren, um gleich wieder rechts abzubiegen (»Bodelyngsvejen«). Nach weiteren ca. 2½ km zweigen Sie erneut rechts ab (»Engegårdsvejen«) und kommen so schließlich zur Str. 38. Wenn Sie dort 50 m nach rechts rollen, können Sie links abbiegen und sind damit auf der beschilderten Radroute angelangt. Nach knapp 200 m wählen Sie wieder die erste Straße nach links und können sich nun den Radwegweisern anvertrauen. Der fast schnurgerade Streckenverlauf ist dem Umstand gedankt, daß die Radroute nun auf der früheren Eisenbahntrasse zwischen Rønne und Nexø verläuft und damit die Orte Lobbæk und Nylars lediglich streift. **Nylars** ist dann Anlaß für eine Pause, denn hier befindet sich eine der vier Bornholmer Rundkirchen, in diesem Fall eine dreistöckige, wobei über schmale Treppen auch die oberen Stockwerke zugänglich sind (gratis).

Etwa 3 km hinter Lobbæk liegt rechts neben dem Radweg an einem Teich eine Art Skulpturengarten mit Steinsetzungen und Steinzeichnungen von Bornholmer Künstlern.

Die letzten 4 km der Etappe können leider nicht mehr so streßfrei geradelt werden, da dieses Teilstück auf dem Rad-Randstreifen der Str. 38 zurückzulegen ist. Immerhin haben Sie in **Rønne** somit auch in Gegenrichtung keinerlei Orientierungsprobleme.

Register

Bei mehreren Seitenangaben ist die jeweilige Hauptnennung **halbfett** gedruckt, die Seitenzahlen der Abbildungen sind *kursiv* gesetzt.
Entsprechend den Regeln des dänischen Alphabets (s. Kapitel *Sprache*) sind die skandinavischen Sonderbuchstaben æ, ø und å am Schluß eingeordnet.

RegionalRadGeber

RegionalRadGeber sind für Tagestouren und Kurzreisen in einem eng begrenzten Gebiet gedacht. Das Wegenetz ist deshalb zum einen sehr feinmaschig, zum anderen besonders auf die Nutzung autofreier Wege - auch Wald- und Feldwege - ausgerichtet.

1995 sind folgende Bände lieferbar:

Ostseeküste von Wismar bis Ahlbeck (RRG 4)
165 Etappen für die Ostseeküste Mecklenburg-Vorpommerns
240 Seiten; **DM/sfr 24,80, öS 194**
Neue Fränkische Seen und Altmühltal (RRG 5)
180 Etappen im südlichen Drittel Frankens
240 Seiten; **DM/sfr 24,80, öS 194**
Rhön, Spessart, Steigerwald - Unterer Main und Tauber (RRG 6)
188 Etappen im nordwestlichen Drittel Frankens
240 Seiten; **DM/sfr 24,80, öS 194**
Frankenalb, Fränkische Schweiz - Fichtelgebirge & Oberer Main (RRG 7)
146 Etappen im nordöstlichen Drittel Frankens
240 Seiten; **DM/sfr 24,80, öS 194**
Schleswig-Holstein (RRG 8)
128 Etappen für das Land zwischen Nord- und Ostsee
256 Seiten; **DM/sfr 24,80, öS 194**
Ost-Niedersachsen (RRG 9)
101 Etappen im Dreieck Hamburg - Hannover - Helmstedt
240 Seiten; **DM/sfr 24,80, öS 194**
Niederrhein (RRG 10)
98 Etappen im Niederrheingebiet Deutschlands und der Niederlande
192 Seiten; **DM/sfr 22,80, öS 178**
Münsterland (RRG 11)
117 Etappen im klassischen Radwandergebiet Deutschlands
224 Seiten; **DM/sfr 23,80, öS 185**
Ruhrgebiet (RRG 12)
95 Etappen im »Revier«
224 Seiten; **DM/sfr 24,80, öS 194**
Mecklenburger Seenplatte (RRG 13)
78 Etappen im Gebiet zwischen Schwerin und Neubrandenburg, Güstrow und Rheinsberg
192 Seiten; **DM/sfr 24,80, öS 194**

Geplant: Nordwest-Niedersachsen, Spreewald, u.a.

Mit dem Mountain-Bike in den Bergen

25 kombinierte Rad- und Bergtouren

Christian Dialer hat 25 kombinierte Rad- und Bergtouren für Mountain-Bikes/All-Terrain-Bikes erradelt und beschrieben, die meisten davon im deutsch-österreichischen Voralpenland, ergänzt durch einige Strecken im Bayerischen Wald, im Salzkammergut und im Engadin. Ein Spezial-Führer für Touren auf Schotter-, Wald und Feldwegen.

160 Seiten, 14 Farbfotos, 8 SW-Fotos, zahlreiche Skizzen.
Preis: DM/sfr 19,80, öS 156

Der Wind kommt immer von vorn

Der Titel dieses Buches steht stellvertretend für die Erfahrungen auf einer Fahrradreise.
Bei der Planung, Vorbereitung und Durchführung einer Reise, angefangen mit der Auswahl und Ausstattung eines geeigneten Fahrrades, gibt es eine Vielzahl von Details zu beachten.
Der Autor **Jürgen Rieck** hat in seinem Buch alle nötigen Informationen zusammengetragen. Die darin gegebenen Hinweise sind für jede Radtour gültig, gleich wie lange sie dauert und wohin sie geht. Sie sollen dazu beitragen, daß Fahrradreisen mit Planungsfehlern der Vergangenheit angehören.
Zur Vorbereitung Ihrer Reise sollten Sie sich dieses Buch besorgen. Da wird Ihnen auch dann der Spaß an der Reise nicht vergehen, wenn Sie das meteorologische Wunder erleben:
Der Wind kommt immer von vorn.

176 Seiten, zahlreiche Fotos und Abbildungen.
Preis: DM/sfr 19,80, öS 156